한국어로 내려온
New Bible

새로운
성 경

제50권

4부 | 총10부

하얀마음

하나님 말씀 중에서

1. 사랑의 하나님

- 세상을 창조하신 하나님은 모두를 사랑하신다. 인간만 특별히 더 사랑하지 않고, 우주 만물을 다 똑같이 사랑하신다. 그러니 하나님이 창조하신 천지 만물과 화친하고, 미물까지도 소중히 대하라.

- 하나님은 특정 종파나 민족만을 더 사랑하지 않으신다. 자기 자신만 구원받겠다는 욕심을 버리고, 자기 종파만 구원받는다는 편협한 교리에서 벗어나야 한다. 종파를 초월해서, 모두를 사랑하라.

- 원수까지 사랑하라 했으니, 이 세상에 사랑하지 못할 자가 누가 있겠는가? 종파가 다르다고 해서 부모 형제와 원수처럼 지내는 자는 인간의 근본을 모르는 자다. 가장 가까운 가족부터 사랑할 때 남도 진심으로 사랑할 수 있다.

- 한 사람을 원수같이 생각하던 마음에서 사랑하는 마음으로 돌리면, 자기 자신의 마음이 가장 기쁘고 행복하다. 하나님께서는 인간의 마음속에 무거움이 없이 기쁘고 행복한 삶을 살기를 바라신다.

- 이웃을 "내 몸처럼" 사랑하라 했으니, 마지막 한 장 남은 천국의 티켓도 이웃에게 양보하라. 자기 중심적인 신앙에서 벗어나서 남을 위해 살아야 한다.

- 독초도, 약초도, 이단도 사탄도 천사도 다 필요하기에 존재한다. 독초일지라도 극소량을 사용해서 생명을 살릴 수 있고, 약초라 하더라도 남용하면 생명을 잃을 수 있다.

- 세상 모든 것을 명약으로 활용하는 것은 인간의 지혜에 달렸다. 어떤 것이든 어떤 사람이든 적재적소에 꼭 필요한 명약으로 승화시키라.

- 사탄도 이단도 천사도 모두 하나님의 주관하에 존재한다. 진정한 하나님의 백성은 사탄과 마귀까지도 감화시켜서 천사로 거듭나게 한다.

2. 기도

- 하나님은 인간의 생각까지 모두를 다 알고 계신다. 우리의 소원도 이미 알고 계시기에, 소원의 기도를 할 필요가 없다. 우리가 받을 자격이 되면 내려 주신다.

- 죄를 짓고 아무리 회개를 해도 용서받지 못한다. 도둑질한 자는 용서해 달라고 기도하고, 도둑맞은 자는 도둑을 잡게 해 달라고 기도하면, 공의의 하나님은 누구의 편에 서시겠는가?

- 자기가 잘못한 것은 그 사람에게 직접 갚고 용서를 구하라. 그가 용서하면 하나님도 용서하신다. 땅에서 매면 하늘에서도 매이고, 땅에서 풀리면 하늘에서도 풀리는 이치다.

- "회당에서 기도하지 말고 골방에서 기도하라" 했다. 눈에 보이는 골방이 아니라, 골방과 같이 고요한 마음이다. 잡념을 버리고 하나님을 향해 마음을 집중하며, 사랑하고 용서하는 아름다운 생각만 나오도록 하라.

- "두드리면 열릴 것이다." 하는 것은 육의 소원을 위해 두드리라는 것이 아니라, 진리의 깨달음을 얻기 위해 두드리라는 것이다.

- 기도하는 방법: 생활 속에서 수시로 기도하는 삶을 살아야 한다.

- "저의 죄를 용서하여 주옵소서." 하는 회개의 기도를 하라.
- 범사에 "하나님! 감사합니다." 하라. 현재 가진 것에 감사하며, 과욕하지 말라. 자기 노력 이상의 것을 더 갖고자 기도하는 것은 도둑놈심보다. 공의의 하나님은 각자 노력한 만큼 주신다.
- "하나님 뜻대로 살아가겠나이다." 하며 마음의 각오를 다지라.

- 기도는 하나님의 말씀을 받아서 "행하는 것"이다. 하나님이 계심을 굳건히 믿고, 하늘을 향하여 한 점 부끄럼 없이 사는 삶 자체가 가장 위대한 기도이며, 삶이 곧 예배다.

3. 지도자

- 똑같이 사랑한다는 말을 해도, 순수하게 하는 말은 천사의 말이지만, 사기 쳐서 재산을 가로채려고 하는 말은 사탄의 말이다.

- 종교 지도자가 아무리 훌륭한 설교를 해도, 신도의 재물을 거둬서 더 큰 교회를 짓고 자기의 부귀영화를 바라며 설교하면 사탄의 가르침이 된다.

- ▪ "저희 교회는 만원사례요, 믿음은 다 같으니 이웃의 개척 교회에 가서 예배를 드리시오." 하며, 이웃 교회의 부흥을 먼저 생각하여 제 신도를 보내는 종교 지도자가 있다면 그를 따르라. 그가 하나님의 사랑을 실천하는 자다.

- ▪ "부자가 천국에 들어가는 것은 낙타가 바늘구멍을 통과하는 것보다 더 힘들다" 하였거늘, 지금의 교회에서는 부자가 되기만을 기도하고 소원하니, 이는 곧 천국을 포기하고 지옥 행 열차의 티켓을 사는 것과 같다.

- ▪ 예수는 빈손이었다. 종교 지도자가 예수보다 더 호화롭고 편안하게 살아간다면 잘못된 것이다. 부귀영화와 명예를 바라는 자는 절대로 갈 수 없는 좁고 협착한 길이 종교 지도자의 길이다.

- ▪ 종교 지도자는 유리로 비춰 봐 한 점의 부끄러움이 없이 살아야 한다. 의식주도 직접 일해서 해결하고, 예수의 가르침과 행함을 그대로 따라야 한다.

- ▪ 종말은 없다. 지금의 잘못 가는 종교 집단에게만 종말이 있다. 보이지 않는 하나님은 보이는 육의 종말은 관여하지 않으신다. 환경 파괴로 인간이 스스로 멸망을 자초하는 것이다. 종파끼리 싸우기 전에, 무너진 인성을 바로잡고 지구의 몸살을 해결하는 데 뜻을 모으는 게 급선무다.

4. 성전이란

- ▪ 이 세상 자체가 하나님께서 만드신 성전이다. 자연보다 더 아름다운 성전이 있는가? 보이는 건물이 성전이 아니라, 성스러운 마음가짐이 성전이다.

- ▪ 반석 위에 교회를 지으라 했다. 지상의 단단한 돌은 인간이 쪼갤 수 있으나, 마음속의 굳은 결의는 세상 무엇으로도 쪼갤 수 없다. 바르고 굳건한 믿음으로 성경의 가르침을 실천하는 것이 마음의 반석 위에 교회를 짓는 것이다.

- ▪ 손으로 지은 건물의 교회에 모여서 복음을 전하는 것이 아니라, 교회를 개인과 가정에 심어 주어야 한다. 무너지고 부서지는 건물을 짓지 말고, 마음속에 영원히 불변하는 참진리의 교회를 지으라.

5. 십계명

- 십계명은 인간이 죽어서 반드시 통과해야만 하는 열 개의 관문이다.

- 부모를 공경하지 아니한 자는 "네 부모를 공경하라." 하는 제5계명의 관문이 열리지 않으니 구원받을 수 없다.
- 살인, 간음, 거짓, 우상 등의 나머지 계명도 마찬가지다.

- 십계명은 하나님의 친필이다. 모기소리만 한 하나님의 음성이라도 들어 보겠다고 여기저기 찾아 헤매지 말고, 십계명부터 암송하고 지키라.

- 십계명은 영혼을 구원하는 양식이며, 십계명을 지키는 것이 구원을 받는 길이다. 인간이기에 지키고자 노력하고 또 노력한다면 지킬 수 있다.

- 십계명을 지키고 천사처럼 아름답게 살아가는 그 마음 하나면 세상에 이루어지지 않는 것이 없다.

6. 보물

- 하나님은 재물이 아니라 우리의 마음을 받으신다. 사랑을 실천하며 천사처럼 변하는 마음이 하나님께 바치는 보물이다.

- 보이지 않는 하나님께 재물을 바치려 하지 말고, 너희를 길러 준 부모에게 용돈 드리고, 찾아뵙고, 효성을 다하라. 그것이 하나님께 효도하는 것이다.

- 하늘에는 선과 악의 창고가 있다. 자기 창고에 선이 많으면 천국으로 구원을 받고, 악이 많으면 심판받아 지옥으로 간다. 그것이 바로 "선한 일을 행한 자는 생명의 부활로, 악한 일을 행한 자는 심판의 부활로" 나오는 것이다.

- "선악과를 따먹지 말라"는 것은 양심을 지키라는 것이다. 선과 악을 구분할 수 있는 양심을 최초에 인간에게 주셨다. 선한 열매는 취하고, 악한 열매는 버리며, 양심에 비추어 부끄럼 없는 삶을 살아가라.

- 가장 작은 거짓말을 하지 않고, 가장 작은 죄를 짓지 않으며, 가장 작은 선행을 하고, 가장 작은 악행을 멀리하는 것이 율법의 일점 일획도 빠뜨리지 말고 다 지키는 삶을 사는 것이다.

7. 우상

- 박물관에 있는 불상은 하나의 예술품이다. 그 조각품에 대고 제 소원을 빌 때 우상숭배가 된다. 십자가라 하여도 그 앞에서 소원을 빈다면 우상숭배하는 것이며, 하나님께 소원을 빈다면 하나님을 우상으로 전락시키는 것이다.

- 지금 기복신앙에 젖어 있는 모든 사람이 우상 앞에 절을 하고 있다. 조각품을 우상이라며 파괴하지 말고, 네 마음속에 있는 욕심의 우상을 무너트리라.

- 생수를 약초가 먹으면 약을 만들고 독사가 먹으면 독을 만든다. 같은 성경을 봐도 선한 지도자는 신도를 천사로 만드는 데 활용한다. 그러나 욕심이 가득한 지도자는 재물을 거두어들여 제가 부귀영화를 누리는 데 악용한다. 그가 바로 성경을 우상숭배의 도구로 전락시키는 거짓 선지자다.

- 성경을 한 획도 빼거나 더하지 말라는 것은, 그 가르침을 빠트리지 말고 온전히 지키라는 것이다. 성경 속에서 자기에게 유리한 구절만 보는 것은, 자기에게 불리한 구절들을 빼 버리는 것이다. 믿음이 제일이요, 행함은 구원과는 관계없다는 것은 자신에게 유리한 쪽으로 성경을 악용하는 것이다.

- 진정한 종교 지도자는 종파에 관계없이 어떤 종파든 어떤 책이든 접하고 보고 깨우쳐 견문을 넓히도록 인도한다. 참진리를 모르고 자신이 없는 자가 남을 이단이라며 배척하고, 신도들의 눈과 귀를 가린다.

8. 예수

- 예수의 재림은 없다. 예수가 다시 온다 해도, 과연 누가 그를 예수라고 믿겠는가? 예수와 같은 삶의 행함이 곧 예수의 재림이다. 각자 모두가 “재림 예수”가 되는, 차원 높은 믿음으로 가야 한다.

- 예수는 “주여 주여 하지 말고, 아버지의 뜻대로 행하라”고 했다. 예수가 전한 하나님의 뜻이 곧 “길이요, 진리요, 생명”이며, 그 가르침이 예수의 보혈처럼 소중한 것이다. 예수를 믿는 것은, 예수의 가르침을 믿고 따르는 것이다.

- 예수는 낮은 자로서 만백성을 섬기고자 했다. 만나는 모든 사람을 다 하나님이라 생각하라. 돈을 벌수록 겸손하고, 높은 지위를 얻을수록 낮아지라.

▪ 예수는 종파를 만들지 않았다. 인간이 만든 종교와 인간의 교리를 따르지 말고, 예수를 통해 전한 하나님의 참진리를 연구하고 따르라.

▪ 예수가 2천 년 전에 만백성을 위해 죽었으니, 지금 이 땅에는 예수의 가르침대로 사는 천사만 존재해야 한다. 예수가 죽어 가면서 바란 것은 만백성이 천사가 되어 예수의 자리를 채워 주는 것이지, 지금과 같이 재물을 바치면서 중언부언 제 소원만을 비는 백성들을 바란 것이 아니다.

9. 구원

▪ 천사가 사는 천국에는 천사만 갈 수 있으니, 천사 같은 마음을 길러야 한다.

- "천국 열쇠를 네게 주리니 땅에서 무엇이든지 매면 하늘에서도 매일 것이라" 했다. 땅에서 천사같이 사는 자가 하늘에서도 천사가 되어 천국에 들어간다. 모든 사람에게 천사같다는 말을 듣는 삶을 살아야 한다.

▪ 천사의 곱고 아름다운 마음은 부모를 공경하고 어른을 어른으로 대접하는 데에서 출발한다. 효도하는 자는 형제와 화목하게 지내기에 가정이 화목해지고, 이웃과 화목해지고, 국가가 화목해지고, 온 인류가 화목해진다.

- 그러므로 지상의 아름다운 소왕국은 가정에서부터 이루어야 한다.

▪ 선택된 14만 명만 구원받는 것이 아니라, 천사처럼 변하고자 하는 14만 명을 기초로 온 인류가 천사처럼 거듭나는 영적인 개혁이 시작되는 것이다.

▪ 천 년에 걸쳐서 하늘에서 이루어진 것같이 이 세상을 낙원으로 만들어, 만백성이 지상의 천국에서 살다가 죽어서 그대로 하늘의 천국으로 들어가는, 영원한 지상 낙원을 건설하는 것이 하나님의 계획이다.

- **이것이 구약과 신약에 이어 "새로운 성경"으로 역사하시는 하나님의 창조의 완성이다.**

▪ 지금의 믿음으로 구원받을 수 있다면 그 길을 가라. 그러나 자신이 없다면 하나님께서 직접 내리신 160권의 "새로운 성경"을 읽고 구원의 길을 보라!

하나님 머리말씀

이 새로운 성경을 읽는 너희 모두는
이 율법에 따라 행하면 영원히 구원받을 것이니라.

너희 인간이 수년, 수십 년, 평생
성서를 공부하고 기도하는 것은
하늘나라 나의 곁으로 오고 싶은 소망일진대,

몇천 년 전의 너희 인성과 생각이
지금의 너희와는 판이하게 다르니,

꺾여 가고 병들어 가는 너희를 고칠 수 있는 길은,
오늘 내가 선지자에게 내리는 새로운 성경과 같이
너희가 변화되는 것뿐이니라.

나의 예수가 태어난 것처럼
내가 아들 선지자를 선택하여
나의 새로운 성경을 온 세계에 전하고자 하니,

묵은 것은 버리고 새로운 것은 취하여,
너희 모두는
'여호와 하나님! 저의 죄를 용서하여 주옵소서.'
하는 기도문으로 기도하고, 죄를 뉘우치라.

이 새로운 성경은
수천 년간 내려온 성서를 요약한 것이니,
너희는 이 책을 정독하여 쉽게 깨달음을 얻고,
이대로 실천하여 하늘에 오르라.

대역자 머리말

■ 하나님의 율법을 지키는 선지자로 선택을 받도다.

저는 남들처럼 그저 열심히 살아온 평범한 사람이었습니다. 그러나 50대 중반에 사업에 실패하여 많은 부채에 시달렸으며, 건강도 악화되어 눈이 잘 안 보이고, 걷기도 어렵고, 두통이 심해서 잠을 이룰 수 없는 고통의 나날을 보냈습니다. 그때 제가 선택할 수 있는 것은 육의 삶을 끝내는 길뿐이었습니다.

죽기 직전에 그동안에 죄를 지은 이들에게 용서를 빌고 인생을 끝내기로 작정하였습니다. 어려서부터 지은 죄를 빌고 빌다 보니 끝이 없었고, 죽음으로도 그 많은 죄를 용서받을 길이 없다는 생각에 하염없이 눈물이 흘렀습니다. 그 순간 '재래식 화장실의 구더기는 죄를 짓지 않는데, 나는 인간으로서 구더기만도 못한 삶을 살았구나.' 하는 생각이 들면서 괴로움에 몸부림칠 때, 갑자기 하나님의 음성이 들렸습니다.

"나는 여호와 하나님이니라. 너는 십계명을 암송하고 내가 내려 주는 메시지를 받아 책으로 만들어 만백성을 구하라." 하시며, 제 눈을 손으로 문지르게 하시고, 아픈 머리와 다리를 손으로 두드리게 하셨습니다. 그러고 나니 눈도 잘 보이고 걸을 수 있었으며 머리의 통증도 말끔히 낫게 되었습니다. 그때부터 십계명을 암송하고 나면 들려주시는 말씀을 기록하였고, 1999년 8월부터 2004년 7월까지 권당 288쪽, 총 160권을 받아서 "새로운 성경"이라는 책으로 펴내게 되었습니다.

그러한 저에게 죽기보다도 힘든 길이 시작되었습니다. 모든 교인들이 저에게 사탄이요, 이단이요, 악마요, 마지막 시대에 온 거짓 선지자라 하면서 공격하였고, 저를 짐승을 보듯이 대하는가 하면, 편협한 종교 지도자들의 선동으로 신도들이 이 책을 직접 읽어 보고 평가할 기회마저 막아 버렸습니다. 그래서 하나님의 말씀을 세상에 내는 데 많은 어려움을 겪으며, 피를 토하는 심정으로 책을 전하고 있습니다.

그러나 아무리 인간의 힘으로 막으려 해도, 하나님의 뜻이 세상에 전해지는 위대한 역사는 계속될 것입니다. 책으로 전해지는 "하나님의 말씀"은 세상 끝날까지 항상 우리와 함께하실 것입니다. 사람은 죽어도, 책에 기록된 말씀은 영원히 남으니까요.

■ 따뜻한 실천

하나님께서는 어려운 사람들에게 삶의 터전을 마련해 주고, 미래를 열어 주는 것을 기뻐하십니다. 어려운 이웃이 스스로 자립할 수 있도록 이끌어 주는 것이 진정으로 이웃을 돕는 것이라고 말씀하셨습니다. 그래서 일자리가 없는 제자들에게 작은 사업장을 만들어 주는 "달란트 사업"을 하고 있습니다. 식당, 반찬 가게 등을 차려 주고, 기존의 어려운 사업장이 자립할 수 있도록 돕고 있습니다(커피숍, 미용실, 의상실 등).

하나님께서는 교회에 나와서 모든 시간과 재물을 쏟기를 원하지 않으시고, 그 시간과 재물을 교육에 투자하여 스스로 미래를 열어 가기를 원하십니다. 그래서 제때 공부하지 못한 제자들에게 학업을 이어 가도록 하였습니다. 중화요리 주방장을 하며 초등학교 검정고시부터 공부하여 2012년에 방통대를 졸업한 36세 남성, 만학도들의 2년제 중학교에 입학해서 2007년에 명지대학을 졸업한 38세 여성, 중학교 검정고시를 시작으로 숭의여자대학을 졸업한 47세 여성 등이 있습니다. 그밖에도 많은 제자들에게 나이를 초월하여 배우고 깨우쳐서 사회 속의 당당한 일원이 되도록 인도하고 있습니다.

학자금 대출로 힘겨워하는 젊은이들을 위해 "따뜻한 바람 장학회"를 발족하여(2016년 12월) 대출받은 학자금 전액을 매월 갚아 주고 있습니다. 또한, 다문화 가정을 위해 "다문화 가족 랜드"를 조성하여, 각종 시설을 무료로 활용하도록 하고 있습니다.

이러한 따뜻한 실천이 아직은 미약합니다. 그러나 책의 수입이 늘고, 저와 뜻을 같이하는 분들이 늘어나면 계속 확대할 것입니다. 지도자로서 신도의 재물을 헌금으로 거둬들여 착복하는 것이 아니라, 하나님께서 기뻐하시는 일에 사용하도록 중매 역할만 하며 살아가고자 합니다. 이런 제가 과연 사탄이고 이단인가요? 하나님께서 기뻐하시는 일이라면, 저에게 사탄이라 하든 거짓 선지자라 하든 굽히지 않고 실천해 나갈 것입니다.

끝으로, 일상의 삶 속에서 "지금 내가 하는 행동이 과연 하나님께서 기뻐하실까, 슬퍼하실까?" 생각하고, 매사에 하나님께서 기뻐하시는 길을 택하기 바랍니다. 교회에 모여서 집단적으로 예배 드리는 것이 아니라, 개인이나 가정 단위로 새로운 성경을 읽어 스스로 깨우치고 그대로 행하면 충분합니다. 그것이 마음속에 성전을 짓고, 신령과 진정으로 예배 드리는 길입니다. 그러면 천국의 문에 들어서게 됩니다.

2017. 2. 1.

하나님 말씀 대역자 김용철

차 례

- 하나님 말씀 중에서 ... 3
- 하나님 머리말씀 ... 9
- 대역자 머리말 ... 10
- 차　례 ... 12
- 십 계 명 ... 14

2002년 9월 ... 15

월요일

3,609 _ 2002년 10월 7일 07시 22분..........15
3,610 _ 2002년 10월 7일 07시 36분..........17
3,611 _ 2002년 10월 7일 07시 51분..........21
3,612 _ 2002년 10월 7일 08시 37분..........24
3,613 _ 2002년 10월 7일 08시 46분..........26
3,614 _ 2002년 10월 7일 15시 45분..........29
3,615 _ 2002년 10월 7일 16시 10분..........31
3,616 _ 2002년 10월 7일 16시 13분..........33
3,617 _ 2002년 10월 7일 16시 22분..........33

화요일

3,618 _ 2002년 10월 8일 06시 53분..........36
3,619 _ 2002년 10월 8일 09시 07분..........38
3,620 _ 2002년 10월 8일 13시 04분..........40
3,621 _ 2002년 10월 8일 15시 30분..........43
3,622 _ 2002년 10월 8일 15시 37분..........46
3,623 _ 2002년 10월 8일 15시 53분..........48

수요일

3,624 _ 2002년 10월 9일 06시 31분..........50
3,625 _ 2002년 10월 9일 06시 38분..........52
3,626 _ 2002년 10월 9일 06시 49분..........53
3,627 _ 2002년 10월 9일 10시 30분..........55
3,628 _ 2002년 10월 9일 15시 06분..........57
3,629 _ 2002년 10월 9일 21시 20분..........59
(강론을 마치며)

목요일

3,630 _ 2002년 10월 10일 05시 24분........60
3,631 _ 2002년 10월 10일 05시 32분........62
3,632 _ 2002년 10월 10일 05시 49분........64
3,633 _ 2002년 10월 10일 06시 12분........65
3,634 _ 2002년 10월 10일 06시 22분........67
3,635 _ 2002년 10월 10일 06시 39분........68
3,636 _ 2002년 10월 10일 09시 20분........70
3,637 _ 2002년 10월 10일 09시 26분........71
3,638 _ 2002년 10월 10일 11시 21분........73
(강론을 마치며)

금요일

3,639 _ 2002년 10월 11일 06시 41분........75
3,640 _ 2002년 10월 11일 06시 48분........77
3,641 _ 2002년 10월 11일 08시 37분........79
3,642 _ 2002년 10월 11일 08시 45분........81
3,643 _ 2002년 10월 11일 08시 51분........82
3,644 _ 2002년 10월 11일 08시 59분........83
3,645 _ 2002년 10월 11일 12시 01분........85
3,646 _ 2002년 10월 11일 20시 42분........87
3,647 _ 2002년 10월 11일 22시 50분........89
3,648 _ 2002년 10월 11일 22시 58분........91
3,649 _ 2002년 10월 11일 23시 03분........93
3,650 _ 2002년 10월 11일 23시 09분........94
3,651 _ 2002년 10월 11일 23시 17분........96
3,652 _ 2002년 10월 11일 23시 27분........97
3,653 _ 2002년 10월 11일 23시 36분........99
3,654 _ 2002년 10월 11일 23시 43분.......101
3,655 _ 2002년 10월 11일 23시 55분.......102

토요일
3,656 _ 2002년 10월 12일 00시 05분.......104
3,657 _ 2002년 10월 12일 06시 39분.......105
3,658 _ 2002년 10월 12일 06시 45분.......107

일요일
3,659 _ 2002년 10월 13일 07시 51분.......109
3,660 _ 2002년 10월 13일 07시 59분.......111
3,661 _ 2002년 10월 13일 08시 12분.......112
3,662 _ 2002년 10월 13일 12시 13분.......114
(강론을 마치며)

월요일
3,663 _ 2002년 10월 14일 07시 06분.......117
3,664 _ 2002년 10월 14일 07시 15분.......118
3,665 _ 2002년 10월 14일 07시 25분.......120
3,666 _ 2002년 10월 14일 07시 36분.......123
3,667 _ 2002년 10월 14일 07시 49분.......126
3,668 _ 2002년 10월 14일 07시 56분.......128
3,669 _ 2002년 10월 14일 08시 11분.......130
3,670 _ 2002년 10월 14일 08시 19분.......132
3,671 _ 2002년 10월 14일 08시 32분.......134
3,672 _ 2002년 10월 14일 08시 42분.......136
3,673 _ 2002년 10월 14일 09시 39분.......137
3,674 _ 2002년 10월 14일 09시 48분.......140
3,675 _ 2002년 10월 14일 10시 37분.......142
3,676 _ 2002년 10월 14일 10시 42분.......144

화요일
3,677 _ 2002년 10월 15일 06시 50분.......145
3,678 _ 2002년 10월 15일 12시 25분.......146
(강론을 마치며)
3,679 _ 2002년 10월 15일 17시 56분.......149

부 록 ... 152
【하나님께서 가르쳐 주신 운동】 152

간 행 사 ... 153

십 계 명

이 책은 십계명을 암송하고 나면 내려 주시는 "하나님의 음성"을 듣고 그대로 받아쓴 기록입니다. 하나님께서 십계명을 모세에게 내려 주셨지만, 그것은 만백성에게 내려 주신 것입니다. 마찬가지로 이 책의 모든 말씀도 저에게 내려 주셨지만, 만백성 각자에게 들려주시는 말씀입니다. 여러분도 이 책을 접할 때마다 십계명을 암송하고 나서 정독해 주시기 바랍니다.

제일은, 너는 나 외에는 다른 신들을 네게 있게 말지니라.
제이는, 너를 위하여 새긴 우상을 만들지 말고, 또 위로 하늘에 있는 것이나, 아래로 땅에 있는 것이나, 땅 아래 물 속에 있는 것의 아무 형상이든지 만들지 말며, 그것들에게 절하지 말며, 그것들을 섬기지 말라.
제삼은, 너는 너의 하나님 여호와의 이름을 망령되이 일컫지 말라.
제사는, 안식일을 기억하여 거룩히 지키라.
제오는, 네 부모를 공경하라.
제육은, 살인하지 말지니라.
제칠은, 간음하지 말지니라.
제팔은, 도적질하지 말지니라.
제구는, 네 이웃에 대하여 거짓 증거하지 말지니라.
제십은, 네 이웃의 집을 탐내지 말지니라.

나 여호와가 존재함을 믿는 그 자체가 구원의 길에 들어서는 기본이요, 근본이며, 나의 새로운 성경을 가슴에 안고 정독하는 자, 반석 위에 서서 하늘에 오르는 찬란한 빛을 보게 되는 영광을 얻게 됨이니라. 진정 나를 따르고 믿는 자는 감히 사탄이나 마귀도 근접하지 못하느니라.

〈하나님 말씀〉

2002년 10월

3,609 번째 하나님 말씀

2002년 10월 7일 07시 22분

1 사랑하는 나의 아들아!
2 "네, 아버님! 말씀하옵소서."
3 신약 시대에 나의 아들이 그 많은 역사를 이루며 그를 따르는 자 수없이 많이 있었으나 그 제자를 열두 명을 두었다 했음이니,
4 그 이상 제자라 부른 자가 없었다 하면, 과연 그 많은 사람 중에서 나의 아들 예수가 나의 성령으로 백성을 깨우치고자 하는 그 뜻에 부응하여 살아가고자 하는 사람이 얼마나 있었겠는지 그 시대의 상황을 너희가 볼 수 있음을 알아야 할 것이니라.
5 많은 백성들이 살아가는 그 속에서 많은 기적의 역사를 이루었지만, 나의 아들 예수가 열두 명의 제자를 두었다는 것은
6 그래도 많은 사람 속에서 그들이 나의 아들 예수가 가고자 하는 그 뜻을 알며 그가 행하고자 하는 것을 깨닫고 그와 더불어 가고자 노력하는 자들이기에 제자로 선택되었을 것이니라.
7 그러니 그 많은 사람 중에서 그 숫자 밖에는 제자라 할 수가 없었음이니, 너희들 인간의 형태가 어떠한 것인가를 알 수 있을 것이니라.
8 나의 아들 예수가 인간의 속성이요, 그들의 본질의 마음을 알고 있기에 아무나 제자라 부를 수 없었음이니,
9 그래도 그중에서 고르고 선택한 자들이요, 그래도 예수와 더불어 갈 수 있는 자들이라 하여, 그리고 깨우침이 있으며 진실이 있어서 그들을 제자라 선택하였으니,
10 과연 그들은 또한 어떠한 역사를 이루었던가?
11 그로부터 등을 돌리는 그와 같은 자들이 되었음이니라.
12 사랑하는 나의 아들아!
13 "네, 아버님! 말씀하옵소서."
14 지금 많은 백성이요, 너를 따르는 그 제자들 속에 완벽하게 가고자 하는 제자, 완벽하게 이루고자 하는 제자, 그리고 미래에 완벽하게 설 수 있는 제자가 네 앞에 보이지 아니하며 네 마음에 있지 아니함이니,
15 네가 방황하며 네가 정을 주고 마음을 줄 곳이 없는 것을 나는 알고 있음이니라.
16 사랑하는 아들아, 그러나 너는 여기서 깨우쳐야 할 것이니라.
17 도자기라는 것을 구워 내는 토기공은 모든 정성을 들여 만든 도자기가 마음에 들지 아니하였을 때 다음을 위하여 그것을 깨 버릴 수도 있느니라.
18 그리고 다시 만들고 다시 시작할 수 있는 것이 토기공의 가지고 있는 특성이며,
19 또한 그 도자기라는 그릇에 생명이 존재하지 아니하기에 그는 그와 같이 할 수 있는 것이니라.

20 토기공이 자기가 만들었던 그 도자기가 마음에 들지 아니하여 그것을 던져 깨면 아픈 마음으로써 끝나고 또 노력하여 만들 수 있으나, 인간관계는 그와 같은 형국으로써 이루어질 수가 없음이니라.

21 그리하여 버릴 수도 없으며 깨 버릴 수도 없는 것이 인간과 인간의 관계가 아니던가?

22 오로지 그를 다듬고 다듬어 토기공이 다시 도자기를 만들어 구워 내듯이,

23 인간의 그 형태에서 그를 다스리고 깨우치며 그리 가르쳐야 하는 것이 너희들 인간이며 너의 제자를 만드는 과정임을 알아야 할 것이니라.

24 토기공같이 잘못되었다 해서 버릴 수 있고 던질 수 있는 것이 너의 제자와 너의 관계가 아님이니,

25 잘못된 제자, 깨닫지 못하는 제자를 깨우치도록 하여 그가 바로 설 수 있도록 기다리는 너의 인내가 필요하며 시간이 필요하며, 그리고 네가 꾸준히 가르쳐야 하는 그와 같은 책무가 있음을 알아야 할 것이니라.

26 그리하여 그 속에서 너희가 제자를 육성하는 것이며, 나의 뜻에 따라 같이 천 년의 역사 후에 새로 이루는 영원한 새 시대를 위하여 그 뿌리를 내릴 수 있는 너의 제자들로서 육성하는 것이 네가 가는 길임을 알아야 할 것이니라.

27 지금 너의 제자들이 네가 가고 있는 마음을 모르며 네 뜻을 모르며 네가 원하는 것을 모르며 그들이 변하여야 하는 그 길을 모른다 하여 네가 강론을 중단하며 나의 법전을 그들에게 가르치는 것을 중단한다면 이는 아니 됨이니라.

28 이는 잘못되었다 하여 던져서 깨고 다시 만들 수 있는 그와 같은 형국의 가르침이 아님이니라.

29 그들은 생각이 있으며 판단할 수 있으며 또 변화할 수 있으며 스스로 자기의 손익을 계산할 수 있는, 그와 같은 생각을 가지고 있는 살아 있는 생명체이니라.

30 그들을 다스리고 훈련시켜 내가 원하는 너의 제자로서, 내가 원하는 백성으로서 그들을 길러 내는 것이 네가 해야 할 길임을 잊어서는 아니 될 것이니라.

31 네가 그와 같이 좌절하며 그와 같은 것에서 실망하며 괴로워한다 하면 너 스스로 무너짐을 알아야 할 것이니라.

32 토기공이 잘못 구워 낸 그릇을 깨고 괴로워하고 실망하며 다시 흙을 이겨 그것을 만들고자 하지 아니한다면 그는 패자가 되는 것이니라.

33 그와 같이 오늘의 너의 제자들의 깨달음이 네가 생각하며 네가 가르친 만큼 오르지 아니한다 하여 너 스스로 괴로워 주저앉는다면,

34 너는 패자가 되는 것이며 나의 뜻에 따라 만백성을 구하는 나의 아들이 아님을 알아야 할 것이니라.

35 이제는 네가 그와 같은 고비를 넘는 것이 가장 중요하며, 어려운 역사의 길임을 알아야 할 것이니라.

36 그 속에서 깨닫는 자 나오며, 또한 새로 오는 자 깨달을 것이며, 새로 오는

자 내 역사를 알아들을 수 있음을 알
아야 할 것이니라.
37 네가 너의 제자들에게 그림으로 그려
주지 아니하였던가?
38 마지막에 목적을 달성하기 위하여 그
작고도 작은 터널을 당장 너보고 통과
하라 하면 너는 정녕 통과할 수 없다
말하지 아니하였던가?
39 너의 제자들을 보는 눈이 또한 그와
같은 것이니 그리 알라.
40 오늘의 그들이 믿음이라는 세월을 흘
러왔으며 나이를 먹었으며 다른 종파
에서 깨달음의 역사를 얻었다 하나,
그것으로써 그들의 깨달음의 높이를
인정하지 말라.
41 그곳에서 그들이 각자 배운 그 배움이
요, 믿음의 길은 잘못된 길이었으며
나의 뜻을 역행하는 속에서 그들이 믿
음으로 살아온 것이니,
42 그것을 네가 지금에 와 그들이 깨우친
것이라 인정한다면 그들은 본색이 나
오게 되어 있음이니라.
43 그때마다 네가 실망해서는 아니 됨이
니라.
44 내가 너희에게 가르치는 법도는 법도
요, 그들이 지금까지 배워 온 그 법도
는 잘못 가르쳐 온 것이니 다시 시작
해야 함을 너희가 알아야 할 것이니라.
45 사랑하는 나의 아들아!
46 "네, 아버님! 말씀하옵소서."
47 너희들의 이 동양의 작은 나라에서 쓰
는 문자 또한 그러하니라.
48 그가 청산유수로 아무리 잘 쓰며 빠르
게 기록한다 해도 처음에 배울 때 기
초요, 띄어쓰기요, 맞춤법을 제대로
배우지 아니한다면, 그는 다시 시작해
야 하며 다시 배우는 그 역사와 마찬
가지니라.
49 기초가 되지 않은 믿음이요, 내가 원
하며 내가 너희를 깨우치고자 하는 참
진리의 길을 모르며 그곳에서 기초가
다져지지 아니한 자는 기초를 다시 배
워야 함이니,
50 그들이 많이 배웠다 하여도, 많은 깨
달음의 종파의 믿음에서 그들이 구원
의 길을 얻고자 노력하여 많은 시간과
모두를 다 바쳐서 지금까지 몇십 년
그 길을 갔다 하여도 그들은 띄어쓰기
를 모르며 맞춤법을 모르는 자와 같음
이니,
51 그 기초를 다시 가르쳐야 하기 때문에
너는 너의 제자들과 그들을 그와 같은
수준으로써, 맞춤법 자체를 모르는 것
을 다시 가르치는 마음으로써 그들을
다스리며 깨우쳐야 할 것을 잊지 말라.
52 그들이 아무리 경지가 높으며 깨달음
이 높다 하여도 그들은 맞춤법의 기초
를 배우지 못한 학생과 같음이니,
53 다시 시작해야 하기 때문에 그들을 어
린아이로 보며 네가 인내하고 깨우치
고 가르쳐야 되는 것이 너의 갈 길임
을 잊지 말라, 사랑하는 나의 아들아!

3,610 번째 하나님 말씀

2002년 10월 7일 07시 36분

1 사랑하는 나의 아들아!
2 "네, 아버님! 말씀하옵소서."
3 나의 성령을 받아 기록하여 나의 법전
이요, 나의 책을 만드는 너희가 어떠

한 역사를 이루는 자들이던가?
4 밤이 오면 낮이 옴이니라.
5 그리고 달과 해도 졌다가 또다시 뜨며
그와 같은 반복의 역사를 이루는 속에
서 세월이 흐르며 너희가 또한 그 속
에 맞춰 삶을 살아가는 것이니라.
6 그러나 너희가 지금 나의 법전을 만들
어 나의 백성을 구하고자 하는 그 역
사는 영원히 지지 않는 태양이요, 영
원히 지지 않는 달이요,
7 그를 만들기 위하여 너희가 나의 뜻에
따라 참여하며 나로부터 부름을 받은
백성이라는 것을 알아야 할 것이니라.
8 영원히 지지 않는 태양이요, 그를 위
하여 너희가 이 대역사를 이루고 있다
하면, 너희를 과연 남들이 무어라 말
하겠는가?
9 너희를 정신 나간 자요, 미친 자라 그
리 말할 것이며 너희를 저주할 것이니
라.
10 그리고 감히 나 여호와, 신에게 도전
하는 그와 같은 자들이라 말할 것이니
라.
11 너희는 누구의 뜻에 따라 움직이는가?
12 나의 명에 의하여 나의 뜻에 따라 움
직이는 것이 너희들이니라.
13 영원히 지지 않는 태양을 만들기 위하
여 너희가 오늘의 고통과 시련 속에서
나의 법전 160권을 세상에 만들어 낼
때, 이는 천 년에 걸쳐 새로운 역사를
이루며,
14 너희가 감히 생각할 수 없는, 하늘에
서 이루어진 것같이 이 땅에서 이루어
달라 수천 수억의 인구가 부르짖고 기
도하며 매달렸던 그 뜻의 역사를 이룸
이니,
15 이는 영원히 지지 않는 태양을 만드는
것이며, 지금 이에 참여한 자가 너의
제자들임을 알아야 할 것이니라.
16 그와 같은 나의 뜻에 따라 지지 않는
태양의 역사를 이루는 너희가 살아가
는 형태의 자세가 무엇이어야 되겠는
가?
17 너희가 나의 뜻에 따라 나의 성령을
받아 영원히 지지 않는 태양을 만듦이
니,
18 오로지 너희가 구원받을 수 있는 길이
요, 너희가 그리도 갈망하고 소원하는
천국의 문에 들어올 수 있는 길이요,
아무리 태워 버리고 찢어 버려도 존재
하는, 영원히 지워지지 않고 없어질
수 없는 나의 성령의 법전을 만들어
만백성을 구하고자 하는 것이 너희들
의 대명이니라.
19 그리고 너희가 가고 있는 길이며, 그
것을 역사하고자 너희가 나에게 선택
된 백성들이니라.
20 그러니 너희 마음이 어떠해야 하겠는
가?
21 너희가 육의 삶의 세상에서 남보다 더
큰 것을 갖고자, 더 아름다운 것을 갖
고자, 더 좋은 것을 갖고자 하는 그와
같은 마음을 버리지 못한다 하면,
22 정녕 나의 160권의 법전이 영원히 지
지 않는 태양으로서 그 빛을 발할 수
없음을 너희는 알아야 할 것이니라.
23 너희는 더 갖고자, 더 아름다운 것을
너희 것으로 만들고자, 똑같은 숫자로
나누는 속에 너희가 하나를 더 갖고자
하는 것만이 너희들의 욕심이 아님이

니라.

24 남이 가지고 있는 똑같은 물건이 더 크게 보이며 더 아름답게 보이며 더 좋게 보이는 그와 같은 마음을 버리지 못하는 것도, 그와 같은 생각이 너희 마음속에 자리 잡고 있는 것도 또한 너희들의 욕심이요,

25 너희가 깨달음이 없는 그 경지에서 지금도 허덕이고 있음임을 알아야 할 것이니라.

26 내가 너희에게 말하였느니라.

27 영원히 지지 않는 태양을 내가 만들고자 나로부터 불려 나로부터 선택된 너희들의 그 마음자리는 남들처럼 육의 세상에서 더 아름다운 것, 더 좋은 것, 더 소중한 것을 갖고자 하는 것이 너희들의 욕심이 아니라 하였음이니라.

28 그것보다도 남이 갖고 있는 것이 더 찬란하며 더 아름답고 더 크게 보이며 더 많게 보이는 그 자체도 너희는 생각해서는 아니 되며,

29 그와 같은 마음을 가지고 있어서는 안 되며, 사물이 그와 같이 보여서는 안 되는 것이 너희들이라 내가 말하여 깨우쳐 주었음이니라.

30 너희는 알아야 할 것이니라.

31 육의 삶에 오늘의 영광에 연연하면 사후의 세계에 영원히 사는 나의 나라요, 천국에 오르는 것을 버리게 됨이니라.

32 너희는 천국에 오르는 영광을 버리는 백성이 되어서는 아니 될 것이니라.

33 지금의 육의 짧은 삶의 생활에 그 부귀와 영화 때문에 영원히 사는 세상의 영광을 버리는 어리석은 삶을 살아서는 아니 되는 것이 너희들임이니라.

34 내가 수천 년 역사가 흐르는 속에서 지지 않는 태양의 역사를 이루고자 할 때, 수십억 인구 중에서 거기에 선택된 너희들이며,

35 또한 모세의 시대에 역사를 이루었으며, 예수의 시대에 역사를 이루었으며, 제3의 시대에 내가 직접 내려와 너희를 깨우치며 인도함이니,

36 나와 더불어 한 시대의 역사를 이루는 너희가 얼마나 소중한 자들이며 위대한 자들인가 너희는 알아야 할 것이니라.

37 그와 같은 너희가 살아가는 삶에 모든 사물을 계산하며 너희 앞에 더 큰 것을 놓고자, 더 좋은 것을 놓고자 하는 생각을 버리지 못하고 있다 하면,

38 과연 나로부터 선택된 백성 너희들의 차별화가 무엇인가?

39 나로부터 선택된 은혜와 그 영광의 감사함 자체도 모르고 사는 너희들임이니,

40 과연 너희가 그와 같은 삶을 살아가서야 되겠는가?

41 너희는 내가 이루는 역사에 나에게 부름을 받은 백성으로 선택된 그것 하나로써 이 세상 무엇과도 바꿀 수 없는 영광이요, 은혜요, 축복이라 내가 말하였거늘,

42 어찌하여 너희는 그와 같은 영광의 축복이요, 그 은혜의 감사함을 모르고 사는가?

43 너희가 그와 같은 은혜에 감사함을 진심으로 생각한다 하면, 너희 스스로 계산할 때 너희에게 더 큰 것을 놓고

자, 더 많은 것을 놓고자 시시비비하
는 마음을 가져서는 아니 될 것이니,
44 어찌하여 너희는 그 마음을 버리지 못
하는가?
45 그 마음을 버리지 못할 때 너희는 욕
심이라는 것을 버리지 못한 것이니,
욕심이라는 것을 놓고 너희가 계산할
때 바로 무엇이던가?
46 더 갖고자, 더 아름다운 것을 갖고자,
더 큰 것을 갖고자 하는 그 추한 마음
을 버리지 못하고 있는 것이니라.
47 내가 너희에게 무어라 말하였느냐?
48 남이 유리창을 깼을 때 너희가 깨지
아니했어도 '제가 깼습니다.' 하고 대
답할 수 있는 마음으로 살라 하였음이
니,
49 내가 너희에게 가르친 그 진리와는 너
무나도 멀고도 먼 길에서 반대의 길을
살아가는 것이 지금의 너희가 아니던
가?
50 너의 제자들에게 전하라.
51 너희 제자들의 마음이 그렇기에 나의
아들이 흔들림이며, 나의 아들이 오늘
의 그 고통과 괴로움에서 벗어나고자
발버둥치고 있음을 너희는 알아야 할
것이니라.
52 그것이 나의 아들에게 파장을 이루는
것이요, 나의 아들이 나의 뜻에 따라
역사함을 너희가 거부하며 방해함이
니라.
53 너희는 나의 아들이 160권의 법전을
써 세상에 나올 수 있도록 그를 돕는
것이며, 그를 위하여 존재한다 하였거
늘,
54 이를 역행하는 삶을 살아가고 있다면
과연 그 죄를 다 어찌할 것이며, 너희
가 그와 같은 마음으로써 구원을 받을
수 있으며 선택된 백성이라 할 수 있
는가?
55 나의 아들 예수가 너희 죄를 안고 죽
어 갈 때, 그가 너희에게 어떻게 살아
오기를 바랐으며 너희에게 조건을 걸
었거늘,
56 너희는 그 조건과 나의 아들이 목숨을
바쳐 너희에게 지키고 행하며 구원을
받으라는 것은 어렵고 힘들기에 그 길
은 가지 아니하며,
57 그저 너희 손으로 지은 성전에 가 나
의 아들의 이름을 부르며 나를 부르는
그 순간에 나의 아들 예수의 보혈로써
구원을 받았다 함이니라.
58 지금 나의 법전을 읽고 나의 아들의
성령을 듣고 깨우치며 나의 성전에 와
공부하는 자만이 세상에 다시없는 은
혜요, 진실된 구원의 길을 가고 있는
자라 하는 너희들의 그 자부심은 가상
하나,
59 너희가 지키고 행하는 마음을 바라다
볼 때 너희가 정녕 나로부터 구원을
받을 수 있는 자인지 아닌지를 너희가
선별하게 됨이니, 너희 자신을 돌아다
보는 그와 같은 삶을 살아야 할 것이
니라.
60 이제는 너희가 너희 자신을 돌아다볼
수 있는 경지에 올랐음이니라.
61 나의 법전을 수십 번 읽고 수없이 많
은 강론을 들은 너희가 변화되지 못하
며 지금도 더 큰 것을, 더 많은 것을
너희 앞에 놓고자 하는 그 생각을 버
리지 못하고 있다 하면,

62 이는 너희가 정녕 진주와 보석을 버리
며 잡석을 줍고자 하는 것이니,
63 그 잡석을 줍는 자, 나에게 오를 수 없
음을 내가 오늘 나의 아들을 통하여
너희에게 전함이니, 너희들의 마음 자
세를 돌이켜 보는 기회를 먼저 갖도록
하라.

3,611 번째 하나님 말씀

2002년 10월 7일 07시 51분

1 사랑하는 나의 아들아!
2 "네, 아버님! 말씀하옵소서."
3 그 많은 역사를 보였던 나의 아들 예
수의 그 시대에도 그로부터 그의 제
자들이요, 그가 믿었던 자들이 먼저
등을 돌렸음이니라.
4 그리하여 나의 성령이 세상에 내려가
만백성을 구하며 그들이 하늘에 오르
는 그 길을 막게 하였음이니,
5 지금 나의 법전을 읽고 깨우쳐 하늘에
오르는 길이 무엇이며 정녕 하늘에 오
르는 길의 가는 길이 무엇이며 나 여
호와가 역사하는 것이 무엇인가를 깨
닫고 느끼는 너의 제자들이 있음이니
라.
6 그러나 네가 너의 제자들을 보기에 그
들의 변화가 늦으며 그들의 깨달음이
정녕 발걸음을 떼어 놓지 못하고 제자
리에 서 있는 그 모습에 네가 마음 아
파하고 있으나,
7 너는 또한 너를 따라 너와 더불어 모
두를 다 바칠 수 있는 제자들이 무럭
무럭 자라며, 소복소복 눈이 쌓이듯이
그 마음속에 자신을 다져 가며 변해
가고 있는 자들이 있음을 알아야 할
것이니라.
8 내가 너에게 무어라 말하였느냐?
9 단 한 사람의 의인이요, 천사와 같은
마음을 가진 자 있을 때, 이 세상에 그
보다 더 소중한 것이 없으며 그보다
더 귀한 것이 없다 말하였음이니라.
10 네가 짧은 기간에 나의 성령을 가지고
나의 피조물 만백성을 가르치며 너의
제자를 선택하여 오늘까지 가르쳤으
며 나의 뜻을 전했으니,
11 그 속에 너에게서 등 돌리지 아니하며
영원히 너와 더불어 갈 수 있는 자들
이 있다는 것을 너는 알아야 할 것이
니라.
12 네가 생각할 때 비록 그들의 마음이
지금은 불안하나, 세월이 가며 역사가
이루어지는 그 순간에 그들의 마음은
더욱더 굳어질 것이며,
13 또한 지금도 너를 배신하지 아니하며
너로부터 등 돌리지 아니할 자들이 있
으니,
14 나의 아들 예수의 제자들이 예수로부
터 등을 돌렸던 그와 같은 제자들만을
생각하지 말아야 할 것이니라.
15 그 못지않은 제자들이 네 주변에 있으
며 너를 위하여 더불어 갈 수 있는 마
음 자세를 가지고 있는 자들이 있음이
니,
16 그들이 높고 낮고, 명성이 있고 없고,
재물이 있고 없고, 명예가 있고 없고
를 따지지 말라.
17 그 나약한 자라 하여도 그들이 그와
같은 마음을 가졌을 때 그 힘은 내가
역사함이니, 그 누구도 그를 당할 수

없는 것이 그들이 가지고 있는 마음이
니라.
18 모두를 다 너와 더불어 갈 수 있는 마
음 자세가 되어 있는 너의 제자들이
지금 있음을, 너는 먼저 그를 보도록
그리해야 할 것이니라.
19 그와 같은 마음을 가지고 있는 자, 지
금 네 주변에 네가 바로 서며 바로 역
사하기를 바라는 그와 같은 제자들이
있음을 너는 알아야 할 것이니라.
20 사랑하는 나의 아들아, 너는 불안해하
지 말라 내가 말하였음이니라.
21 내가 3부가 세상에 나와 너희가 3부
의 법전을 세상에 전할 때 그 모든 변
화의 역사는 시작한다 하지 아니하였
던가?
22 너희가 한 권의 책을 한 사람에게 전
하며 두 사람에게 전하고 열 사람, 백
사람, 천 사람에게 전할 때, 그를 전한
만큼 나의 백성들이 그를 보고 너희를
찾을 것이니,
23 하늘에 오르는 길이 무엇이며 기도하
는 길이 무엇이며 정녕 내가 역사하고
자 하는 것이 무엇인가를 그들이 읽어
깨우치듯이,
24 너희가 나의 법전을 전하면 전하는 만
큼 대역사가 이루어지느니라.
25 그와 똑같이 너희가 나의 법전을 1부
요, 2부요, 3부요, 5부요, 그리하여 10
부까지 만들어 냈을 때, 많은 법전이
세상에 나가 전해지듯이,
26 3부가 나와 너희가 나의 법전을 세상
에 전할 때 그 3부의 역사만큼 나의
피조물 만백성이 변하여 너희를 따르
게 될 것이며, 너희와 더불어 가는 그
형제들이 너희 앞에 모여들 것이니,
27 이는 당연하고 엄연한 사실이 아니던
가?
28 너희가 열여섯 권의 법전을 만백성에
게 전한 만큼 그들이 그를 보고 깨우
쳐 오듯이,
29 2부가 나오며 3부가 나올 때, 그들이
법전을 보고 깨우치는 것은 배가 운동
을 하는 것처럼 기하급수로 늘어 가는
그와 같은 역사가 이루어질 것이니라.
30 너는 그 역사가 이루어지기 전에 네가
마음으로써 더불어 갈 수 있는 그 제
자들을 네 마음에 기억하고 기록하고
자 하는 것이 네 마음이나, 그는 네 욕
심임을 알라, 아들아!
31 너는 3부의 법전이 세상에 나와 역사
를 이루기 전에 지금의 너의 제자들이
더불어 갈 수 있는 자, 그리고 영원히
너로부터 등을 돌리지 아니하며 나 여
호와를 배신하지 않는 그와 같은 너의
형제들을 만들고자 하는 것이 너의 뜻
임을 내가 알고 있음이니라.
32 그러나 나의 아들아, 그리 생각하지
말라, 그리 조바심하지 말라.
33 네가 완벽한 지금의 제자들을 만들어
나 여호와를 기쁘게 하고자 함이나,
그와 같은 것이 네 욕심임을 알라.
34 3부가 세상에 나와 그 속에서 깨닫고
얻는 자 또한 내 역사하는 것에 참여
할 수 있는 자들이니,
35 너는 오늘에 있어서 아무것도 이루어
지지 않은 이 상태에서 정녕 너를 따
를 수 있는 그 제자들만이 나 여호와
를 배신하지 아니할 사람들이며,
36 나를 배신하지 아니하고 영원히 나와

더불어 갈 수 있는 나로부터 선택된
백성을 내가 선별하고자 하며,
37 그와 같은 백성의 후손만이 천 년의
역사 속에 다듬어지며 천 년의 왕국을
이룬 이 세상에서 살아갈 수 있는 완
벽한 그 후손들의 씨앗을 찾고자 함이
니,
38 사랑하는 나의 아들아, 많은 세월 속
에 변해 가고 있음을 알아야 할 것이
니라.
39 지금에 네가 완벽한 자를 고르고자 한
다면 그는 오로지 너의 고통만이 가중
되는 것이니라.
40 지금 너를 따라 나를 배신하지 아니하
며 나로부터 등을 돌리지 아니할 너의
제자들이 네 주변에 있음이니,
41 그것으로써 네가 대명을 다 수행했다
생각해도 나 여호와의 마음이 기쁘기
한량없음을 알라.
42 이제 3부가 나오면 3부에 맞춰 백성
이 올 것이며, 4부가 나오면 4부를 보
고 깨우치는 백성들이 있을 것이니,
43 그를 잘 다스리고 깨우쳐 네가 나의
뜻을 배신하지 않는 백성으로 만들고
자 하는 그 가르침으로 인도하면 될
것이니라.
44 너무 조급히 생각하지 말라.
45 3부라는 법전이 세상에 나오기 전에
나 여호와가 존재함을 믿으며 등 돌리
지 아니하며 배신하지 아니하는 백성
만을 네가 진주요, 보석처럼 생각하고
자 하는 그 마음을 나 여호와는 알고
있음이니 그리하지 말라.
46 그와 같은 것은 너의 욕심이니라.
47 오로지 지금 너를 배신하지 아니하며
나에게 등 돌리지 아니하며 그 역사를
이룰 수 있는 너의 제자들이 네 주변
에 있음을 알라.
48 너는 네가 생각하는 자들을 의혹하지
말며 그들을 믿으면 될 것이니라.
49 네 마음속에 기록해 놓은 그 제자들은
정녕 너로부터 등 돌리는 일이 없을
것이니,
50 이제 네 마음속에 굳건히 자리를 내리
도록 그리하라.
51 그것만이 네가 가장 편안한 마음 자세
로 가는 길이며, 네가 나의 역사를 이
루는 데 빠른 시간에 전진할 수 있는
길임을 알라.
52 사랑하는 나의 아들아, 너의 생각을
아느니라.
53 나의 참진리요, 나 여호와의 뜻을 듣
고도 깨우치지 못하는 자, 그 어리석
은 백성을 어리석다 생각지 말라.
54 그들은 나를 보지 못하며 듣지 못하며
나를 만져 보지도 못하는 자이니라.
55 그 속에서 그들이 그와 같이 깨우침의
경지에 오를 수 있는 것은 그들이 그
나름대로 나로부터 선택된 이유가 있
음이며, 그리하여 그들이 내 대업에
참여할 자격이 있음을 알라.
56 완벽한 자를 원하지 말라.
57 아직은 완벽한 자를 원할 때가 아님을
알라.
58 네가 지금까지 강론하고 가르친 나 여
호와의 뜻을 그들이 깨닫지 못하고 등
돌리는 것을 나 여호와를 배신하며 은
혜를 모르는 자들이라 하여 네가 불안
해하며,
59 인간 세속의 생각과 마음이, 인간이

이와 같이 간악하며 사악한 것이라 생
각하여 불안해하나, 그렇지 아니함을
알라.
60 그 속에서 다 그들이 깨달으며 그 속
에서 그들이 다 역사할 자격이 있기에
내가 그들을 선별하였으니, 오늘에 네
가 그들을 평가하는 마음을 거두도록
할 것이며,
61 너와 더불어 갈 수 있는 자, 네가 생각
하는 자, 네가 믿고 그들과 더불어 갈
때, 그것이 네가 나의 법전을 세상에
만드는 그 지름길임을 알라, 사랑하는
나의 아들아!
62 나의 이 뜻을 가슴 깊이 새겨 행하도
록 하라.
63 너의 제자들이 다 나로부터 선택된 뜻
이 있으며 이유가 있으며 그들이 다
능력이 있음이니라.
64 그들이 너로부터 등을 돌리고 가는 것
도 그의 임무이며 그가 행해야 할 일
임을 너는 어찌 그리도 모르는가?
65 너는 너의 제자들을 다 구원하여 완벽
히 가고자 하나, 그것은 그들이 다 선
택된 길이 있음이니라.
66 나의 이 뜻을 깊이 명심하여 따르고
행하도록 그리하라.

3,612 번째 하나님 말씀

2002년 10월 7일 08시 37분

1 사랑하는 나의 아들아!
2 "네, 아버님! 말씀하옵소서."
3 내가 너희에게 말하여 일렀느니라.
4 160권의 법전이 세상에 나오니 그 마
지막 권에 이름이 기록되는 자, 그들
이 정녕 나의 역사를 따르며 나와 더
불어 새 시대를 열고자 하는 선택된
백성이며, 그들만이 하늘에 오를 수
있는 그 마지막 영광을 얻게 된다 말
하였음이니라.
5 너희는 이와 같은 뜻을 깊이 음미하고
깨달아야 할 것이니라.
6 너희는 지금 두 사람이 서로 경쟁하고
싸우고자 할 때, 너희 생각으로써 저
사람이 이길 것이며 저 사람은 질 것
이라는 그와 같은 생각을 하고 먼저
평가를 하니,
7 싸움의 결과를 보고 평가하는 것이 옳
은 평가이거늘, 너희는 그들이 싸움을
하기도 전에 이미 누가 이길 것이고
누가 질 것이라 평가를 하는 것이니라.
8 그러나 그 평가가 정녕 옳다 생각하는
가?
9 그건 잘못된 판단이니라.
10 싸워서 그 결과를 보고 이긴 자를 이
겼다고 말하는 것이 정답인 것이니라.
11 지금 나의 법전을 암송하며 나의 아들
이 강론하는 것을 들으며 나의 법전을
몇십 번 읽어 다 기억하고 있다 하여
그와 같은 자는 구원을 받을 것이며
나의 법전 160권의 마지막 장에 기록
될 것이며 그는 정녕 나로부터 구원받
은 자라 말할 것이나, 너희는 여기서
알아야 할 것이니라.
12 그 또한 마찬가지니라.
13 마지막 160권의 법전에 기록되는 사
람들만이 구원의 길을 가며 나로부터
선택된 백성이요, 전사라는 것을 잊어
서는 아니 될 것이니라.
14 바로 믿음도 그와 마찬가지니라.

15 누구는 구원받을 것이라, 누구는 구원
받게 될 것이라 그와 같은 평가를 너
희가 해서는 아니 됨이니라.
16 오로지 마지막 160권에 기록되는 자
만이 구원을 받는 자라는 것을 잊어서
는 아니 될 것이니라.
17 믿음이라는 것은 그리 가서는 아니 되
는 것을 너희는 알아야 할 것이니라.
18 골리앗과 다윗의 싸움에 대한 그와 같
은 역사를 너희가 비춰 생각해 보라,
과연 누가 이기고 누가 질 것인가를.
19 너희가 눈으로 보고 생각하는 것과 그
싸움에 이기고 진 결과는 과연 어떠하
던가?
20 너희가 결과를 보고 평가하는 것이 가
장 위대한 것이니라.
21 저 사람은 선지자의 제자로서 손색이
없으며 믿음의 길을 가는 자로서 손색
이 없다 너희가 그리 평가하지 말라.
22 그가 가지고 있는 내면의 생활을 모르
며 내면의 생각을 모르는 너희가 그리
평가해서는 아니 될 것임이니라.
23 이제 너의 제자들에게 깨우쳐 이르라.
24 내가 너희에게 남을 미리 평가하지 말
라 함이 여기 있음이니라.
25 너희는 경쟁에서 정녕 이기는 자를 보
고 승자라 하는 것보다 더 정확한 것
이 없지 않은가?
26 너희는 그와 같은 것으로써 모두를 평
가하며, 그때 평가의 점수를 매기도록
그리하라.
27 그리하여 인간이 인간을 평가하지 말
라는 나의 뜻이 여기 있음을 너희는
알아야 할 것이니라.
28 너희가 예상으로 하는 것은 진정한 평
가가 아님이니, 거기서 파장을 이루는
것, 거기서 오해의 극치가 이루어지는
것은 말할 수 없음이니라.
29 내가 너희에게 무어라 말하였느냐?
30 나의 아들의 머리가 하얀 눈처럼 희어
졌을 때 그가 완벽히 경지에 오르며,
너희가 감히 바라볼 수도 없는 그런
깨달음에 다다른다 내가 너희에게 누
차 말하였거늘,
31 그와 같이 가기도 전에 너희가 나의
아들을 평가하고 심판하고자 함이니,
32 이는 나의 아들의 경지를 너희가 모르
고 있기 때문이니, 그때를 기다리는
자가 현명한 자이며, 나로부터 선택된
자요, 마지막 160권의 법전에 이름이
기록될 수 있는 자이니,
33 그 인내와 시련과 고통이 필요함을 알
라.
34 지금 나의 아들을 평가하여 갑론을박
하는 자, 너희는 중도에 모두를 포기
하고 떠나는 자이니,
35 정녕 싸움의 결과요, 경쟁의 결과를
보지 아니하고 너희가 심판하고 결정
함이니, 그게 바로 너희가 어리석은
자이니라.
36 달리기라는 그 경쟁을 할 때도 너희가
저 사람은 기록을 가지고 있는 사람이
라 하여 그가 우승할 것이라 생각하는
그와 같은 평가를 하지 말라.
37 멀고도 먼 길을 달리는 동안에 그날에
따라서, 그날의 몸이요, 마음 자세에
따라서 모두가 이루어지는 것이며, 수
없는 변수가 생기는 것이 그 먼 길을
달려가는 선수의 가는 길이 아니던가?
38 그를 보고 너희가 평가하는 어리석은

자가 되지 말라.
39 그가 정녕 많은 자 앞에서 테이프를
끊으며 영광의 면류관을 머리에 얹었
을 때 그에게 박수를 보내 주며 진정
한 승자라는 것을 그때 깨달아도 될
것을,
40 너희는 미리 평가하여 갑론을박하며
너희 인생을 망가트리며 너희가 하늘
에 오르는 구원의 길을 버리는 그와
같은 어리석고 우매한 짓을 하지 말라.
41 결과의 시점을 기다려서 그때 평가하
는 것보다 더 정확한 답이 없는 것이
니,
42 너의 제자들에게 매사에 그와 같은 마
음으로 살아가라 그리 가르치라.
43 말로써 너희가 먼저 승자요, 말로써
진정한 선인이요, 말로써 천사요, 그
리하여 그는 누구보다 위대하며 감히
누구도 그를 따라갈 수 없다 하여 너
희가 사람을 놓고 평가하며 점수를 매
기며, 누가 우승할 자요, 누가 패자요,
누가 진정한 믿음으로 가는 자요, 누
구는 잘못 가는 자라 그리하지 말라.
44 그것이 너희를 죽음의 길로 인도하는
것임을 잊지 말라.
45 그와 같이 생각하고 평가하는 자, 매
사에 실패함이니,
46 정녕 하늘에 오르는 그 참뜻을 볼 수
있는 길을 인내할 수도 없으며 어렵고
힘든 고통의 길을 참고 갈 자격도 없
는 자니, 스스로 제가 제 화를 부르는
자니 그리 알라.

3,613 번째 하나님 말씀

2002년 10월 7일 08시 46분

1 사랑하는 나의 아들아!
2 "네, 아버님! 말씀하옵소서."
3 나의 법전에 기록되어 너희에게 가르
치기를, 세상 그 모두를 다 사랑하며
용서하라 하였음이니,
4 사탄이요, 마귀요, 사악한 자도 용서
하는 마음을 갖고 용서하는 눈빛으로
써 그들을 다스리며,
5 너희가 천사와 같이 변하는 것을 보고
사탄들이 감복하여 깨달음을 얻어 그
들이 변화될 수 있는 그와 같은 삶을
사는 것이 나로부터 선택된 백성이요,
나의 아들딸들이 가는 길이라 내가 말
하였느니라.
6 이와 같은 것을 나의 법전에 기록하여
세상에 전함이니,
7 수천 년 동안 믿음에서 행하여 왔으며
저희만이 구원을 받은 자며 저희만이
특별한 인간으로서 특별한 대우를 받
아 하늘에 오르는 길의 영광을 받았다
말하는, 잘못 가르치는 종교 지도자
밑에서 배우는 나의 백성,
8 그들이 지금 가고 있는 것이 하늘에
오르는 길이 아니요, 지옥을 향하여
달려가고 있는 그 자체도 모르는 자들
이 그리 말하느니라.
9 내가 나의 백성이요, 나의 법전을 읽
고 깨우치고 공부한 너희에게 악마도
용서하며 사탄도 용서하며 너희가 삶
을 바로 살아 악마나 사탄도 너희를
보고 회개하고 반성할 수 있는 인간으
로 다스리라 그리 말하였음이니,

10 이를 보고 그들은 이것이 정녕 사탄의
우두머리요, 왕사탄이 내려와 사탄을
사랑하라는 것이니,
11 이 책을 보지도 말며, 태워 버리며, 찢
어 버리며, 이 제목도 보지 말라, 그리
고 이 법전이 있는 곳에 지나가지도
말라, 옷깃도 스치지 말라 그리 가르
칠 것이니라.
12 그리고 성서에는 한 자도 빼고 더한
것도 없기에 그대로 행하고 사는 것이
하늘에 오르는 길이며,
13 성서에 사탄이요, 악마를 용서하며 그
를 사랑하라는 대목이 한 구절도 없으
니 그와 같이 말하는 것은 사탄이 하
는 짓이라 말할 것이니라.
14 그렇다면 너희는 여기서 들어야 할 것
이니라.
15 구약과 신약은 몇천 년 동안 흘러오며
너희들 인간의 계명에 의하여 변질될
수 있다 말할 수 있을 것이니,
16 과연 십계명이 더 많이 변질되었겠는
가, 너희가 지금 배우고 깨우치는 구
약과 신약의 그 기록된 것이 더 많이
변질되었겠는가 너희가 놓고 분석할
때,
17 세 살 먹은 아이도 십계명은 변질될
가능성이 적으며 성서는 변질될 가능
성이 더 많다 말할 수 있을 것이니라.
18 그러나 너희들의 집단이요, 너희들의
힘이 두려워 감히 그리 말하지 못함이
니,
19 너희 종교 집단에서 가르치는 종교 지
도자들도 그를 의혹하며 의심함이 있
을 것이니라.
20 그러나 그를 거부하면 제가 단상에 설
수 없으며 그게 잘못됐다 말하면 그
신도들 앞에서 가르칠 자격이 없으니,
21 제가 쪽박 차고 거지가 되는 형국 때
문에 저 스스로 깊은 밤에 혼자 앉아
어떤 대목이 잘못되었다 생각하면서
도 그저 앵무새처럼 부르짖고 또 부르
짖으니, 그 가슴의 아픔이 얼마나 크
겠는가?
22 저희가 살아가기 위해서 그리하느니
라.
23 그렇다면 십계명이 가장 위대한 것이
라면, 너희가 믿음의 길을 가면서 십
계명에 없는 행위를 해서는 안 된다는
것을 먼저 깨우쳐야 할 것이니라.
24 너희는 성서에 사탄이요, 마귀도 용서
하라 기록된 점이 없기에 그를 용서하
라는 것은 사탄이요, 사악한 자의 가
르침이라 말할 것이니라.
25 그러나 너희는 여기서 깨우쳐야 할 것
이니라.
26 너희가 하늘에 오르는 길이요, 정녕
천국의 문에 들어서는 길은 무엇과 싸
워서 이기고 와야 하는가?
27 사악한 마음이요, 악마요, 사탄과 싸
워서 너희가 천사로 변하여야 올 수
있음이니, 여기서 내가 너희에게 무어
라 말하였느냐?
28 나는 공의의 하나님이요, 거짓됨이 없
으며 참진리 외에는 가르치는 것이 없
는 것이 나 여호와의 성령이요, 말씀
이요, 가르침이라 말하였느니라.
29 내가 사탄에게는 위대한 능력을 주고
나의 백성 너희에게는 위대한 능력을
주지 아니하며,
30 너희가 말하는 세 살 먹은 아이와 서

른 살 먹은 자와 싸워서 이기라, 그와 같은 형국에서 싸워 이기라 너희에게 명했다면 내가 과연 공의의 하나님이던가?
31 내가 너희에게 무어라 하였느냐?
32 사탄과 너희 인간들에게 똑같은 능력을 주어서 대등한 실력을 가지고 싸워서 너희가 이길 수 있다 하였음이니,
33 너희가 그와 같은 것을 믿는다 하면, 너희가 그와 같은 속에서 나의 성령이요, 나의 십계명대로 살아 깨끗하게 변화되며 천사와 같은, 나 여호와 같은 마음으로 변화되었을 때, 사탄이 무엇이며 악마가 무엇이며 마귀가 무엇이던가?
34 나 여호와가 그 모두를 사랑할 수 없으며 내가 그들을 용서할 수 없다면 그들과 나를 똑같은 존재라 너희가 평가하고 생각하는 것이니,
35 너희가 나를 얼마나 욕되게 하는 것인가를 너희는 어찌하여 깨우치지 못하는가?
36 이 세상의 모두는 내가 지배함이라 하였음이니라.
37 사탄이요, 사악한 자는 한 사람의 생명도 천국의 문에 넣을 수 없음이니, 그 문에 넣을 수 있는 이는 나 여호와뿐이라 하였음이니라.
38 너희는 과연 내가 사탄과 사악한 악마를 용서할 수 없으며 그들을 품에 안을 수 없으며 그들을 다스릴 수 없다 생각하는가?
39 나의 마음과 같이, 천사와 같은 마음을 가진 자는 나를 대신하고 삶이니, 사탄이요, 사악한 자도 용서할 수 있는 것이니라.
40 그리하여 그들을 바로 세우는 것이 아닌가?
41 너희들 인간의 마음에 두 가지 마음이 있다 하였음이니라.
42 사악한 마음을 갖는 그 순간이 사탄이요, 아름다운 마음을 갖는 그 순간이 천사라 하였음이니라.
43 그리하여 천사와 같은 마음이 너희를 지배할 때 너희가 그 사탄을 지배할 수 있으며 그를 용서할 수 있음이니라.
44 너희는 이와 같은 이치를 깨우쳐야 할 것이니라.
45 그리하여 나의 법전을 읽고 깨우쳐 하늘에 오르는 선택된 백성 너희들의 삶이 아름답게 변할 때, 악과 선을 가지고 있는 인간이 선 쪽으로 변하는 그 무서움을 볼 때,
46 악한 마음을 가진 사탄이요, 사악한 그 뿌리는 서서히 녹게 됨이며 천사의 마음으로 물들게 됨을 알라.
47 너희들 열 사람이 한 명을 도둑으로 만들 때 그는 헤어날 길이 없다 하였음이니라.
48 그러나 열 사람이 하나의 도둑을 천사로 만들 때 또한 그들이 만들 수 있다 하였음이니라.
49 이는 무엇을 의미하는가?
50 대중의 힘이 위대하며 많은 쪽이 승리한다 함이니, 천사와 같은 아름다운 마음을 가진 백성이 이 세상을 지배할 때 그 악한 자요, 악마는 스스로 천사가 될 수 있음이니라.
51 악마와 천사가 세상을 지배할 때 천사와 같은 자들이 잠식되어 인간의 형태

요, 도리를 못 하고 사탄으로 전락하
듯이,
52 이는 곧 거꾸로 생각하면 그 답이 거
기에 있음이니라.
53 성서에 내가 사탄도 사랑하며 악마도
사랑하며 그를 바른 인간으로 만들어
하늘에 오를 수 있도록 그와 같이 가
르치라 기록한 부분이 있으나 너희가
그를 삭제했음이니라.
54 이는 저 자신도 지키지 못하는 자들이
사탄이요, 사악한 자를 다스릴 자격과
능력을 갖춘 자로서 변할 자신이 없으
며 그 능력이 없기에 그리하였음이니
라.
55 내가 세상에 전하기를 나의 법전에 사
탄이요, 악마요, 그 모두도 다 사랑하
며 용서하여 그들을 구원할 수 있도록
인도하라 함은, 이는 정녕 나의 뜻이
니,
56 이를 가지고 사탄이요, 사악한 자라
말하는 자는 그가 역행하는 자임을 너
희는 알아야 할 것이니라.

3,614 번째 하나님 말씀

2002년 10월 7일 15시 45분

1 사랑하는 나의 아들아!
2 "네, 아버님! 말씀하옵소서."
3 너희들 인간사에 살아가면서 평범한
진리요, 가르침이 있지 않더냐?
4 '손바닥이라는 것이 마주치지 아니하
면 소리가 나지 아니한다.' 함이니,
5 그 손바닥이 마주쳤을 때 소리가 나게
되어 있음이니라.
6 너는 작고 큰 온갖 시시비비를 하며
너를 향하여 그들이 달려올 때, 그것
을 하나하나 네가 답하며 그것에 네가
시비를 가린다면,
7 이 세상 수십억 인구요, 그 많은 종교
의 집단이요, 물질적인 힘과 인력을
가진 그들이 너를 공격하고 시시비비
할 때 네가 어찌 그걸 다 대답할 수 있
겠는가?
8 그들이 손바닥으로써 너를 때리면 너
는 그저 한 발짝 물러서는 그와 같은
자세로 갈 때 그것이 곧 승자이니라.
9 공격하고자 하는 자, 공격하다 공격해
서 반박이 없을 때 그는 어떠하던가?
10 스스로 제가 지치게 되어 있음을 알아
야 할 것이니라.
11 내가 너에게 무어라 말하였느냐?
12 너는 죽은 자라 하였음이니라.
13 죽은 자가 무엇이던가?
14 세상사의 어떠한 변화에도 대처하지
아니하며 의연히 네가 갈 길만을 가는
것이 죽은 자로서 가야 할 길이니라.
15 내가 너를 죽은 자라 이리 명하였으
며, 너는 죽은 자로서 나로부터 명을
더 연장받아 육신을 가지고 세상에 사
는 생명이라 내가 그리 알려 주었으니,
16 네가 그와 같은 운명으로써 살아가게
된 그 자체가 무엇인 줄 알겠는가?
17 그 죽은 자의 길을 네가 깨달으며 죽
음이라는 그 길을 알게 하고자 함이었
음이니라.
18 죽은 자는 어떠한 상황에 어떠한 형태
든 거부함이 없으며, 거기에 반항함이
없으며, 그리고 시시비비를 가리지 아
니함이니라.
19 너는 창조주 나의 아들로서, 만백성을

구하는 나의 아들로서 이 세상을 지배
하는 자이니라.
20 네가 나의 성령을 받아 160권으로써
영원히 지상에 기록되어 남는 이 책을
만들어 만백성을 구하며,
21 나의 성령을 엮어 '하늘에 오르는 길'
이라 하여 이 책을 만들어 보급하는
그 대명을 받았으니 그보다 더 위대하
고 소중한 것이 없음이니,
22 너는 오로지 그곳에만 매달릴 것이며,
그 길을 위해서 네 모두가 존재함을
알아야 할 것이니라.
23 나의 성령이요, 나의 법전을 통하여
너의 제자들이 부귀와 영화를 얻으며
너희 생활에 은혜를 입고자 그리 생각
한다면 너희는 그와 같은 마음을 접어
두어야 할 것이니라.
24 나의 아들은 너희에게 기적의 역사를
보이는 것이 아니니,
25 병자를 고치는 기적이요, 그와 같은
역사를 보이며 또한 재물로써 너희를
도와주고 부귀와 영화 속에서 너희가
살아가도록 그 일을 하고자 나의 아들
이 세상에 지금 와 있음이 아니니라.
26 나의 아들이 해야 할 일은 오로지 나
의 법전 160권을 세상에 내 만백성을
구하는 것이 그의 첫 번째 임무요, 또
한 그의 두 번째 임무도 그와 같은 것
이라 하였음이니라.
27 너희는 청빈한 선비의 살아가는 것을
인간 세상에 보지 아니하였는가?
28 청백리의 살아가는 그 모습을 보지 아
니하였는가?
29 나의 아들로서, 이 세상의 창조주인
나의 아들로서 그가 이 세상을 통제하
며 지배함이니,
30 그가 과연 너희가 아는 청백한 선비만
도 못하며 청백리와 같은 공무원이라
는 그 직급을 가진 자의 깨끗함만도
못하단 말이던가?
31 진정한 선비는 부를 원하지 아니하며,
가난을 부끄럽게 생각하지 아니하고
살아감이니라.
32 그는 만백성을 가르치는 학식이 있고
깨우침이 있으며 깨달음이 있고 세상
의 이치를 알기 때문이니라.
33 가난하게 사는 공무원이 그 가난함을
부끄럽게 생각하며 제가 남보다 늦게
가는 것을 부끄럽게 생각한다면, 그
공무원은 그와 같은 형태로 갈 수 없
음이니라.
34 너희는 나의 아들이 그들이 사는 것만
큼도 역사하지 못한다 생각하는가?
35 선비의 자세요, 깨끗한 공무원이 살아
가는 그 모습보다도 나의 아들의 살아
가는 모습이 못하고 더 혼탁하다 생각
하는가?
36 그보다 백배 천배 더 강인하고 깨끗하
며 바르게 살아가야 하는 것이 나의
아들이 가야 할 길이니,
37 너희는 이와 같이 바르게 사는 나의
아들로부터 재물이요, 명예요, 권력이
요, 그 모두를 얻고자 하며 기적을 얻
고자 하는 생각을 하고 있다면 그와
같은 마음을 접어야 할 것이니라.
38 나의 아들은 어렵고 힘든 곳에서든,
부와 영화를 누리든, 어떠한 고통스러
운 길을 가든, 가지 않든 그는 내가 통
제하며 내가 다스림이니, 너희와 관계
없음을 알아야 할 것이니라.

39 그리하여 나의 아들을 놓고 갑론을박
하며 시시비비를 하는 자, 스스로 그
와 같은 자격이 갖춰져 있는 자인가
너희 자신부터 먼저 알아야 할 것이
니, 너희 자신을 돌아다보도록 그리하
라.
40 사랑하는 나의 아들아!
41 "네, 아버님! 말씀하옵소서."
42 예수의 삶이 그리도 호화로웠던가?
43 그가 죽음을 거부하지 아니하고 그 길
을 선택했던 것은 순종이었음이니라.
44 너 또한 나의 법전을 세상에 만들어
내는 것이 너의 임무요, 내가 명한 것
을 지켜야 할 것이니,
45 그것 외에 그것으로 하여금 제가 부를
누리며 영화를 누리고자 하는 제자들
이 있거든 그들은 영원히 너와 갈 수
없는 자들이며, 마지막 160권의 그 책
에 기록될 수 없는 자들이니라.
46 그와 같은 마음을 버리며, 나의 아들
네가 깨끗하고 바르게 갈 수 있도록
그 삶을 지켜 주고 너를 도울 수 있는
자,
47 그리고 그 길을 가되 등 돌리지 아니
하며 내가 너를 통하여 내리는 성령의
나의 뜻을 듣고 깨우쳐 저 스스로 구
원의 길을 가는 것이 최대의 영광이며
그보다 더 큰 축복이 없다 생각하는
자,
48 그와 같은 자가 나의 160권의 마지막
법전에 영원히 기록될 것이며,
49 거기에 기록되는 자가 정녕 죽어 와
천국의 문을 들어설 수 있는 자임을
알라.
50 거기에 기록되지 못하는 자, 너희가
제자라 말하여도, 너를 따라 역사를
이룬 전사라 말하여도 그는 내가 돌아
다보지 아니할 것임이니 그리 알라.

3,615 번째 하나님 말씀

2002년 10월 7일 16시 10분

1 사랑하는 나의 아들아!
2 "네, 아버님! 말씀하옵소서."
3 구약 시대에 구원을 받고자 하였으며
많은 역사 속에 나로부터 은혜를 입었
으며 겪을 수 없는 영광과 은혜 속에
서 깨달음을 얻었으며 그 많은 역사를
본 그들이 어찌하였는가?
4 짧은 시간의 그 고통을 견디지 못하여
저희 스스로 우상을 만들어 그곳에 경
배하며 그것이 저희들의 신이라 그리
하였으니,
5 과연 저희가 만든 신이 저희에게 무엇
을 내려 주었는가?
6 어떠한 영광과 은혜의 축복을 주었는
가?
7 나 여호와가 불기둥이요, 바람기둥처
럼 역사하며 저희에게 기적을 이루어
그 핍박에서 구원한 역사처럼, 저희들
이 만든 그 우상이 과연 그와 같은 역
사를 저희에게 내려 주었는가?
8 저희들이 만든 우상으로부터 얻은 것
이 무엇이며 은혜를 받은 것이 과연
무엇인가?
9 아무것도 없지 아니하던가?
10 그저 저희 마음대로 금붙이의 동상에
불과한 것을 만들어 놓고 그것이 신이
라며 나를 견주어 말하였으니,
11 그곳에 가르침이 있던가, 생명이 있던

가?
12 아무것도 없음이니라.
13 그들은 나의 그 많은 역사의 기적을
보았거늘, 인간적으로는 같은 인간의
지도자인 모세를 배신했으니,
14 모세가 저희들을 이끌어 오기 위하여
얼마나 많은 고통과 시련을 겪었는가?
15 그와 같은 시련과 고통 속에서 진실된
마음으로 그 백성을 위하여 모두를 다
바쳤다 하면,
16 어렵고 힘들 때 그를 인간적으로 배신
할 수 없는 것이 진정한 인간의 자세
요, 바른 사람이 해야 할 행동이 아니
던가?
17 그리하여 모세에게 역사를 내린 창조
주 나 여호와가 있거늘, 나 여호와까
지 그들이 배신하며 등을 돌려 그와
같은 행위를 하여 하늘에 오르는 그
문을 닫게 하였으니,
18 그 후손이 신약 시대에 와서 또한 나
의 아들 예수를 그리 죽게 하여 나의
성령이 세상에 내려가지 못하여 만백
성이 지금 천사와 같은 세상을 이루지
못하였음이니라.
19 내가 지금 제3의 시대에 하늘과 같은
낙원을 지상에 이루고자 하는 그 역사
의 기간을 천 년을 잡음이니,
20 너희가 2천 년이라는 그 세월을 허송
세월하며 잘못된 세월이 흘러갔던 것
이 아니던가?
21 그렇다 하면 너희는 나의 뜻과는 관계
도 없이 잘못 가고 잘못 믿는 그와 같
은 종파요, 우상을 섬기는 집단들이
계속 존재해야만 된다 생각하는가?
22 이제는 그와 같은 것을 심판할 때가
왔음이니라.
23 내가 오늘 나의 아들을 통하여 나의
법전에 기록함이니,
24 너희가 지금 모시는 우상이요, 성전이
요, 너희들의 모든 종교 집단이 문을
닫지 아니하면 나의 피조물 만백성이
구원의 역사를 이룰 수 없음을 알아야
할 것이니라.
25 2천 년의 역사가 흘러오는 동안에 종
교 집단의 뿌리가 이와 같이 내려 세
상에 잘못 가르치는 집단으로 세상을
지배하고 있듯이,
26 나의 법전이 천 년에 걸쳐 너희들의
뿌리를 다 뽑아 버릴 것이며 그 역사
가 새로 태어날 것이니라.
27 이는 엄연한 사실이며 불변의 현실임
을 알라.
28 창조주인 나의 뜻이요, 나의 계획이기
때문이니,
29 지금 잘못 가고 잘못 가르치는 종교
지도자 너희가 나의 법전을 보며 너희
가 가르치는 그 길과 나의 성전에서
나의 아들이 나의 백성을 가르치는 그
방법과,
30 그리고 나의 법전을 읽고 깨우치는 백
성들과 너희 집단에서 설교요, 가르침
을 듣고 가는 너희 신도가 변화되는
그 모습을 너희 스스로 견주어 볼 때
가 되었거늘, 어찌하여 너희는 그 하
나를 보지 못하는가?
31 잘못된 모든 종교 집단의 문을 닫아
새로운 역사가 이루어질 것이니,
32 모든 지금의 믿음의 종교 집단이 문을
닫는 것이 나의 피조물 만백성을 구원
하는 길이며,

33 그들이 하늘로 와 천국의 문에 들어서
서 내 품에 올 수 있다는 것을 너희는
잊지 말라.
34 모든 종교 집단이 천 년에 걸쳐서 다
문을 닫게 만들 것이며, 그 문이 닫히
는 것이 너희가 구원의 길을 볼 수 있
는 것임이니,
35 이것이 내가 이루고자 하는 역사이며,
이는 반드시 이루어짐을 너희는 알아
야 할 것이니라.

3,616 번째 하나님 말씀

2002년 10월 7일 16시 13분

1 사랑하는 나의 아들아!
2 "네, 아버님! 말씀하옵소서."
3 내가 너희에게 말하기를 사랑을 베풀
며 아름다운 마음으로 살라 하였으니,
4 이제 나의 법전을 읽고 깨우친 너의
제자들이요, 나의 모든 백성 너희는
따뜻한 가슴을 가지고 사는 그와 같은
자들이 되어야 할 것이니라.
5 가슴이 따뜻한 나의 백성으로서 너희
가 변화되어야 됨을 알아야 할 것이니
라.
6 지금 수천 년 동안 하늘에 오르는 길
을 가르친다는 그 집단들의 가르침이
잘못되었기 때문에 가슴이 따뜻해야
할 나의 백성들이 지금은 시기와 질투
요, 싸늘한 가슴을 가지고 세상을 살
아감이니,
7 거기에 무슨 사랑이 있고 나눔이 있고
베풂이 있으며 형제의 우애가 있던가?
8 이제 나의 법전을 읽고 깨우친 백성
너희는 우선 너희가 무엇이라 말하기
전에 따뜻한 가슴으로 자신을 다스려
나가며,
9 따뜻한 마음을 가지고 사는 그와 같은
제자들로 변화되는 역사를 이루어야
됨을 잊지 말라.
10 가슴이 따뜻한 자, 그 속에 사랑이 있
으며 나눔이 있으며 진실이 있으며 남
의 어렵고 힘든 그 고통을 바라볼 수
있는 마음이 있음을 알라.
11 가슴이 따뜻하지 못하며 차가운 자,
냉혹한 자, 사랑이 없으며 나눔이 없
으며 저 외에는 아무도 바라볼 수 없
는 그와 같은 형국의 삶을 삶이니,
12 이는 인간관계의 삶도 아니요, 인간
세상의 삶의 본연도 아니요, 그저 강
자가 약자를 잡아먹고 사는, 밀림의
동물의 세계에 살아가는 그 형태보다
도 더 무섭고 냉혹하고 잔인한 것이
찬 가슴을 가지고 사는 자들이니라.
13 냉혹한 마음을 가지고 사는 자, 여유
가 없으며 주위를 바라봄이 없으며 덕
이 없는 것이 그와 같은 자의 형태이
니라.
14 이제 나의 아들의 제자요, 나의 법전
을 읽고 깨우친 사랑하는 만백성 너희
는 따뜻한 가슴을 안고 살아가는, 가
슴이 따뜻한 나의 백성으로서 너희가
변화해야 함을 잊지 말라.
15 그 속에서 아름다움이 있을 수 있음을
알라.

3,617 번째 하나님 말씀

2002년 10월 7일 16시 22분

1 사랑하는 나의 아들아!

2 "네, 아버님! 말씀하옵소서."
3 나로부터 선택된 백성이요, 나의 성령
의 가르침을 들으며 나의 법전을 가슴
에 안고 정독하는 너희에게 내가 어찌
살라 하였던가?
4 너희 자신의 모두를 다 태워서 나의
법전을 세상에 흰 눈이 덮듯이 전하여
만백성을 구원하는 것이 너희가 가야
할 길이며,
5 그와 같이 만백성을 구하는 데 심혈을
기울여 모두를 다 바치는 것이 지금
나의 아들을 따라가는 너희들이요, 지
도자들이 가야 할 길이라 하였음이니
라.
6 그리고 나의 성령에 따라 법전을 가지
고 정독하고 공부하며 깨우쳐 그 이치
를 아는 자, 나의 백성 너희는 자신을
모두 태워 만백성을 구하는 그와 같은
역사를 이루도록 하라 내가 너희에게
말하였음이니라.
7 지금 너희 주변에 살아가는 인간의 삶
을, 형제·자매들이 살아가는 그 모습
을 한번 돌아다보라.
8 몇천 년 동안 믿음의 전통이요, 그 역
사 속에 지금까지 흘러오는 종교 집단
에서 가는 그들의 믿음이 과연 어찌
가는가?
9 그들은 내 자연의 아름다운 성전에 저
희 조상 때부터 저희들의 성전이라 하
여 손으로 지은 그곳에서 재물을 거둬
들이고 또 거둬들이며 무어라 가르치
는 것이더냐?
10 하늘에 오르는 길은 정녕 너희가 실천
함이요, 행함이요, 선을 베풀며 살아
가는 그 속에, 인간의 질서요, 도덕을
파괴하지 아니하고 살아가는 그 속에
하늘에 오르는 길을 볼 수 있으며, 그
것이 하늘에 오르는 길이라 하였음이
니라.
11 그와 같이 가르쳐야 되는 너희들이 지
금 손으로 지은 그 성전에서 과연 무
어라 가르치느냐?
12 육의 삶이요, 행함은 아무것도 아니
요, 그 실천함은 아무것도 아니라 너
희는 말하느니라.
13 그저 말로써 믿으며 말로써 부르짖으
면 구원을 받는다 그리 말하며, 저희
가 지은 성전에 와 모두를 다 바쳤을
때 구원을 받음이니,
14 실천함은 뒷전이요, 그저 말로써 믿는
다 소리 지르고 말로써 찬송하며 광란
의 소리를 질러 나의 아들을 찾으며
나 여호와를 찾는 그와 같은 형태로
너희가 구원의 길이라 하고 가나,
15 그것이 바로 죽음의 길을 가고 있는
것이니라.
16 너희는 지금 실천이요, 행함은 뒷전이
요, 육의 삶의 기본의 질서까지도 파
괴하며,
17 내가 십계명에 기록하여 너희 부모를
사랑하라 하였으며 성서에 기록하여
형제지간에 반목하는 자 지옥으로 가
며 구원을 받지 못한다 하였건만,
18 같은 집단에 소속되지 않은 형제를 무
시하며 부모까지도 경원시하는 그와
같은 믿음 속에서 육의 행하기 힘든
그 삶은,
19 남을 위하여 떡 하나 주며 남을 위하
여 봉사하며 이웃을 위해서 희생할 수
있는 그 육의 행함은 아무것도 아니고

그것은 믿음과는 관계없으며 나 여호
와와는 아무런 관계가 없는 것이라 그
리 가르치며,
20 그들이 선행하며 이웃에 사랑을 베풀
며 아름답게 살아가는 그 마음마저 뭉
개 버리는 것이 지금 종교 지도자요,
너희 손으로 지은 성전에 가 공부하며
하늘에 오르고자 하는 그 집단이 가는
형태이니라.
21 너희는 그저 말로써 믿음을 부르짖으
며, 너희 성전에 재물을 갖다 바치며,
죄짓고도 말로써 용서를 빌며 재물을
갖다 바치면 그것으로 구원을 받는다
하는 것이니,
22 그게 바로 너희가 서서히 죽어 가는
형국이며 지옥으로 가는 형국이라는
것을 너희가 모름이니라.
23 나의 피조물 만백성은 나로부터 생명
을 받아 나가 원초적인 그 아름다운
마음이 있느니라.
24 불쌍한 자 돕고자 하며, 어려운 자 도
와주며, 서로 슬플 때 같이 눈물을 흘
리고 살아가는 그와 같은 것이 나의
백성들이 살아가는 마음이니라.
25 그 마음을 그대로 지속하였다 하면,
지금과 같이 너희가 사람의 목숨을 파
리 목숨보다 쉽게 여기며 재물로써 사
람의 목숨을 앗아 가며 그를 장삿속으
로 계산하는 그와 같은 흉악한 인간들
이 세상에 나오지는 아니하였을 것이
니라.
26 여기서 너희들의 그 죄의 원흉이 무엇
인가?
27 육의 행함은 아무것도 아니라 하였음
이니라.
28 그러니 너희가 살인하고 도둑질하고
간음하고도 성전에 와 재물을 바치고
용서를 빌면 되는 것이요, 그리고 나
의 아들 예수를 찾으면 구원을 받는다
그리 가르침이니,
29 그와 같은 형태로 가르친 너희가 이
죄악의 뿌리를 내린 원흉이요,
30 그로 하여금 나의 피조물 만백성이 나
로부터 받아 나간 원초적인 그 사랑의
마음이 다 무너졌으며,
31 그들의 가슴이 얼음장과 같은 차가운
마음으로써 오로지 저만을 생각하며
저 자신만을 위해 살아가는 그와 같은
형국으로 너희들이 지금 만들었음이
니라.
32 그들을 구원하는 것이 나의 법전을 읽
고 깨우친 만백성이요,
33 나의 아들을 통하여 성령을 듣고 나의
법전을 정독하여 그 뜻에 따라 살아가
고자 하는 지도자라 명받은 자, 그리
고 법전을 공부한 자, 나로부터 아들
딸로 임명된 나의 선택된 백성 너희들
이니,
34 그들을 구원하고 그들을 살리는 것이
너희들의 대명이며 너희가 가야 할 길
임을 잊지 말며 그 길을 이루도록 그
리하라.
35 나의 법전이 세상에 눈이 내려 덮듯이
그 모두를 다 덮어 많은 백성을 구원
하는 것은, 너희가 전한 법전을 읽고
그 자리에서 나의 백성이 깨달을 때
그 백성은 알곡식이니 내가 그들을 추
수하여 거둬들임이니라.
36 많은 곡식을 거둬들일 수 있도록 너희
가 역사하는 것이 나 여호와의 은혜에

보답하는 길이며, 나 여호와를 가장
기쁘게 하는 것이며, 나 여호와가 존
재함을 믿으며, 너희가 나 여호와와
더불어 삶을 인정하며 나 여호와를 사
랑함이니,
37 그 열 배 이상 내가 너희를 더 사랑하
고 아낌을 알라.
38 너희가 다음의 세상에 와 그와 같은
은혜와 영광을 상상할 수 없을 만큼
받을 것이니,
39 그날을 위하여 오늘의 삶을 바로 살아
가도록 그리하며 나의 법전을 세상에
전하는 데 잠시도 게을리하지 말지니
라, 사랑하는 나의 백성들아!

3,618 번째 하나님 말씀

2002년 10월 8일 06시 53분

1 사랑하는 나의 아들아!
2 "네, 아버님! 말씀하옵소서."
3 인간 너희들이 살아가는 심리의 상태
가 무엇이던가?
4 너희들 말에 '하던 짓도 멍석을 깔아
주면 하지 않는다.' 하는 것이 있지 않
던가?
5 이는 무엇이더냐?
6 마음에 꼭 청개구리 같은 심성이 있음
이니,
7 좋은 일도 남이 시켜서 하는 것은 기
분이 나쁘며 스스로 하는 것은 즐거움
으로써 한다는 그와 같은 너희 인간의
심성을 표현함이니라.
8 너는 60년이라는 인간의 세속에서 살
았음이니, 그 속에서 네가 그 습성에
젖은 것과 네가 살아가는 생활의 방식
이요, 네 나름대로 인생의 살아온 그
길의 삶이 있음이니라.
9 그러한 네가 나의 성령을 받아 만백성
을 구하는 160권의 법전을 기록하여
세상에 내 내가 이루고자 하는 그 역
사의 기초를 다짐이니라.
10 너는 이 길을 중단할 수도 없으며 돌
아설 수도 없으며, 너는 그 모든 역사
를 다 이루어야 함이니라.
11 그리하여 만백성을 구하는 길은 오로
지 네가 나의 법전을 기록하여 세상에
전하며,
12 그 기록한 자가 이 법전대로 살아가는
모습이 아름다울 때, 모든 백성은 너
로부터 나오는 빛에 의하여 그 빛을
보고 네가 정녕 나의 아들이요, 역사
를 이루는 인도자라 하여 따르고 마음
에 동요를 이루며 그들의 마음을 바꿀
수 있는 길이 있다 하였음이니라.
13 이와 같은 삶의 길의 방향을 잡아 네
가 선한 길을 선택하며 오로지 남들로
부터 존경받는 그와 같은 삶의 모습으
로 변하는 것은 네가 당연한 길이며
그를 거역할 수도 없음을 알아야 할
것이다.
14 여기에서 너 스스로 그 길을 깨달아
네가 즐거움으로 스스로 행하는 길이
있으니,
15 네가 그와 같이 가지 못할 때 내가 너
를 다스리며, 너의 제자들이 너를 다
스리도록 너에 대해 그들이 갑론을박
하게 될 것이며 만백성이 너를 놓고
갑론을박할 것이니라.
16 과연 너는 어떠한 길을 선택해서 가겠
는가?

17 이제 너는 그를 결정할 때가 왔음이
며, 너의 제자들 또한 너를 따라 그리
결정할 때가 왔음을 알려 주어야 할
것이니라.
18 너희가 스스로 변하여 완벽한 나로부
터 선택된 백성으로 너희 스스로 그
길을 살아갈 것인가, 그렇지 않으면
많은 사람으로부터 갑론을박 시시비
비를 받으며 나로부터 체벌을 받으며
바로 다스려 갈 것인가?
19 너희 말대로 너희가 하면 즐거워서 하
는 것이요, 남이 시켜서 하는 건 너희
가 거부하는 마음이 있으며 그를 하지
아니하는 그와 같은 습성이 있음이니,
20 과연 너는 어떠한 길로 가겠는가?
21 너는 혼나며 매를 맞으며 체벌을 받으
며 그 길을 가겠는가, 또한 너의 제자
들도 나로부터 체벌을 받으며 고통과
훈련 속에서 그 길을 가겠는가?
22 아니면 스스로 가야 할 길이기에 너희
가 즐거운 마음으로 모두를 다 털어
버리고 가는 그와 같은 삶의 길을 갈
것인가?
23 이제 너희가 결정을 지을 때가 되었으
며, 나의 법전을 읽은 모든 백성 너희
는 그와 같은 결심을 하고 결정을 할
때가 되었음을 알아야 할 것이니라.
24 나의 법전 한 권을 읽는 것이 하늘에
오르는 길이요, 하늘에서 내가 내리는
소낙비 속에 황금 빗방울을 내릴 때
그것을 너희가 손에 받는 그 영광보다
더 크다 하였음은
25 너희가 나의 법전을 읽고 그대로 스스
로 행하고자 하는 즐거움 속에서 내가
명한 가르침대로 살며 그대로 행하여
가는 자, 그와 같은 자가 그 영광을 얻
을 수 있기 때문이니,
26 너희 스스로 나의 법전대로 즐거운 마
음으로써 행하는 그와 같은 마음을 가
질 때 모든 영광을 얻을 수 있음을 알
라.
27 너희가 시련이요, 고통이요, 너희가
말하는 시험이요, 연단이라는 그와 같
은 속에서 행하는 것은 너희 스스로
고통임이니라.
28 많은 너의 제자와 만백성, 너희가 구
원을 받으며 하늘에 오르기 위해서는
29 나의 법전에 기록된 내용이요, 나의
십계명을 즐거운 마음으로 스스로 행
할 때 너희는 즐거움 속에서 구원의
길을 볼 것이며,
30 만백성을 가르치는 목자인 네가 스스
로 그와 같이 변하지 아니하였을 때는
아니 됨이니라.
31 나의 백성들은 구원을 받기 위하여 그
들 스스로 즐거운 마음으로 나의 법전
대로 살아가는 것이 그들이 가야 할
길이며,
32 너는 만백성을 구하는 만백성의 모범
이 되기 위하여, 너를 보고 나의 백성
들이 변하는 그 역사를 이루기 위하
여, 만백성을 위하여 그 길을 가야 됨
이니, 너는 이 길의 이치를 깨달아야
할 것이니라.
33 이제 내가 너에게 경고장을 내렸음이
니라.
34 모든 언행에 조심하며 약속을 지키며,
실수하는 삶을 살아서는 아니 된다 하
여 내가 문서로써 너에게 경고장을 내
렸음이니,

35 바로 그 경고장의 의미는 마지막인 것
을 알라.
36 너희들의 인간 세상에 경고장을 내렸
을 때 그것은 근거함이며,
37 너희는 잘못과 시시비비를 가릴 때,
그 경고장을 통보받음으로 인하여 너
희가 법관 앞에 가서 시시비비를 가리
듯이,
38 내가 나의 아들 너에게 마지막 경고장
을 문서로 내렸음이니,
39 이제는 네가 즐거운 마음으로 가는 길
밖에 없으며, 너 스스로 완벽하게 변
하는 대역사를 이루는 것밖에 없음이
니라.
40 그렇지 아니하면 네가 점점 토굴과 같
은 속으로 몰려 들어가는 것을 잊지
말라.
41 네가 정녕 토굴에 들어가서 대역사의
160권의 법전을 기록하여 세상에 내
만백성을 구원할 것인가, 지금 네가
나의 성전에서 만백성을 가르치며 너
스스로 변하는 역사 속에 나의 뜻을
이루어 만백성을 구할 것인가?
42 내가 그리하여 너에게 마지막 경고장
을 내렸음이니라.
43 하늘에서 내가 너에게 내리는 그 경고
장이, 네가 그와 같은 경고장을 쓰도
록 한 나 여호와의 마음을 얼마나 아
프게 한 것이며,
44 부모가 사랑하는 자식에게 마지막 매
를 내릴 때 얼마나 부모의 마음이 고
통스러운 것인가를 알아야 할 것이니
라.
45 사랑하는 나의 아들아!
46 이제는 네가 경지에 오르고 올랐으며
이제 60평생의 인간사에 살았던 잔재
를 다 지울 때가 되었음이니,
47 마지막 경고장을 내리는 나의 마음이
더 아픔을 알아야 할 것이며 그 경고
장의 무서움을 알아야 할 것이니라.

3,619 번째 하나님 말씀

2002년 10월 8일 09시 07분

1 사랑하는 나의 아들아!
2 "네, 아버님! 말씀하옵소서."
3 너희가 인간사 육의 살아감에 있어서
나 여호와가 너희에게 모두를 다 내려
주었다 하였음이니,
4 과연 너희는 그 감사함과 고마움을 얼
마나 느끼며 얼마나 깨닫고 있는가?
5 길거리에 밟히면 밟힐수록 질기게 나
는 질경이까지도 모든 것이 다 너희를
위하여 준비되어 있다면 너희는 그를
믿겠는가?
6 너희가 그와 같은 이치를 깨달을 때
나 여호와의 뜻이요, 나 여호와의 전
지전능함이요, 이는 나 여호와 외에는
누구도 할 수 없다는 것을 너희 스스
로 알게 될 것이니라.
7 그 모든 풀잎 하나까지도 다 너희 몸
에 필요한 약초로 사용하는 것이며 너
희들이 건강을 잃었을 때 회복할 수
있는 것까지 그 모두를 내가 세상에
내려보내 주었음이니,
8 이 나의 은혜에 너희가 과연 무엇으로
써 보답을 하는가?
9 너희가 달여서 먹는, 또는 삶아서 먹
는, 그리고 생으로 먹는 동식물이요,
그 모두가 너희 몸을 위한 약재요, 너

희를 보호하기 위하여 존재하며,
10 또 너희에게 이상이 생겼을 때 천 가
지 만 가지의 병에 대비하여 그를 고
칠 수 있는 것까지도 내가 세상에 내
려보냈음이니,
11 너희는 어찌하여 나의 그 감사함과 은
혜와 영광을 모르는가?
12 너희 손으로 만들어 만병을 고친다는
그 약이요, 하늘을 나는 기계요, 또 지
상을 달리는 기계요, 모든 너희가 신
비 속에서 경탄할 것을 만든 것은 너
희들이나, 그 재료는 과연 누가 주었
는가?
13 나 여호와가 그와 같은 것을 다 대비
하여 내려 주지 아니하였다면 너희는
과연 무엇을 만들고 무엇 하나를 이
세상에 창조해 낼 수 있다 생각하는가?
14 그 모두를 내가 너희에게 내렸음이며,
너희 육의 삶을 위하여 내가 그만큼
하나서부터 만 가지 너희에게 변화되
는 그 모두를 다 치료하며 거기에 대
응할 수 있는 모든 약재요, 동식물을
다 내렸음이니,
15 그 이치를 너희가 안다 하면 가히 나
에게 고개 숙여 나를 경배하지 아니할
수 있겠는가?
16 그것 하나만 깨닫는다 해도 너희는 나
여호와가 있음을 알며 내가 존재함을
알며 창조주의 위대함을 알 것이니라.
17 그렇다면 너희가 할 일이 무엇이며 너
희들의 갈 길이 무엇이던가?
18 너희에게 그와 같은 것을 관리하고 사
용하여 잘 보호하도록 하였음이니,
19 그리하여 내가 너희에게 생활 속에서
지켜 나에게 영원히 구원받는 나의 아
들딸로서 존속할 수 있도록 그리하라
하였음이니라.
20 그러나 너희는 육의 삶에 그 욕심이라
는 것을 버리지 못하여 그들을 보지
못하며, 그 아름다움을 보지 못하며,
너희를 위하여 존재하는 그 모두의 감
사함과 은혜를 모르느니라.
21 너희가 몸이 아플 때 취하여 병을 고
칠 수 있는 그 모든 약재요, 너희들이
건강을 유지하며 목숨을 부지할 수 있
는 그 모든 영양가를 다 주었으니, 천
가지 만 가지 없는 것이 없음이니라.
22 그와 같은 이치를 내가 다 주어서 하
나 더하기 하나는 둘이 되듯이 그 모
두를 보태고 또 쪼개고 이리 씀으로
인하여 너희가 지탱할 수 있는 모든
것을 다 주었음이니라.
23 또한, 그 속의 일원으로서 내가 너희
에게 지키고 살라 하는 계명도 같이
내렸음이니, 그들과 같이 준 것이 십
계명이니라.
24 너희가 육의 삶을 보존하며 너희 육의
삶을 위하여 세상에 내린 것이, 모든
동식물이요, 자연의 이치요, 자연의
그 변화가 다 너희를 위하여 준 것이
며,
25 너희 영혼을 위하여 너희가 구원을 받
는 딱 한 가지, 십계명을 내가 너희에
게 더불어 주었음이니라.
26 다음 세상의 삶을 위하여, 영원히 사
는 삶을 위하여 그를 지키고 살라 하
였으나,
27 너희는 내가 내린 수천수만 가지를 취
득하여 너희 것으로 만들며 너희가 모
든 것을 발전시키고 변화시키며 너희

몸에 맞도록 모든 것을 취하여 살아가
면서,
28 너희들의 가장 소중한, 영원히 사는
영을 위하여 열 가지 계명을 지키라는
것은 지키지 못하고 살아옴이니,
29 그것이 과연 나로부터 축복받을 수 있
는 자들이며 생명을 내려 준 창조주에
게 은혜를 갚는 길인가?
30 모두를 취하고 살 수 있도록 세상에
모두를 다 내려 주고, 너희가 병들고
늙어 죽을 때 그를 다 고칠 수 있으며
견딜 수 있는 그 모두를 다 내가 너희
에게 주었거늘,
31 너희들의 마음이 어두워 그를 보지 못
함이며 그를 쓰지 못함이니라.
32 그중에 너희가 수천수만 가지를 응용
해서 쓰며 너희 것으로 만들어 생활에
적용하여 사는 지혜는 있으나, 단 한
가지, 십계명을 지키고 영혼을 구원받
으라는 것은 지키지 못하기에,
33 그를 내가 분산하고 쪼개어 그를 너희
가 지켜야 되는 그 이유 하나하나를
설명하여 '법전'이라 하여 대장정의
160권을 기록하여 세상에 내려보내니,
34 이를 읽고 깨우쳐 구원을 받으라 하여
내가 마지막으로 너희에게 내리는 귀
하고 귀한 선물임을 알아야 할 것이니
라.
35 이제 이를 마지막이라 하였음이니 지
키지 않는 자, 너희는 영원히 구원을
받을 수 없음이니,
36 나의 피조물 만백성 너희는 나의 법전
을 읽고 깨우침을 얻을 수 없거든,
37 너희가 이 세상의 모든 동식물의 살아
가는 이치와 그들이 존재하는 것, 아
름답게 피는 꽃, 흉하게 피는 열매, 그
모두가 다 약초로서 약재로서 너희 생
명을 보호하고 구원하는 그 기능을 가
지고 세상에 나왔으며,
38 너희가 물리면 죽는 독을 가진 모든
미물도 다 그들이 너희가 살아가는 데
약재로서 너희를 보존하고 보호할 수
있도록 내가 미리 준비하여 세상에 내
려보낸 그 이치와 뜻을 한번 알아보라.
39 세상 모든 것이 너희 몸을 위하여 필
요치 아니한 것이 없으며, 너희가 병
들고 죽어 갈 때 치료하는 약으로서
내가 다 미리 구비하여 내려보냈음이
니,
40 그 속에서 너희가 나의 위대함을 안다
하면 나의 십계명을 나의 명령이니 지
키지 아니하고 살 수 없으며,
41 내가 마지막으로 그를 다 풀어 너희에
게 알기 쉽게 깨우쳐 주기 위해 내린
그 계명이 얼마나 소중하며 나의 법전
이 얼마나 소중한가를 너희가 알아야
할 것이니,
42 이를 깊이 깨우쳐 구원의 길에 들도록
그리하라, 사랑하는 나의 백성들아!

3,620 번째 하나님 말씀

2002년 10월 8일 13시 04분

1 사랑하는 나의 아들아!
2 "네, 아버님! 말씀하옵소서."
3 창조주인 '나 여호와의 이름을 망령되
이 일컫지 말라.' 내가 너희에게 십계
명에 기록하여 전하였음이니,
4 과연 나 여호와의 이름을 망령되게 일
컫지 않는 행동을 저희 스스로 하고

있는가 그것부터 먼저 깨우쳐 알라 그
리 전하라.
5 저희가 나 여호와의 이름을 망령되지
아니하게 하며 나를 부끄럽지 아니하
게 하는 행동으로 살아가는 속에서 과
연 갑론을박을 할 수 있는 것인가, 그
를 먼저 생각해 보라 그리 말하라.
6 너희가 나의 법전이 잘못된 것이요,
나의 법전이 나 여호와의 뜻이 아니며
창조주 나의 성령으로써 전하는 것이
아니라 말하는 것은 가장 사악한 자가
하는 말이라 내가 말하였음이니라.
7 너희들 속에서 나의 성령을 들으며 나
의 법전을 읽고 깨우친 너의 제자들이
나의 성령이요, 나의 뜻이 아니라 하
는 것은 창을 들고 대드는 적과 내통
하는 것보다 더 무서운 역사며,
8 바로 유다가 적과 내통하여 나의 아들
을 팔아먹은 그 행위와 똑같음을 너희
는 알아야 할 것이니라.
9 이것이 나 여호와의 성령이 아니요,
나의 뜻이 아니라 그리 말할 수 있는
자, 그리 말할 수 있는 그 사악한 마음
이 있기에,
10 그가 바로 나의 아들 예수를 팔았듯이
지금 나의 아들을 적과 내통하여 팔고
죽이고자 하는 그와 같은 행위를 하고
있는 것임을 알라 이르라.
11 나 여호와의 이름을 망령되이 일컫지
말라 말하며 내 이름을 망령되이 일컫
지 않고 산다 말하는 자들이, 나의 성
령이요, 나의 법전을 밤을 새워 나의
아들에게 내려 기록하는 것이 잘못된
것이며 이것이 거짓이요, 잘못됐다 말
하는 것은, 송두리째 나의 아들을 팔
아먹으며 나의 법전을 팔아먹으며 나
를 부정함이니,
12 나의 아들 예수를 십자가에 못 박는
그와 같은 간악한 자들의 행위와 마찬
가지니, 그들에게 그를 깨우치도록 그
리 가르쳐 주라.
13 두 번 다시 그들의 입에서 그와 같은
말이 나오지 않도록 그리 말하라.
14 저희 스스로 나의 성전을 떠나면 될
것이요, 나의 아들이요, 나의 법전까
지 세상에 팔아먹는 그와 같은 행위를
하지 않도록 깨우쳐 다스려 네가 깊이
쓰도록 그리하라.
15 "네, 아버님! 알겠사옵나이다."
16 지금 너희가 하고 있는 일이 무엇이더
냐?
17 나의 아들 예수를 통하여 나의 성령을
세상에 내려보냈음이니, 나의 성령이
요, 나의 뜻을 내가 나의 아들에게 직
접 내려보낸 그 원본이 있음이니라.
18 지금 바로 내가 너를 통하여 나의 성
령을 직접 내려보내 네가 책으로 쓰듯
이, 나의 아들 예수와 내가 직접 대화
한 그 내용이 있으며 내가 직접 내린
그 내용이 있음이니라.
19 그것이 세상에 빛을 보지 못했으며,
만백성이 그를 보지도 못하였으며 그
를 읽지도 못하였음이니,
20 그리하여 지금 그 원본이 없어 오늘과
같이 사악한 시대가 되었기에 지금 바
로 내가 그를 풀어 나의 아들 너에게
내려 네가 나의 음성을 들어 직접 책
으로 씀이니, 이것이 무엇이더냐?
21 창조주인 나 여호와의 뜻을 직접 들으
며 내가 직접 너희에게 내림이니,

22 나의 아들 예수에게 내렸던 그 원본이
지금 너희에게 내려가는 그 막중한 대
명의 사업을 이루고 있는 너희가 지금
무엇을 생각하고 있는 것인가?
23 너희가 얼마나 소중한 자들인지 알아
야 할 것이니라.
24 너희가 적과 싸우며 승리를 하기 위해
서는 많은 무기가 필요하며 병장기가
필요한 것이니라.
25 그 모든 준비가 되었을 때 너희가 전
쟁에서 승리할 수 있을 것이니,
26 지금 나의 아들을 통하여 열여섯 권의
법전으로 기초를 다지며 그 이후에
160권의 법전을 내리는 것이 무엇이
던가?
27 전쟁터에 나가 싸우는 그 병사들에게
무기와 물자를 계속 공급해 주어 그들
이 전쟁을 이끌어 나갈 수 있는 것이
요,
28 이는 곧 무기요, 실탄과 같은 것이니
라.
29 너희가 열여섯 권의 법전을 가지고 세
상에 나가 나의 피조물 만백성에게 나
로부터 받은 뜻이요, 나의 성령의 뜻
이라 하여 열여섯 권을 가지고 싸워서
이길 수 있는가?
30 너희들의 뒤를 계속 받쳐 주지 아니하
면 너희가 싸워서 승리할 수가 없는
것이거늘,
31 내가 열여섯 권의 법전을 세상에 내보
내며 다시 160권의 법전을 세상에 내
보내는 것은 너희에게 계속 싸울 수
있는 무기요, 실탄을 공급하여 새로운
무기로써 전쟁에 이길 수 있는 그와
같은 역사를 이루는 이치가 거기에 있
거늘,
32 그를 가지고 너희가 감히 갑론을박할
수 있는 그와 같은 마음을 가지니, 너
희는 적을 이길 수 있는 그 무기를 세
상에 내지 못하게 함이니,
33 이는 간첩이요, 적군과 내통하는 자의
행위가 아니고 무엇이던가?
34 내가 160권의 법전을 세상에 내보내
너희에게 깨달음을 가르치며 너희가
만백성이요, 사탄의 족속들과 싸울 수
있는 그 깨달음이요, 상식을 내가 심
어 주며 답할 것을 심어 주는 것이니,
35 이는 곧 너희가 전쟁터에서 이길 수
있는 신무기를 공급해 주는 것과 같거
늘, 그 신무기를 공급하지 말며 그 신
무기를 쓸 수 없다 말하는 것이 무엇
이더냐?
36 적과 내통하여 간첩으로 아군 속에 침
투한 자만이 그 말을 할 수 있으니, 그
를 만드는 자에게 만들지 못하도록 하
는 것이 얼마나 무서운 죄를 범하는
것인가?
37 적은 새로운 무기로 공격하는데, 그를
제압할 수 있는 무기를 만들지 못한다
면 그 전쟁에서 지는 것이며 패하는
것이 아니던가?
38 사랑하는 나의 아들아!
39 160권의 법전이 세상에 내려가는 것
은 이와 같은 이치와 뜻이 있음을 알
아야 할 것이니라.
40 그렇지 아니하면 너희가 승리할 수 없
음이니, 160권은 곧 무엇이더냐?
41 너희가 적과 싸워서 이길 수 있는 무
기요, 실탄을 공급하는 그 역할이거
늘, 그를 못 만들게 하며 그가 잘못된

것이라 말하는 자는 바로 무엇이더냐?
42 아군의 편에 서서 아군을 죽이는 것이
니, 신무기를 만들어 적을 제압하려
하나 아군의 사정을 알고 있는 자가
감히 그것을 만들지 못하게 하는 역사
와 같음이니라.
43 지금 내가 너희를 통하여 이루는 역사
는 바로 나의 아들 예수에게 내렸던
그 귀한 나의 성령이 세상에 나오지
못하며 그게 빛을 보지 못하여 너희가
지금과 같이 사악한 세상이 되었기에,
그를 풀어 세상에 내려보냄이니,
44 이게 곧 원액이며 나의 음성이요, 내
뜻을 가르침이니라.
45 여기에 너희가 감히 갑론을박하지 말
라.
46 이와 같은 역사를 이루는 것이 너희가
지금 행하고 있는 그 길임을 너희는
어찌 모르는가?
47 유다가 나의 아들 예수를 어찌 팔았는
가?
48 적과 내통해서 팔았음이니라.
49 지금 나의 아들을 통하여 내리는 법전
이 잘못된 것이라고 제자라는 너희가
말하며 이를 믿을 수 없다 말하는 것
은 바로 무엇이더냐?
50 너희가 나의 아들을 또 팔아 죽이고자
하는 적과 내통하는 자들이며, 유다와
다른 것이 무엇이 있던가?
51 그와 같은 죄를 범하고 너희가 존재하
며 살 수 있으며 너희가 나에게 구원
받을 수 있다 말하는가?
52 내가 너희에게 무어라 말하였느냐?
53 선과 악은 좁쌀의 높이만큼도 안 되며
언제라도 악으로 돌아갈 수 있다 하였
으니,
54 악으로 돌아갈 수 있는 그 마음을 거
두도록 그들을 깨우쳐 네가 쓰도록 하
라, 선지자야! 그 인생이 불쌍하지 아
니하던가?
55 그의 지난날의 공로를 네가 보살펴 그
를 버리지 말며 꾸중하고 벌하고 매질
하여 다스려 쓰도록 그리하라, 나의
아들아!

3,621 번째 하나님 말씀

2002년 10월 8일 15시 30분

1 사랑하는 나의 아들아!
2 "네, 아버님! 말씀하옵소서."
3 너희들 말에 그와 같은 것이 있느니라.
4 도적질한 자가 도적질하지 않은 자에
게 도적질했다고 뒤집어씌우는 형국
이며 잘못한 자가 잘한 자를 탓하는
그와 같은 형국이라는 말이 있지 않은
가?
5 지금이 바로 말세요, 마지막 종말의
시대에 그와 같은 형국에 있음이니라.
6 남을 때려 상처입히고도 버젓이 안 했
다고 버티는 자가 있는가 하면, 남의
물건을 제 것으로 만들어 놓고 들고
있으면서도 아니라고 우기는 그와 같
은 인간들의 형국이요,
7 힘있는 자, 사악한 자만이 이 세상에
존재할 수 있는 그와 같은 험악한 세
상으로 변하여져 갔음이니라.
8 너희들 말로, 계약하며 문서로 써서
도장이라는 것을 찍으며 손으로써 지
장을 찍어 놓아도 그를 아니라고 버티
며 우기는 것이 너희들이니,

9 마지막으로 법정이라는 곳에 가 심판
을 받아 그 죄가 떨어졌을 때도 그를
아니라고 우기며 행하지 아니하는 것
이 너희 인간의 지금의 형태이니,
10 이보다 더 간악하고 사악한 시대의 역
사가 이루어지겠는가?
11 이보다 더한 시대요, 이보다 더 사악
한 시대는 없음이니라.
12 이와 같은 시대에 이 시대를 이루어
가는 너희를 가르치는 집단이 어떠한
집단이던가?
13 너희들의 가장 큰 집단으로서 나의 피
조물 만백성을 인도하고 가르친다는,
그리고 사랑으로 베풀며 진리 속에 살
아갈 수 있도록 많은 백성을 가르친다
고 나서는 집단이 과연 어느 집단이던
가?
14 나의 피조물 만백성을 깨우치며 일깨
운다는 그와 같은 집단이 지금 너희
종교 집단보다도 더 방대하고 큰 조직
은 없을 것이니라.
15 이와 같이 너희들이 증거가 있으며 증
인이 있어도 안 했다고 발버둥치고 소
리 지르며 도리어 악을 쓰는 세상이니,
16 그를 본 자도 보았다고 말해 줄 수 없
으며 증거할 자도 증거할 수 없는 이
와 같은 험악한 세상이 되었음이니라.
17 그리하여 너희는 길거리에 쓰러져 있
는 자, 인간의 소중함을 몰라라 하며
등 돌리고 걸어가는 그와 같은 심성이
아니던가?
18 너희가 죽어 가는 자를 구제해 줄 때
너희는 무슨 말이 있는가?
19 '물에 빠진 자 건져 주니 제 보따리 달
라 한다.' 하니,
20 죽을 자 살려 놓으니 제 물건 달라고
소리 지르는 이와 같은 형국의 시대가
되었음이니,
21 과연 이 시대에 살아가는 너희가 얼마
나 험악하며, 얼마나 사악하며, 인간
이 인간을 무서워하는 이와 같은 시대
에 살아가는 너희가 얼마나 불행한 나
의 백성들인가 그를 너희는 알고 있는
가?
22 너희는 말하지 않느냐?
23 너희가 해 놓고도 하지 않았다고 발버
둥치며, 증거가 있어도 아니라 하며,
그가 증명하여 너희에게 말해도 그를
무시하며 그 말을 믿지 아니하며,
24 죄지은 자, 잘못한 자, 도적질한 자가
아니 하였다 버티고 악을 쓰는 것이
지금의 형국이니,
25 근거와 물증 없이 어찌 그를 항변하며
대변하며 살아갈 수 있는가?
26 아무리 유능한 변론자요, 법정에 서서
너희를 변호하는 그와 같은 유능한 변
론자도, 아무리 그가 말을 잘하여 모
든 것을 변론하고자 하여도 그가 증거
를 제시하지 않고 물증이 없이는 그
싸움에서 이길 수 없는 것이 지금의
형국이니라.
27 목소리 크고 악쓰며 사악한 자가 이기
는 이와 같은 형국이 되었음이니,
28 너희가 깨우쳐 하늘에 오르는 길을 아
무리 인간을 통하여 말로써 전해도 그
말은 한 사람 두 사람을 건너가면서
그 내용이 변질되며, 그를 전하는 자
가 또한 입을 다물면 끝남이니라.
29 그와 같이 너희가 깨우치는 것을 아무
리 말로써 전해도 그 말이 번복되며

뒤집히며,
30 또 지금의 종교 지도자들이 그 말을
저희들이 필요한 쪽으로 교묘히 이용
하고 저희 계명에 붙여 그를 사용할
것이니,
31 지금 말로써 전하는 시대는 될 수가
없음이니라.
32 너희는 여기서 알아야 할 것이니라.
33 나의 아들 예수를 통하여 그가 말로써
전하는 그 시대와 지금의 나의 아들을
통하여 법전으로써 책을 만들어 너희
에게 깨우쳐 전하는 시대를 너희는 이
리 알아야 할 것이니라.
34 나의 아들 예수가 살았던 그 시대에는
그래도 지금의 백성보다 온순하며 사
랑을 알았으며 부모를 공경할 줄 알며
형제와 나눔을 할 줄 알며 인간의 근
본의 도리는 지키고 살아가려고 했던
백성들이었기에
35 그때는 말로써 전해도 그 말이 순수하
게 말로써 아름답게 전해질 수 있었으
니, 나의 아들 예수를 통하여 말로써
역사했으며 말로써 가르치는 시대가
되었음이니라.
36 그러나 나의 성령이요, 나의 아들의
가르침을 듣고 2천 년 동안 변해 오고
깨우친 지금의 너희는 그때보다 더 아
름답고 순수한 마음으로 와 있어야 하
거늘, 그와 정반대로 험악하고 사악한
시대가 왔음이니,
37 사람을 다치게 해 놓고도 안 했다고
하며, 살인을 하고도 안 했다고 버티
며, 남에게 아무리 피해를 입혔어도
일단은 아니라고 우기며 그러한 사실
이 없다고 발버둥치는 이와 같은 시대
에 말로써 무엇을 전하고 깨우친다는
것은 감히 생각할 수도 없으며 역사할
수 없는 지금의 시국이니,
38 너희 인간 세상이 그리 사악하게 변해
져 있음을 알라.
39 그리하여 지금 사악하게 변해진 이 세
상을 종교 집단이 잘못 가르치며 잘못
인도하며 거짓말로 사랑을 베푼다고
나의 백성들을 현혹하여 금화와 은화
를 거둬들이는 데만 혈안이 되어 그들
이 그와 같이 지금의 이 세상을 만들
었으니,
40 이제는 증거와 물증 없이는 아무것도
이길 수가 없는 형국이 되었음이니라.
41 내가 너희에게 말하였으니, 인간 세상
에 너희가 재판을 할 때도 아무리 변
론을 잘하는 자도 근거와 물증이 없이
는 그가 정녕 이길 수 없는 것이 너희
들의 억지 싸움인 요즘의 세상이라 말
하였음이니라.
42 하물며 하늘에 오르는 길이요, 진정한
나의 뜻에 따라 너희가 하늘에 오르는
그 역사를 말로써 너희에게 전한다 할
때,
43 그는 사악한 자들이 그 모두를 다 저
희에게 유리하도록 고쳐 저희 것으로
만들어 역으로 이용하는 그와 같은 짓
을 하고도 남는 것이 지금의 너희 인
간의 형태이며 지도자들이 가는 그 길
이니라.
44 그리하여 내가 진정한 참진리의 길이
무엇인가를 말로써 너희에게 전할 수
없으며 말로써 너희를 깨우칠 수 없기
에, 오로지 너희가 꼼짝할 수 없는 증
거요, 증거물을 만들어 너희에게 내려

보내는 것이 바로 무엇이더냐?
45 바로 '법전'이니라.
46 너희가 하늘에 오르는 길이요, 나의
뜻이 무엇이라 아무리 말로 전해도,
오로지 그것이 한 사람 두 사람 전해
져 종교 지도자 너희 손에 들어갔을
때 이는 너희 집단이요, 너희 손으로
지은 성전에 재물과 금화를 거둬들이
는 데 악용될 것이니,
47 나의 참진리가 빛을 보지 못하며 사탄
에게 힘을 실어 주며 사악한 자에게
이용되는 그와 같은 결과로 변질되기
에, 내가 너희에게 이리 하여도 저리
하여도 꼼짝할 수 없는 증거를 만들어
내려보내니,
48 그리하여 법전이라 하여 나의 아들을
통하여 책을 만들어 너희들 앞에 보냄
이니, 이것이 바로 내가 법전을 세상
에 내려보냄이니,
49 이는 곧 증거로서 너희가 꼼짝 못 하
고 어느 것이 진실이며 어느 것이 위
선인가를 너희 스스로 분별하게 하고
자 하여 내가 책으로 만드는 것이며,
50 지금의 사악한 시대에 책으로써 증거
하지 아니하면 너희를 바로잡을 수 없
으며 인도할 수 없기에 내가 이와 같
은 역경의 어려운 세월 속에서 160권
의 법전을 만들어 새로운 나의 가르침
이요, 나의 뜻을 너희에게 기록으로
전함이 여기 있는 것을 알라.

3,622 번째 하나님 말씀

2002년 10월 8일 15시 37분

1 사랑하는 나의 아들아!
2 "네, 아버님! 말씀하옵소서."
3 너희가 살아가며 말하기를, '등잔 밑
이 어둡다.' 함이 있느니라.
4 가까운 곳에서 이루어지는 그 모두를
모르고 있다는 것이니,
5 너희들의 적도 가까운 곳에 있으며 너
희에게 은혜를 베푸는 자도 가까이 있
으며 너희가 구하고 찾는 것도 또한
가까이 있는 것을 모르고 헤맨다는 뜻
에서 너희가 그와 같은 말을 함이니라.
6 나의 피조물 만백성이요, 동양의 이
작은 나라에 사는 백성, 너희는 지금
너희와 같은 형제인 나의 아들이 너희
를 구원하고자 나의 성령을 법전으로
만들어 책으로 전함이니,
7 그 감사함과 그 은혜와 그 축복을 모
르고 있음이니라.
8 동양의 이 작은 나라에서 나의 아들이
너희들의 언어와 너희들의 글로써 법
전을 만들어 만백성을 구하고자 이리
역사하고 있음이니,
9 이것이 얼마나 너희에게 크나큰 영광
이요, 은혜요, 은총인가를 지금 모르
고 있음이니라.
10 은혜와 영광이라 생각하지 아니하며,
이게 사탄이요, 사악한 자요, 마지막
에 세상을 들어엎을 왕사탄이 너희들
형제 중에 한 사람이 와 너희를 교란
하니 문단속을 철저히 해야 할 것이며
11 너희가 손으로 지은 그 성전의 문을
꼭꼭 닫아 그곳에 온 자는 기도하고
재물을 바쳐 구원을 받아야 할 것이라
그리 그를 역이용하고 가르치고 있는
것이 너희들이니라.
12 그러나 지금 동양의 작은 나라에서 사

는 백성 너희가 바로 등잔 밑의 그 어
둠 속에서 허덕이고 있음을 너희는 알
아야 할 것이니라.
13 너희는 지금 여기에서 나의 아들이 너
희와 더불어 한 시대를 살아가며 160
권의 법전을 너희 문자로써 기록하는
것이 얼마나 큰 영광이며 은혜와 은총
인가를 모르고 있음이니,
14 바로 등잔 밑에 있는 그 보배를 모르
며 보석을 모르는 것과 같은 것이니라.
15 너희는 너희 스스로 이 영광된 것을
모르며, 멀리서, 멀고 먼 나라에서 너
희에게 이와 같은 깨달음이 전하여져
너희에게 다시 돌아왔을 때, 너희는
그때야 그 위대함을 알며,
16 '과연 작은 우리나라의 우리 형제가
우리말로써 이와 같이 하나님으로부
터 말씀을 받아 대역사를 이루는 것이
있었는가?' 하고 그때 너희는 알게 됨
이니,
17 너희가 어찌하여 그와 같은 심성으로
써 살아가는가?
18 너희는 지금 너희 것이 얼마나 소중하
며 너희들 앞에 내려지는 나의 법전이
얼마나 소중하고 위대한 것인가를 모
름이니,
19 어찌하여 이가 먼 나라에서 다시 너희
를 깨우쳐 돌아왔을 때 그때야 너희가
나의 법전을 손에 들고,
20 '이와 같은 것이 있었으며, 우리 글로
있었으며, 우리의 형제가 하나님으로
부터 은총을 받은 우리의 모든 영광이
있었는가?' 하는 것을 그때야 깨닫게
될 것이니, 너희는 지금 깨달아야 할
것이니라.
21 그와 같이 많은 역사 속에 너희가 남
의 나라, 남의 백성이 깨우친 다음에
너희가 보고 깨우치는 그와 같은 뒤늦
은 자가 될 것인가,
22 너희가 먼저 인도자요, 지도자가 되어
만백성을 구하는 선두에 설 것인가?
23 너희가 존재하는 동양의 작은 나라에
너희 형제가 너희들의 문화로써 만들
어 가는 긍지와 자부심을 가져,
24 너희들로 하여금 너희 손을 통하여,
너희 마음을 통하여 만백성을 구하는
그와 같은 역사가 시작되도록 그리하
는 축복을 잊어서는 아니 될 것이니,
25 나의 법전을 읽은 백성, 너희는 이 소
중함을 이웃에게 전하며 동양의 작은
나라의 이 백성에게 일깨워 주는 데
최선을 다해야 할 것이며,
26 너희가 자긍심과 긍지를 가져야 할 것
을 잊지 말라.
27 너희가 아무리 사탄이요, 사악한 자
요, 말세에 이루는 역사라 해도, 이는
나 여호와가 직접 나의 아들을 통하여
내리는 법전이요, 나의 성령이요, 마
지막 시대에 이루는 역사이기에 세상
을 덮어 이가 곧 승자가 되는 것은 엄
연한 사실이니,
28 너희가 승자가 된 다음에 뒤따라오지
말 것이며, 승자가 되기 전에 너희가
승자의 역사를 이루어 축복과 영광과
은혜를 받는 그 기회를 잃지 말라.
29 그리하여 너희가 나로부터 축복된 백
성이니, 그 영광의 길을 버려서는 아
니 됨을 알라.
30 너희가 이를 버린다면, 이를 놓친다면
얼마나 너희들의 아집과 고집으로, 그

리고 지금 잘못 오는 믿음의 종파의
그 가르침 속에 너희들의 눈이 가려지
고 귀가 막혀 얼마나 인생에 잘못 살
아왔는지, 너희가 구원을 받을 수 있
는 것을 보고도 놓쳤음을 죽어 내 앞
에 와서 알게 될 것이니,
31 그때 가서 후회해도 너희는 때가 늦음
을 알아야 할 것이니라.
32 두 번 다시 너희에게 기회가 없음을
알라.

3,623 번째 하나님 말씀

2002년 10월 8일 15시 53분

1 사랑하는 나의 아들아!
2 "네, 아버님! 말씀하옵소서."
3 나의 성령을 받는 것이요, 나의 음성
을 듣는 것이요, 나의 말을 받아 책으
로 만들어 만백성을 구하는 그 역사를
이루는 것은 오로지 나의 아들 너뿐이
요,
4 너의 제자들과 나의 법전을 읽고 깨우
친 만백성 그들은 직접 볼 수도 없고
받을 수도 없음이니라.
5 그리고 나의 성령을 내려 법전을 만드
는 그 역사도 그들이 때로 의혹함이니,
6 이가 정녕 나 여호와 하나님의 뜻인
가, 아니면 너 자신이 인간의 육으로
써 모든 역사의 계획에 의하여 네가
이와 같이 무서운 범죄의 길을 가고
있지 아니한가 그들은 의혹함이니라.
7 그러니 저희들이 구원을 받는 자요,
믿음의 길에 들어서 있는 자라 생각하
는 그들은 백 퍼센트가 아니라 천 퍼
센트 너를 보고 저희들을 지옥으로 가
는 길로 인도하는 왕사탄이 세상에 왔
다 말할 것이니,
8 그와 같은 말을 듣고 또 듣는 너의 제
자들의 마음이 흔들림은 어쩔 수 없는
것이니라.
9 그리하여 네가 바로 서며, 네가 정녕
나의 아들이요, 나의 법전이 이 세상
의 만백성을 위하여 전하는 길이라는
것을 입증하는 것은
10 너의 제자들과 나의 법전을 읽어 보고
깨우친 백성들이 이 법전을 타인에게
전하며 다른 만백성에게 전할 때, 자
신 있게 그들이 전할 수 있도록 네가
변한 그 모습이 가장 소중하며 위대함
을 알아야 할 것이니라.
11 너의 제자들이요, 또 그 제자들이 나
의 법전을 가지고 다른 백성들에게 전
할 때,
12 저희 스승이 완벽히 살아가는 자요,
나의 계명을 지키며 법전대로 살아가
는 자라 생각할 때, 그들이 그 스승을
생각하며 만백성에게 법전을 자신 있
게 전할 수 있듯이,
13 지금 너의 제자들과 법전을 읽고 깨우
친 백성들에게 오로지 너를 보고 그들
이 전할 수 있는 용기와 힘을 주는 것
이 가장 중요함이니,
14 네가 완벽하게 변하는 그와 같은 삶이
며, 너를 생각하며 그들이 당당히 전
할 수 있는 그와 같은 자세로써 네가
그 자리를 지켜 주고 변화하는 그 역
사가 소중한 것이니라.
15 그러나 나의 아들이요, 만백성을 구하
는 너는 그보다도 더 소중한 변화를
이루는 것이 네가 해야 할 것이며,

16 더 무섭고 더 깊은 변화를 이루는 그와 같은 역사를 이루며 살아가야 하는 것이 너인 것이니라.

17 그 누구도 감내할 수 없는 그 모든 길을 위하여 너는 필요하다면 모두를 다 버리며 지워 버리며,

18 오로지 나의 계명이요, 법전의 내용대로 살아가는 것만이 네가 가야 할 길임을 알아야 할 것이니라.

19 이제 모든 백성이요, 너의 제자들이요, 나의 법전을 읽고 깨우친 그들은 나의 음성을 들을 수 없으며, 나 여호와를 볼 수 없으며, 나 여호와를 만질 수 없으며, 내가 내리는 이 성령을 들을 수 없으며,

20 정녕 이것이 나 여호와가 너희를 구원하기 위하여 내려 법전으로 만드는 것인지 그 자체까지도 의혹하는 자가 많이 있으며, 그를 믿지 못하는 자가 수없이 있을 것이니라.

21 바로 그들을 믿게 함은 무엇이던가?

22 내가 너희에게 명하지 않았느냐?

23 책표지대로 '하늘에 오르는 길'이요, '하나님! 말씀하옵소서' 이 법전을 그들이 들고 남에게 당당히 강론하며 전해 줄 수 있는 것은 바로 무엇이더냐?

24 네가 나의 심성과 같은 모습으로 변하여 살아가는 그 길밖에 없음이니라, 사랑하는 나의 아들아!

25 나의 아들 예수는 성령으로써 잉태하여 그가 곧고 바른 삶을 살며 그가 가르쳐 만백성에게 전했으니,

26 그 후손들이 그를 따르며 지금도 예수의 보혈로써 구원을 받았다 함을 부끄럽게 생각하지 아니하며,

27 오로지 그를 찾고 경배하는 것만이 구원을 받는 길이라 그리 당당히 부르짖을 수 있음이니라.

28 그들이 잘못 가든, 사탄의 길을 가든, 나 여호와와는 관계없는 길을 가든, 그들이 부르짖을 수 있으며 또 그들이 부르짖기에 부끄럽이 없이 생각하며 그 길이 영광이요, 축복된 길이라 그들은 그리 생각하고 있음이니라.

29 그러나 너는 60세라는 인간 세상의 험악하고 험난한 삶을 살아왔으니, 일차로 그를 갈기갈기 찢어 너를 비추는 그 모습의 고비 하나를 네가 넘겨야 할 것이며,

30 그 후부터 네가 나의 법전을 전하고 선택되어 살아온 그 후의 너의 모습은 말할 수 없이 파헤쳐질 것이니,

31 그때 네가 바로 당당한 모습으로써 서는 것이 중요함이니라.

32 그리하기 위하여 지금 너의 제자들과 이 법전을 읽고 공부하고 깨우치는 백성들이 너를 내세워 너를 찾으며 너를 부르짖으며,

33 네가 존재하기 때문에 이 법전이 존재하며 네가 존재하기에 이 법전을 전하는 데 당당한 모습으로 그들이 행할 수 있도록 네가 변해 주는 것이 중요하며,

34 네가 그와 같은 자리를 지켜 주어 그들의 마음속에 심어 줌이 중요한 것이니라.

35 그러나 그보다 더 무섭게 네가 변화되는 것이 네가 가야 할 길이며, 인간으로서는 할 수 없는 그 길의 역사를 이루는 것이 네가 할 길이니,

36 예수보다도 네가 몇 배 더 많은 변화
를 가지며 진정한 인간의 모습을 보여
주어야 할 것이니라.
37 네가 육으로 산 그 삶을, 그 모두를 파
헤칠 때, 네가 그들을 덮고 너 스스로
나의 아들로서 존재하는 것은 법전을
받아 기록하여 세상에 내는 그 순간부
터 너의 삶이 가장 중요함이니, 이를
명심하여 깨우쳐 가도록 그리하며,
38 너의 제자들이 자신과 용기를 가질 수
있도록 그리 이제 변해 가는 모습으로
네 실체를 보이도록 그리하라, 사랑하
는 나의 아들아!

3,624 번째 하나님 말씀

2002년 10월 9일 06시 31분

1 사랑하는 나의 아들아!
2 "네, 아버님! 말씀하옵소서."
3 세상사 너희가 살아오는 과정에서 인
간사의 그 삶이 있으며, 인간으로서
사람으로서 이루고자 하며 또 갖고자
하는 그 욕심이 있음이니,
4 그리하여 너희는 나름대로 인간 세상
의 세속에 따라 삶을 살아왔으니, 그
속에서 너희가 얽히고설킨 그 삶이 하
늘에 오르는 길에 하나하나 역행하는
삶이 많이 있었음이니,
5 그를 하루아침에 너희가 다 털어 버리
며 완벽한 믿음의 길을 가기는 너무나
도 어렵고 힘든 것이니라.
6 너희가 과일의 껍질을 벗기고 또 벗기
듯이 하나하나 너희 자신을 씻어 내며
또 벗겨 내며 그와 같은 속에서 변화
되는 삶을 사는 것이 너희가 지금 가
야 할 길이니라.
7 너희가 하루아침에 완벽하게 씻을 수
는 없음이니라.
8 다만, 너희가 노력하고 또 노력하며
나 여호와가 존재함을 믿으며,
9 나 여호와가 존재하기에 너희를 심판
하며,
10 너희가 그 심판에 따라서 상을 받고
벌을 받는다는 그 이치를 깊이 깨달아
11 스스로 변하고자 노력하는 그 속에서
너희 스스로 하늘에 오를 수 있는 나
의 아들과 딸로서 서서히 변해 가는
것이니라.
12 너희가 그와 같이 변해 가는 그 속에
서 욕심이 없어야 하며 사심이 없어야
하는 것을 알아야 할 것이니라.
13 믿음의 길을 가는 나의 피조물 만백
성, 너희는 나 여호와를 보지도 못하
며 듣지도 못하며 만지지도 못함이니,
14 너희를 가르치는 종교 지도자라는 그
들에게 점수를 얻으며 그들에게 믿음
이 위대한 자라는 말을 들으며 '정녕
당신의 삶은 인간으로서 훌륭하며 구
원을 받을 수 있다.' 그리 칭찬받고자
하는 그와 같은 마음으로써 너희가 믿
음의 길을 간다 하면, 그는 시작부터
잘못되었음을 알아야 할 것이니라.
15 너희들의 진정한 믿음은 스스로 나의
계명을 지키며 마음이 천사와 같이 변
화되어 살아가는 그것이 너희가 변화
되는 길이며 하늘에 오르는 길이지,
16 너희가 종교 지도자로부터 칭찬을 받
으며 종교 지도자에게 잘 보이고 남들
앞에서 칭찬을 받고자 하는 것, 종교
지도자가 너희에게 눈길을 한 번 더

주는 것, 그가 격려하는 것, 그와 좀
더 가까워지고자 하는 것, 그와 같은
마음으로써 너희가 일상생활에 행동
한다 하면,
17 그곳에는 재물이 따르게 되며 아부가
따르게 되며 너희가 진정한 믿음을 보
지 못하게 되어 있음이니 이를 알아야
할 것이니라.
18 그와 같은 마음을 가지고 가는 것이
지금 어리석은 나의 백성들이 가는 믿
음의 그 길이니,
19 또한 너희를 이용하며 그를 악용하는
것이 종교 지도자들이니라.
20 그리하여 너희는 그곳에서 인간의 실
수가 나오며, 인간의 욕심에 의하여
남을 비방하며 남을 험담하게 되어 있
음이니라.
21 제가 한 발짝 더 지도자로부터 사랑을
받으며 제가 한 발짝 더 지도자가 생
각해 주는 사람이 되고자 하면 제가
스스로 노력함이 아니요, 남을 비방하
고 남을 욕하며 남을 험담하게 되어
있음이니라.
22 내가 너희에게 뭐라 말하였는가?
23 너희는 절대로 남을 평하지 말며 남을
점수 매겨 갑론을박하지 말며 옳고 그
름을 평하지 말라 하였음이니라.
24 이는 그가 가지고 있는 진실의 마음을
너희가 모르기 때문에 그와 같은 행동
을 하지 말라 함도 있지만, 여기에 너
희는 크나큰 하나의 깨달음을 얻어야
할 것이니라.
25 남의 험담을 하며 남의 단점을 들추는
그와 같은 말을 하는 자, 그리고 남의
말을 부풀려 전하는 자, 그와 같은 행
위는 남을 평가하는 죄를 짓기 전에,
모든 나의 사랑하는 백성들의 입을 다
물게 함이니라.
26 그러한 자 앞에서 말하기 싫어하니 입
을 다물 것이며, 또 그들에게 흠이 잡
히기 싫어 말을 하지 아니하며 입을
다물게 됨이니라.
27 사랑을 베풀며 서로 의사를 소통하며
그 의사소통에서 이해와 대화로써 모
든 것을 풀어 갈 수 있는, 그리고 또
사랑으로써 마음을 전하며 사랑으로
써 자기의 뜻을 전하며 사랑으로써 남
을 사랑하고 소중히 여기는 마음을 전
할 수 있는 그와 같은 모든 나의 백성
들의 입을 다물게 하며,
28 냉정한 마음으로써 세상을 살아가도
록 그리 만드는 것이 남을 험담하며
남을 비방하며 남의 잘잘못을 시비하
며 남의 말을 전하기를 좋아하는 사람
들이 저지르는 크나큰 죄의 하나인 줄
을 알아야 할 것이니라.
29 남의 말을 하는 자는 모든 백성의 입
을 다물게 하며 주변 사람들로부터 입
을 다물게 하여 사랑이 무엇인지를 모
르게 하며,
30 그저 그들은 스스로 자기 마음을 줄여
혼자만이 살아가는 그와 같은 세상을
만드는 것이 남의 말을 전하는 자이니
라.
31 남의 말을 전하는 자, 그 앞에 사람들
은 입을 다물게 되어 있음이니라.
32 스스로 자기에게도 그와 같은 오물이
튈까 봐 입을 다물며 또 그와 같은 역
사 속에서 스스로 남으로부터 평을 받
기 두려워하기에 그들은 입을 다물고

사느니라.
33 그러니 서로 사랑을 나누거나 의사소
통도 할 수 없으며 서로 아끼고 칭찬
하는 말조차도 하지 못하는 그와 같은
죄를 짓는 것이 남의 말을 하는 행위
임을 잊어서는 아니 될 것이니라.
34 세상 모든 인간의 마음을 따뜻하게 만
들며 가슴이 따뜻한 나의 백성들이 되
어야 하거늘,
35 나의 백성들의 가슴을 차게 만들며 냉
혹하게 만들며 세상에 사랑하는 마음
을 그들의 마음에서 지우고 빼앗아 가
는 것이 남의 말을 하는 자의 큰 죄임
을 너희는 알아야 할 것이니라.

3,625 번째 하나님 말씀

2002년 10월 9일 06시 38분

1 사랑하는 나의 아들아!
2 "네, 아버님! 말씀하옵소서."
3 창조주인 나 여호와가 너희가 생각하
는 것을 알고 갈 길을 알며 행함을 알
기에 내가 너희에게 시험이란 없다 하
였음이니라.
4 그러나 너희는 너희 자신이 나 여호와
로부터 시험에 들었으며 연단에 들었
다 말함이니라.
5 나는 너희를 바로 쓰기 위하여 훈련은
시키나 내가 너희를 시험하지 아니함
을 알라.
6 너희는 여기서 너희 스스로 인간의 살
아가는 그 차이의 비결을 모름이니라.
7 세상사를 아름답고 즐겁게 살아가는
자, 너희가 말하는 시험에 빠져 허덕
이는 자, 이 모두는 다 너희 스스로 가
지고 있는 마음의 자세이니라.
8 욕심이요, 사악한 마음이 없으며 질투
하고 시기하는 마음이 없는 자, 그는
항상 제 스스로 시험에 들 일이 없으
며 연단에 들 수가 없음이니라.
9 그는 오로지 평온하고 아름다운 모습
으로써 세상을 살아가느니라.
10 그러나 욕심이 있고 시기가 있고 질투
하는 마음이 있으며 남을 갈구고자 하
는 그와 같은 마음을 가진 자, 스스로
제가 저 자신을 다스리지 못하여 저
스스로 시험에 빠지는 것이며,
11 그리하여 제가 시험에 들었다, 나로부
터 시험을 받았다 그리 말하는 것이
너희가 살아가는 형태임을 알아야 할
것이니라.
12 너희 자신이 남을 갈구는 마음, 시기
하는 마음, 질투하는 마음, 앞에 가는
자 넘어트리고자 하는 그와 같은 마음
이 있기에 너희 스스로 시험에 빠지는
것이며, 내가 너희를 시험하지 아니함
을 알라.
13 마음이 평온하며 모두를 용서하며 모
두를 아름다운 쪽으로 볼 수 있는 자,
그와 같은 자는 절대 너희가 말하는
시험이라는 것이 없으며 스스로 고통
이 없음을 알라.
14 정녕 사랑하는 것은 남의 허물을 보지
아니하며 그 모두를 다 감싸 줄 수 있
으며, 시기하는 마음, 욕심이 없는 자
는 절대 시험이라는 것을 모르며 스스
로 즐거움과 행복을 갖고 인생을 살아
가는 것이니라.
15 질투하고 욕심을 버리지 못하고 그득
하게 차 있는 자는 항상 남을 비방하

며 남의 말을 하게 되어 있으며,
16 제 스스로 그 욕심을 채우지 못하여
거기에 눈이 어두워 그가 시험에 듦이
니, 곧 그게 무엇이더냐?
17 사탄에게 힘을 실어 주는 그와 같은
행위를 하는 것임을 알아야 할 것이니
라.
18 너희 스스로 제 마음을 다스리지 못하
기에 제 생각에 의하여 제 판단에 의
하여 너희가 고통스럽고 괴로운 그와
같은 삶을 사는 것이니라.
19 욕심이 없는 자, 마음이 평온한 자, 사
랑을 가진 자, 그는 제 스스로 행복한
인생을 살면서 그와 더불어 대화하고
만나는 남도 행복하며 즐거운 인생을
살아갈 수 있도록 그리 가르치는 것이
며, 스스로 그와 같이 만백성에게 본
보기가 되는 것이니라.
20 너희는 스스로 고통스럽고 어려우며
너희 스스로 시험에 드는 그와 같은
행위를 하지 말라.
21 남을 의심하지 아니하며 질투하지 아
니하며 갈구지 아니하며 시기하지 아
니하며 남의 말을 하는 마음을 갖지
아니한다면,
22 너희는 인생을 가장 행복하게 살 수
있는 기본이요, 기초를 알고 있으며,
23 그리하여 그와 같은 인간은 행복한 삶
을 살 수 있는 것이니라.
24 모두를 사랑으로 볼 수 있는 그 마음
이야말로 무엇이더냐?
25 그는 평온한 삶을 살 수 있는 것이니
라.
26 그와 같은 사람으로 너희가 변하고 또
변하지 아니하면 너희 스스로 나로부
터 시험을 당한다, 연단을 받는다며
그와 같이 말도 안 되는 소리로써 너
희 자신을 스스로 달래고자 함이니,
27 그와 같이 말하는 자, 제 욕심을 버리
지 못하여 제가 스스로 시험에 빠지는
그와 같은 삶을 사는 것을 잊지 말라.
28 인자한 마음, 사랑하는 마음, 용서하
는 마음으로 자기 자신을 버리고 사는
자에게는 절대로 시험이라는 것이 없
으며 고통이 없으며,
29 같은 인생을 살아갈 때 그는 세상의
아름다움을 알며 인간의 소중함을 아
는 것이니라.
30 이를 너의 제자들에게 깨우쳐 주도록
그리하라.

3,626 번째 하나님 말씀

2002년 10월 9일 06시 49분

1 사랑하는 나의 아들아!
2 "네, 아버님! 말씀하옵소서."
3 너희가 세상사 말하기를, 오르막이 있
으면 또한 내리막이 있다 하였음이니
라.
4 인간 세상에 살아가는 길은 어렵고 힘
들면 또한 너희가 노력하는 만큼 편안
한 삶이 있으며,
5 세상사 오르는 길에 힘이 드는 만큼
또한 반대로 내려오는 그 편안함이 있
다 함이니라.
6 그러나 믿음이라는 것은 그것이 아님
을 알라.
7 사랑하는 나의 아들아!
8 믿음이라는 것은 작은 산을 넘고 넘으
면 또 더 큰 산을 넘고 넘게 되어 있음

이니, 이는 무엇을 의미하더냐?
9 너희가 작은 산을 넘기 시작할 때 인
간 세속에 살던 겉으로 보이는 그 모
든 것을 고치고 행하기는 쉬우나,
10 하늘의 뜻에 따라 하늘에 오르고자 하
는 너희가 나의 뜻을 알며 그 뜻을 알
아 변화되는 그것은 더 높고 위대하기
에,
11 너희들의 믿음이라는 것은 가면 갈수
록 험난하고 힘들고 높은 산을 넘고
또 넘고 가는 것이 믿음이며 하늘을
향하여 가는 길임을 알아야 할 것이니
라.
12 이것이 너희 인간사의 삶처럼 오르막
이 있으면 내리막이 있기에 하나의 고
달픔이 있으면 편함이 있는 그와 같은
삶의 길이 아님이니라.
13 하늘에 오르는 하늘의 뜻을 너희가 깨
우치면 깨우칠수록 더 맑고 더 곱고
더 깨끗하게 살아야 하며 행함은 더
많아짐이니,
14 깨달음이요, 하늘에 오르는 길이라는
것은 오르면 오를수록 더 힘들고 힘든
산을 넘어야 하는 것이 믿음의 길을
가는 자들의 마음 자세며 행해야 하는
길임을 알라.
15 이제 이와 같은 이치를 너의 제자들에
게 가르쳐 주어야 할 것이니라.
16 그리하여 많은 종교 지도자들이 이 산
을 넘으면 편안함이 있을 것이며 이
산을 넘으면 안전한 곳이 있으며 이
산을 어렵게 넘으면 내려가는 편한 길
이 있을 것이라는 그와 같은 기대와
그와 같은 생각 속에서 지도자로서 단
상에 서서 많은 백성을 깨우치고자 하
였으나,
17 그리하여 스스로 문을 닫게 되며, 진
정한 하늘에 오르는 길을 보지 못하고
역행의 길로 빠지니,
18 그게 바로 사탄에게 힘을 실어 주며
사탄의 자식으로서 너희 스스로 전락
하는 것이니라.
19 그리하여 그 길이 어렵고 힘들다 하였
음이니라.
20 너희가 얼마나 어렵고 힘든 길이면 내
가 낙타가 바늘구멍을 통과하는 그 역
사를 이루어야 된다 하겠는가?
21 너희들의 크나큰 그 몸집을, 너희가
깨우치고 또 깨우쳐 그를 작게 만들고
또 작게 만듦이니,
22 이는 곧 너희 마음속에 있는 그 모든
죄요, 잘못된 생각이요, 사악한 마음
을 털어 버리고 또 털어 버리고 줄이
고 또 줄여서 너희가 실과 같이 낮은
자세가 되었을 때 그를 통과할 수 있
지 않겠는가?
23 내가 일찍이 너희에게 가르쳐 주었음
이니라.
24 낙타가 바늘구멍을 통과할 수 없으나
그가 줄이고 줄이면 통과할 수 있으며,
25 또한 너희가 아름답게 살고자 할 때
그곳을 통과하도록 할 수 있는 것은
나 여호와의 능력이라 말하였음이니
라.
26 그러나 너희는 여기서 너희들의 잘못
된 모든 사악한 마음들을 털어 버리고
또 털어 버려 너희가 거기를 통과할
수 있는 그 길을 선택하라 함이니,
27 그와 같은 역사를 이루는 데 얼마나
어렵고 힘듦이 앞에 있는가 그 이치를

깨달아야 할 것이니라.
28 거기에 너희가 하나의 가르침이 있음
이니라.
29 그 낙타라는 동물이 바늘구멍을 통과
하며 너희 스스로 바늘구멍을 통과하
기 위해서는 얼마나 많은 고통과 노력
과 시련을 견뎌야만 그리 너희가 스스
로 닮고 닮아 그곳을 통과할 수 있게
그리되는지 너희는 그 이치를 또한 하
나 깨우쳐야 할 것이니라.
30 그러니라, 하늘에 오르는 길은 '설마
하니 이 길을 넘으면 또 편안한 길이
있겠지.' 이와 같은 기대와 이와 같은
생각으로써 가서는 아니 되는 것을 알
라.
31 작은 산을 넘으면 더 큰 산이 있으며,
그 산을 넘으면 더 큰 산이 기다리고
있는 것이 하늘에 오르는 길이요, 믿
음의 길을 가는 너희가 넘고 가야 할
길이니라.
32 이와 같은 이치를 너의 제자들에게 깨
우쳐 주며, 너희가 잠시도 쉬거나 게
을리해서는 아니 되며, 전진하며 깨달
음에 있어서 너희 마음을 잠시도 닫아
서는 아니 되며 좌우를 봐서도 아니
되는 것이 하늘에 오르는 길이라 그리
깨우쳐 주라.
33 그렇지 않다면 누구든지 그 길을 갈
수 있음이니라.
34 너희가 어렵고 힘든 다음에 그만큼의
쉬운 길이 또 있다면 너희는 인간 세
상에서 살아가는 것처럼 하늘에 오를
수 있는 길이 있으나,
35 하늘에 오르는 길은 낙타가 바늘구멍
을 통과하듯이 너희가 줄이고 줄이고
또 줄여야 되기에, 너희 마음속에 있
는 그 모두를 털어 버리고 또 털어 버
리는 그 역사가 있음이니,
36 겉에 있는 것은 털어 버리기가 쉬우
나, 세월이 가며 속에 있는 것은 어렵
고 힘듦이니,
37 그 어렵고 힘든 너희 속에 있는 그 모
든 잘못된 것을 털어 버리고 다 지워
야 되기에,
38 너희가 소중히 간직했던 것이며 너희
몸에 익었던 것이며 습관에 젖었던 것
이며 스스로 몸에 배어 있는 모든 잘
못된 것을 지우고 지우며,
39 갈수록 너희가 깊은 마음속에 도사리
고 있는 사악한 마음을 제거하는 것은
큰 산을 넘고 또 큰 산을 넘는 그와 같
은 고통의 시련이 계속 있음이니,
40 그 길을 견디지 못하여 많은 종교 지
도자요, 많은 백성들이 구원의 길에서
포기함을 알라.
41 너희는 이를 넘어야 함을 잊지 말라,
사랑하는 나의 선택된 백성들아!

3,627 번째 하나님 말씀

2002년 10월 9일 10시 30분

1 사랑하는 나의 아들아!
2 "네, 아버님! 말씀하옵소서."
3 내가 너의 제자들에게 무어라 가르치
라 말하였던가?
4 나의 성전에 와 공부하는 자, 하루가
지나면 하루가 지난 것만큼 다르게 변
화되며 역사를 이루어야 된다 하였음
이니라.
5 하물며 이 세상에 다시없는 선생이요,

오로지 진리의 말씀이요, 성령을 가르
치는 나 여호와의 뜻을 따라 네가 나
로부터 모두를 직접 받음이니, 나로부
터 깨우침을 얻어 행하는 사람은 어찌
되겠는가?
6 이 세상 만물 중에 너 한 사람뿐이니,
너의 변하는 그 모습들은 초를 다투어
변해야 할 것이니라.
7 그를 너의 제자들은 원하는 것이며,
만백성은 그와 같은 너의 모습을 보고
자 하는 것이며, 그 모습 속에서 그들
이 마음을 정할 수 있음을 너는 알아
야 할 것이니라.
8 너의 제자들은 나의 법전을 읽고 정독
하며 네가 강론하는 그 나의 뜻을 듣
고 깨우쳐 가나 너는 직접 나로부터
배우며 가니,
9 그들이 변하는 모습과 네가 변하는 모
습의 그 차이는 헤아릴 수 없는 간격
이 있음을 알아야 되지 않겠는가?
10 그리하여 그들은 나로부터 직접 듣는
네가 완벽한 자요, 완벽한 아들로 서
기를 바라는 것이 그들의 마음이니라.
11 그러니 네가 지금 변하는 속도가 늦어
지면 아니 될 것이며, 그들이 깨우치
는 것보다 네가 열배 백배 먼저 더 많
이 변하고 깨우쳐 네가 바로 서는 사
람으로 가야 함을 잊어서는 아니 될
것이니라.
12 너의 제자들이요, 또한 나의 법전을
읽은 자들이요, 그들이 너를 찾아와
갑론을박하며 너의 잘잘못을 말한다
면 그 모두는 다 너의 탓임을 알아야
할 것이니라.
13 네가 정녕 나에게 가르침을 받으면서
도 변하지 못하며 네가 나의 가르침을
받은 만큼 네 자리를 지키지 못하면,
14 바로 너의 제자들이 너에게 아픈 마음
을 전할 수 있음을 알아야 할 것이니
라.
15 네가 3부를 마치면 3부를 마친 만큼
그만큼 경지에 올라 있어 너의 행함이
그들의 눈에 그와 같이 비추어져야만
할 것이니,
16 그 모든 갑론을박이요, 시시비비의 말
이 나오는 것은 다 너의 잘못이며 너
의 탓임을 알아야 할 것이니라.
17 여기에는 어떠한 이유와 변명이 없음
을 알라.
18 꽃도 그 꽃이 저를 예뻐하는지 미워하
는지 알며, 지능이 없고 생각이 부족
한 짐승도 저를 사랑하고 미워하는 것
을 안다 하였음이니라.
19 하물며 인간이 어떠하겠는가?
20 그들의 느낌이요, 그들이 생각하는 것
이 무의미한 것이 아님이니라.
21 더러는 그들이 억지를 부리며 저희들
의 판단에 의하여 말을 잘못하고 생각
을 잘못하며 제 낮은 수준에 의하여
오판할 수 있으나,
22 어떠한 그와 같은 일의 결과가 생기는
원인은 모두 네가 아직 깨달음이 부족
하며 네가 깨달아 행함이 부족하기 때
문이라는 것을 알아야 할 것이니라.
23 완벽한 길이요, 완벽한 모습으로 간다
면 그들이 오판할 수도 없으며 오해할
수도 없음을 알아야 할 것이니라.
24 그들이 오판하고 오해하는 것은 그들
의 깨달음이 부족한 것이나,
25 그들 눈에 그와 같이 보이는 것은, 나

의 아들이요, 만백성을 이끌어 가는
목자인 네가 그와 같은 모습으로 비쳐
지는 것은 잘못됨을 알아야 할 것이니
라.
26 이제는 네가 이 깊이를 깨우쳐, 모두
는 다 너의 탓이라 생각하는 그 마음
속에서 세상의 인간관계를 다스려 나
가야 할 것임을 알라.
27 천 명, 만 명, 수억의 인구의 생각과
그들이 가지고 있는 것을 맞추며 그들
을 다스려 그 뜻에 맞춰 갈 수 없는 것
은 너희 인간이 당연하다 말하니,
28 그러나 단 한 가지 갈 수 있는 길이 있
음이니라.
29 그게 바로 무엇이더냐?
30 진리요, 정도의 길을 가는 것이니라.
31 정도로 간다면 수억 인구의 천태만상
의 그 생각을 하나로 묶을 수 있으며,
32 그들에게 어떠한 시시비비를 당하지
아니하며,
33 오로지 그들이 너를 따르며 너의 행함
에 저희들의 부끄러움을 알 것이며,
34 그들이 너의 행함을 보며 저희들의 살
아옴에 부끄러움을 느끼며 저희들의
행동에 부끄러움을 느끼며, 그리하여
반성하고 회개하며 살아갈 수 있는 그
들의 변화가 요구되는 것이니라.
35 이를 위해서는 오로지 진정한 정도요,
진정한 진리, 그것만이 천태만상의 생
각을 다 덮어 둘 수 있으며 하나로 묶
을 수 있는 길임을 너는 잊어서는 아
니 됨이니라.
36 이제 모든 시시비비가 나온다는 것은
너의 탓이니라.
37 3부의 법전이 세상에 나오니, 그 많은
시간 나에게 직접 개인적인 가르침을
받았으며 깨달음을 얻은 너이거늘,
38 지금도 너의 제자들에게서 갑론을박
하는 말이 나와서는 아니 됨이니라.
39 선생의 옳고 그름을 말하는 것도 제자
로서는 있을 수 없는 일이나, 그와 같
이 말을 하는 그들의 충정이 어떤 것
인가를 네가 알아야 할 것이니,
40 그와 같은 원인을 제공하는 일이 없도
록 네가 이제 완벽히 바로 서서 살아
가는 모습만이 만백성을 구하는 길임
을 잊지 말라, 사랑하는 나의 아들아!
41 네가 뼈를 깎는 고통과 인내함 속에
더 노력하며 매진할 때 그 모든 고통
스러운 만큼 그 열매는 아름답게 맺어
짐이며,
42 만백성이 그를 음미하고 먹을 수 있는
좋은 과일로서 세상에 나오게 됨을 잊
지 말라, 사랑하는 나의 아들아!

3,628 번째 하나님 말씀

2002년 10월 9일 15시 06분

1 사랑하는 나의 아들아!
2 "네, 아버님! 말씀하옵소서."
3 너희 인간 백성들이 살아가는 그 속에
서 무엇인가 목적을 이루며 그 뜻을
이루는 자, 너희가 보기에는 그저 그
가 쉽게 얻었으며, 그리하여 그는 쉽
게 얻은 것으로써 모두를 누리며 살아
가는 것처럼 그리 생각하나 그렇지 아
니하니라.
4 그와 같이 목적을 이룬 자는 너희가
잠자고 쉬는 시간에 잠자지 아니하고
먹지 아니하며 노력하고 노력한 그 고

통의 세월 속에서 그 모두가 이루어진
것임이니, 그냥 이루어진 것이 하나도
없음을 알라.
5 인간 세속에 살아가는 너희들 세상에
서도 그와 같이 인간의 육의 목적이
요, 목표를 위하여 평생 노력하고 달
려가도 그를 얻지 못하는 자가 수없이
많으며,
6 자기가 원했던 그 목표를 이루는 것은
열 명 중에 한 명만 이루었다 해도 너
희는 이 세상이 행복한 세상이라 말할
수 있을 것이니라.
7 그와 같은 비율로써 너희가 이룰 수
없는 것이 인간의 삶의 노력이며 인간
세속에서 너희들 인간의 목표며,
8 목적을 설정해 놓고 그 목표에 다다르
지 못하는 것이 너희가 살아가는 형국
이니라.
9 육의 세상에서 노력하면 얻을 수 있도
록 나 여호와가 모든 준비를 다 갖추
어 준 그 속에서 너희들의 노력 여하
에 달렸건만,
10 그 속에서도 목표한 그 뜻을 이루지
못하는 자가 이루는 자보다 더 많으
며, 이루지 못하는 자가 그 수를 헤아
릴 수 없이 더 많음이니,
11 이루지 못하고 가는 사람의 숫자를 헤
아릴 수 없으며, 그 목표했던 목적을
이루는 자는 너희가 손에 꼽을 만큼
그와 같이 적은 숫자만이 노력하여 얻
음이니,
12 그는 보통의 노력으로써 그가 설정했
던 목표요, 목적을 달성하는 것이 아
님을 알라.
13 하물며 모두를 준 속에서, 똑같은 여
건 속에서 준비된 상태에서 목적한 것
을 이루지 못하는 것이 너희 인간이니,
14 나를 보지도 못하며, 듣지도 못하며,
과연 하늘나라에 심판이 있으며 천국
이 있는지 그것을 모르는 너희가 보이
지 않고 만질 수 없고 잡을 수 없는 그
목적을 위하여 노력하여 그 길을 간다
는 것은 인간 세속에 가지고 있는 욕
심의 천 가지 만 가지를 다 버리고 가
야 함이니,
15 그를 보통의 인내로써는 갈 수 없는
것이니라.
16 그리하여 너희가 지쳐서 쓰러져 낙오
자가 되며 가다가 중도에 포기하는 자
가 수없이 많음이니,
17 이와 같이 너희가 목적을 달성하기 위
해서는 너희 인간 세상에 목적을 달성
하는 것보다 수십 배 더 노력하고 인
내하는 그 속에서 얻어질까 말까 하는
것이 구원의 길이니라.
18 그리하여 잠시도 쉬지 말며 잠시도 중
단하지 말며, 나에게 경배하고 기도하
며 나의 법전을 정독하고 또 정독해서
모든 것을 다 너희 것으로 만드는 데
최선을 다하라 함이 여기에 있음이니
라.
19 그와 같이 가지 않는 자, 그 역사를 이
룰 수 없는 것이 믿음의 길이며 구원
의 길임을 알라.
20 너희들의 구원의 길이 오죽이나 어렵
고 힘들면 많은 백성들이 그 모두를
다 포기하며 중도에 등 돌리며 떠나는
그와 같은 삶을 살겠는가?
21 그러나 너희가 뼈아픈 고통과 노력과
그 깨우침이 없이는 정녕 얻어질 수

없는 것이니라.
22 이는 나의 법전을 너희가 정독하고 또
정독하여 그 내용을 너희 머릿속에 그
려 한 치의 오차도 없이 살아갈 때, 그
때 모든 역사의 꿈이 이루어짐을 잊어
서는 아니 됨이니라.

3,629 번째 하나님 말씀

2002년 10월 9일 21시 20분

(강론을 마치며)

1 사랑하는 나의 아들아!
2 "네, 아버님! 말씀하옵소서."
3 이제 너의 제자들에게 일깨워 줘야 할
것이니라.
4 너의 제자들이 나의 법전을 읽으며 나
의 강론을 들어 그들이 깨달음의 위치
가 일반 평범한 나의 백성과는 차별화
되어 있음이니,
5 이제 너의 제자들에게 스스로 자신과
의 싸움에서 이기는 그와 같은 훈련에
돌입하라 그리 이르라.
6 너희는 누가 뭐라 말하여도 자기 자신
을 자기보다 더 잘 아는 자가 없음이
니라.
7 저 자신이 욕심을 내든, 저 자신이 남
을 시기하든, 저 자신이 남을 질투하
든, 그 모두는 저 자신보다 더 명확히
아는 자가 없으며 저 자신보다 더 잘
아는 사람이 없음이니라.
8 그러하니 너의 제자들은 이제 자기 자
신과 싸워서 자기를 다스리며 이기는
그와 같은 훈련에 돌입하도록 그리 깨
우쳐 주라.
9 자기 자신과 싸워 저 자신의 잘잘못을
판단할 수 있는 그와 같은 능력을 가
지고 있는 것이 너의 제자들이니,
10 스스로 제가 저 자신에게 점수를 매겨
서 제가 정답을 찾지 못한다면 천날
만날 나의 성전에 와 나의 가르침을
듣는다 하여도 그는 깨우칠 수가 없음
이니라.
11 이제 모두는 저 자신보다 잘 아는 자
가 없음이니,
12 너희는 스스로 자기를 평가하여 자신
에게 엄격한 점수를 매겨, 너희 자신
이 설 자리와 서지 않을 자리를 너희
스스로 알아야 할 것이니라.
13 너희는 이제 깨달음이 나의 일반 백성
과는 차별화되어 있으며 너희 스스로
진리가 무엇이며 하늘에 오르는 길이
무엇인가를 지금 알고 있으며 깨닫는
자들이니라.
14 그러니 너희가 스스로 나에게 오를 수
있는 것은 너희 자신에게 부끄러움이
한 점도 없는 그와 같은 삶을 영위하
는 것이 가장 소중함이니,
15 이는 나의 선지자가 너희를 바로잡아
줄 수도 없는 것이며, 나의 법전을 읽
고 깨우치는 그 속에서만이 너희 자신
의 옳고 그름을 판단할 수 있으나, 아
직도 너희 마음이 바르지 못하며 곱지
못함이니,
16 너희 자신이 싸워서 자신을 엄격히 다
스리며 너희를 평가하는 그와 같은 점
수를 매김에 있어서 제삼자의 입장에
서 자신을 평가할 수 있는 그와 같은
마음의 훈련이 너희에게 가장 소중함
을 알라.
17 이제 너의 제자들은 그것 하나만 다스

리면 어디 내놓아도 손색없는 나의 백
성임이니,
18 너희 자신의 훈련에 최선을 다하며 자
신에게 점수를 매기되 가장 혹독한 방
법으로써 채점해야 할 것을 잊지 말라.
19 이제 그것 하나가 너희가 지켜야 할
일이며 너희가 가야 할 길이니라.
20 이를 명심하여 행하도록 그리 너의 제
자들에게 전하라.
21 너희 자신의 점수를 명확하게 매기며,
너 자신이 어디 서 있으며 네가 행하
고 있는 것이 과연 어떠한 것인가,
22 너 자신의 욕심은 아닌가,
23 너 자신의 시기심은 아닌가,
24 너 자신의 질투는 아닌가,
25 너 자신의 옹졸한 마음은 아닌가,
26 너 자신의 깨달음이 정녕 나를 위하여
가는가,
27 내가 가르친 그 깨달음 속에서 네가
정녕 가고 있는 자인가
28 이제는 너희 자신을 돌이켜 보며 너희
자신의 점수를 매겨야 할 때이니,
29 자기 스스로 싸워서 이기는 그와 같은
역사만이 너희에게 남아 있음이니라.
30 이걸 너의 제자들이 명확하게 행할
때, 너희는 나로부터 구원을 받음에
손색이 없는 나로부터 선택된 백성임
을 알라.

3,630 번째 하나님 말씀

2002년 10월 10일 05시 24분

1 사랑하는 나의 아들아!
2 "네, 아버님! 말씀하옵소서."
3 내가 예수를 통하여 나의 피조물 만백
성 너희를 구원하고자 할 때도 나의
아들을 보내어 그가 너희들과 같은 육
의 형태로써 너희를 깨우치고 가르쳤
음이니,
4 누군가는 나의 성령을 받아 세상에 전
하는 자가 있어야 함이니라.
5 내가 너희에게 음성으로써 무엇을 각
자 가르칠 수도 없으며,
6 그리 가르친다 하여 그것이 너희가 영
원히 깨닫고 구원의 길에 오르는 가르
침이요, 지침서가 될 수 없음이니,
7 또한 그와 같은 역사를 이룬다 하여도
지금의 종교 집단이요, 그곳에 속해
있는 자 그를 믿으려 하지 아니할 것
이니라.
8 너희는 나의 성령을 들으며 나의 가르
침을 들으며 나로부터 구원을 받고자
그리도 갈구하며 너희 모두를 다 바치
고 살아가며 그것이 가장 큰 영광이
요, 은혜라 그리 말하느니라.
9 그리하여 내가 너희를 구원하기 위하
여 새로운 시대를 여는 이 시점에 나
의 아들을 통하여 나의 성령을 모두
내려보내 '하늘에 오르는 길'이요, '하
나님! 말씀하옵소서'라는 이 책으로써
너희를 천 년에 걸쳐서 영원히 깨우치
고자 하는 이 역사를 이룸이니,
10 그 누군가는 이 대명을 받아야 할 것
이며 그 역사를 이루는 나로부터 명을
받은 자가 있어 내 뜻에 따라 행하는
자가 있어야 할 것이니라.
11 그와 같은 역사를 이루지 아니하고는
너희를 깨우칠 수 없으며, 책으로 만
들어 너희가 영원히 나에게 오르는 길
로 인도하는 지침서를 만들 수가 없음

이니,
12 누구를 통하든 내가 육을 가진 인간을
통하여 너희 세상에서 너희가 깨우치
고 보고 느낄 수 있는 나의 성령을 이
와 같은 글로 만들어 너희에게 전하는
것이 영원히 불변의 길이기 때문이니
라.
13 너희가 그리도 갈구하던 나의 음성이
요, 나의 성령의 뜻이요, 하늘에 오르
는 길을 너희에게 깨우쳐 주거늘,
14 너희는 이를 이단이요, 사탄이요, 사
악한 무리요, 마지막 시대에 오는 거
짓 선지자라 하여 나의 법전을 듣지도
못하며 읽지도 못하며 그 뚜껑을 열지
도 못하게 함이니, 과연 이것이 무엇
이던가?
15 이는 스스로 너희들 개인이 받지 못하
며 너희가 받지 못하기 때문에 질투와
시기의 마음에서 그와 같이 가르치는
지도자들은 아닌가 너희 스스로 깨우
쳐 봐야 할 것이니라.
16 지금 동양의 작은 나라에서 그 민족
속에 나의 성령을 받으며 나의 아들이
라 하여 만백성을 구하는 나의 법전을
세상에 내니,
17 큰 집단이요, 너희 민족이요, 너희 백
성 중에서 그와 같은 역사를 이루지
못하기에 이를 인정하지 아니하려 하
며 이 뜻이 세상에 전해지는 것을 막
으려 하는 것은 아닌지 너희는 한 번
깨우쳐 봐야 할 것이니라.
18 지금까지 나의 뜻을 받아 만백성을 구
한다는 종교 집단 너희가 그를 받지
못하기에 이는 이단이요, 사탄이요,
사악한 자라 말하는 것은 아닌가를 너
희는 한 번 돌이켜 봐야 할 것이니라.
19 여기서 너희는 하나 깊이 깨우치고 가
야 할 것이 있음을 알라.
20 내가 나의 성령을 통하여 만백성을 구
하고자 2천 년 전 나의 아들 예수를
통하여 너희를 깨우쳤듯이,
21 지상에 인간의 형태를 가진 인간에게
무엇인가를 전하여 그로 하여금 나의
뜻을 전하게 하는 것이 내가 할 수 있
는 역사며, 그와 같은 방법 외에는 너
희를 깨우칠 길이 없음이니,
22 2천 년 전 예수를 통하여 너희를 깨우
치고자 했던 것이나 내가 2천 년이 흐
른 지금 나의 아들을 통하여 나의 성
령을 책으로 만들어 너희가 영원히 보
존하며 읽고 깨우쳐 너희가 하늘에 오
르는 길을 증거할 수 있는 이 법전을
만들어 내려보내는 것이 같거늘,
23 어찌하여 너희는 이를 이단이요, 사탄
이라 말하는가?
24 이와 같은 역사를 이루지 아니하고는
그 누구도 이룰 수 없으며 너희를 깨
우칠 수 없는 것이니라.
25 이제 너희는 한 걸음 물러나서 세상을
보는 현명함을 가져야 할 것이니라.
26 어떠한 인간의 형태로 인간이 인간에
게 나의 성령을 전하며, 나의 뜻이요,
가르침을 너희에게 전하는 것은 그 길
밖에 없음이니,
27 바로 그 역사가 나의 아들을 통하여
이루어지고 있음이니, 이를 너희가 인
정하며, 이를 바라보며,
28 이게 정녕 새로운 시대에 나의 성령이
고 아닌 것은 너희가 나의 법전을 읽
고 또 읽고 깨우쳤을 때 그 정답을 알

수 있음이니,
29 너희는 보지도 아니하고 이를 사탄이
라 하며 거부하고 너희를 따르는 신도
들까지 그들의 구원의 길을 막는 그와
같은 죄를 범하지 말라.
30 이제 너희는 조용히 생각할 때가 되었
음을 알라.
31 지금까지 왔던 너희들의 가르침이요,
종교 집단이 얼마나 잘못 갔으며 인간
이 만든 그 계명에 맞춰 너희가 거기
에 의하여 살아왔는가?
32 그러기에 너희는 하늘에 오르는 길과
는 전혀 관계도 없는 너희들 인간의
계명에 의하여 너희들의 입맛에 맞는
떡으로 만들어 지금까지 나의 피조물
만백성을 하늘로 가는 길이요, 천국의
문에 들어선다 그리 인도하고 끌고 왔
음이니,
33 그게 바로 지옥으로 가는 가르침이었
다면 너희는 어찌하는가?
34 그건 엄연한 사실임이니라.
35 이제 너희가 깨우쳐 세상을 넓게 보며
나의 이 뜻을 알아야 할 것이며,
36 이 세상 모두가 존재하는 것은 나의
뜻에 의하여 이루어진다는 그것 하나
만 너희가 깨달아도
37 나의 법전의 뚜껑을 여는 그 백성을
너희가 열지 못하도록 하며, 내가 만
든 나의 쉼터의 앞에 백성들이 지나가
는 것까지도 너희들의 신도에게 그를
자제시키고 그를 억제하지는 않을 것
이니,
38 그와 같은 행위를 한다면 얼마나 너희
자신이 사악한 죄를 짓고 있는 것인가
를 깨우쳐 반성할 때가 되었음을 알라.

3,631 번째 하나님 말씀

2002년 10월 10일 05시 32분

1 사랑하는 나의 아들아!
2 "네, 아버님! 말씀하옵소서."
3 지금의 나의 피조물 만백성이 살아가
는 형국이 어떠하며 또한 그들의 마음
자세는 어떠하던가?
4 너희는 너희 자식이 부정한 방법으로
써 어려운 시험에 합격했으며 남들보
다 뛰어난 성적을 얻었다 할 때,
5 과연 그 자식에게 수고했다는 말로써
그를 달래 줄 것인가, 그렇지 않으면
그와 같은 방법으로써 얻은 그 영광을
사회에 반납하며 그 자식을 나무랄 수
있는가?
6 과연 나의 피조물 만백성 너희가 가지
고 있는 생각과 너희가 살아가는 그
형태는 어떠한가?
7 내가 너희를 처음에 세상에 인간으로
내보냈을 때 너희는 아무리 사랑하는
자식이요, 귀여운 자식이라 하여도 그
가 부정한 방법으로써 좋은 성적을 거
두며 좋은 목적을 달성했을 때 감히
부모에게 와서 자랑할 수 없는 그와
같은 인성과 마음을 갖고 세상에 나가
도록 내가 그리 만들었으나,
8 너희가 인간 세속에서 살아가면서 지
금과 같이 변했음이니라.
9 어려운 시험이라는 것의 관문을 부정
하게 통과하고자 하는 자식이 소기의
목적을 달성했을 때 그를 꾸짖는 부모
가 과연 몇 명이나 있는가?
10 나의 법전을 읽고 깨우친 너희는 과연
어떠하던가?

11 너희는 그 자식에게 영광이요, 축하라
는 말을 하지도 못하며 잘했다 잘못했
다 가르치지 못하며 입을 다물고 앉아
있을 지금의 마음 자세가 아닌가?
12 그를 엄히 꾸짖을 수 있는 용기가 없
는 것이 지금의 너희들의 깨달음은 아
닌가?
13 너희 자신을 한 번 돌이켜 봐야 할 것
임을 알라.
14 정녕 그는 그 영광을 반납하게 해야
할 것이며 그를 엄히 꾸짖는 것이 너
희가 가야 할 길이며 나의 법전을 읽
고 깨우친 너희들 부모가 해야 할 행
위이니라.
15 그러나 너희는 과연 어떠한 형태로써
처신하겠는가?
16 어렵게 합격한 그 자식을 칭찬하는 것
은 양심에 꺼리기에 너희는 그에게 축
하한다, 축하하지 아니한다 말 한마디
못 하고 입을 다물고 돌아서는 너희들
의 형국은 아니던가?
17 지금 나의 법전을 읽고 깨우쳤으며,
나의 성전에 와 나의 아들로부터 강론
을 듣는 너희가 거기까지는 와 있지
아니하던가?
18 그러나 그것이 너희가 가야 할 길이
아님을 알라.
19 너희가 그 자식이 얻은 영광을 사회에
반납하며 그를 엄히 꾸짖는 그와 같은
부모의 마음이요, 자세로써 세상을 보
고 살아가지 아니한다면, 이 세상은
천 년에 걸쳐 새로운 역사를 이룰 수
없음이니라.
20 지금 너의 제자들이요, 내가 너에게
신부라 명한 열여섯 가정의 너희들이
살아가는 형태도 과연 그를 꾸짖어 그
것을 반납할 수 있는가?
21 너희가 아직 그와 같이는 가지 못했을
것이며, 다만 너희가 부끄럽고 나 여
호와로 하여금 칭찬할 수도 없으며 버
릴 수도 없어,
22 위로 하나님이라 하는 창조주 나를 생
각해서 너희는 그를 꾸짖어야 할 것
같으며 반납하고 싶으나,
23 아래로는 육의 자식을 사랑하는 마음
이요, 자식의 노고 때문에 그를 나무
라지 못한다면 아니 됨이니라.
24 너희가 엄연히 그것을 반납하며 그를
꾸짖는 그와 같은 자세로써 서지 아니
한다면, 천 년에 걸쳐 내가 이루고자
하는 그 역사는 이룰 수 없음이니라.
25 이제 너희는 그와 같은 자로서 변화되
어야 함을 잊어서는 아니 됨이니라.
26 자식의 소중함과 귀여움과 그의 노력
때문에 그를 반납하지 못하며 나무라
지 못하는 그와 같은 부모로서 너희가
자리를 설 때,
27 너희들 다음의 후손들이 너희보다 더
깨우치고 변하여 천 년에 걸쳐 천 년
후의 후손들이 하늘에서 이루어진 것
같이 이 지상에 이루는 그 낙원을 이
룰 수 없음이니,
28 오늘의 나의 아들을 통하여 밤과 낮을
가리지 않고 나의 성령의 모두를 태워
마지막으로 너희에게 내려보내 법전
을 만든다 하였음이니 이 또한 무산됨
이니라.
29 이제 너희가 그리 서야 함을 알라.
30 나의 법전을 읽었으며 나의 아들의 제
자라 명해졌으며 나의 열여섯 가정의

신부라 정해진 너희는 그와 같은 마음
의 형태로 살아가야 함을 잊지 말라.
31 너희가 물론 살아가면서 하루아침에
이루어짐은 아니니라.
32 노력하고 또 노력하며 너희가 변하고
자 노력할 때 그와 같은 역사는 이루
어질 수 있으며,
33 너희가 오늘에 열이라는 것을 깨우쳤
을 때 너희가 그를 꾸짖으며 그 영광
과 명예를 반납할 수 있는 부모의 가
르침이 있다 하면,
34 그 자식은 20퍼센트요, 30퍼센트를
깨우칠 것이며, 또 그의 자식이 50퍼
센트로 깨우치며,
35 그리하면 천 년 후에는 천사와 같은
자들만 이 세상에 영원히 살게 됨이니,
36 그렇지 아니하면 그 역사는 이루어질
수 없으니, 나 여호와의 아픈 가슴을
너희는 알겠는가?
37 그와 같은 너희를 바라보는 나 여호와
의 마음이 얼마나 고통스러우며 괴로
운 것인가를 너희는 알겠는가?
38 엄히 다스리는 너희가 되어야 할 것이
니라.
39 위로는 하늘의 나를 두려워하며 아래
로 자식을 사랑하는 그 마음에서 너희
가 자리를 잡지 못하고 우왕좌왕하는
그와 같은 너희가 되어서는 구원의 길
을 너희 스스로 올 수 없음을 알라.
40 사랑하는 나의 백성들아, 이를 깊이
가슴에 새겨 행하도록 그리하라.

3,632 번째 하나님 말씀

2002년 10월 10일 05시 49분

1 사랑하는 나의 아들아!
2 "네, 아버님! 말씀하옵소서."
3 내가 이 새벽에 단잠을 재우지 아니하
며 너로 하여금 나의 성령의 뜻을 받
아 법전을 만들게 하는 그 역사는 내
가 뭐라 말하였더냐?
4 만백성을 구하는 그 길이 바로 여기에
있기 때문이라 말하지 아니하였던가?
5 그리하여 내가 너에게 일찍 깨우쳐 주
기를, 네가 오늘의 고통과 시련 속에
서 흘리는 그 눈물은 나의 백성들이
지옥으로 가며 흘려야 할 그 눈물을
네가 거둬 주는 것이며, 그 길을 막는
것이라 내가 너에게 깨우쳐 주었거늘,
6 네가 어찌 나의 마음을 이리도 모르며
너 자신이 불안해하며 너 자신의 그
고통에서 헤어나려 그리 몸부림치는
가?
7 너는 160권의 법전을 세상에 만들어
내어 만백성이 이를 보고 깨우치는 그
대명의 역사를 비켜 갈 수도 없다 함
을 내가 너에게 누차 말하였음이니라.
8 네가 법전을 만드는 그 시련과 고통
속에서 네가 그를 겪는 만큼 나의 피
조물 만백성이 구원을 받을 것이며,
9 네가 인간 세속에 60이 다 되도록 살
아온 그 모든 악습과 네가 배워 살아
왔던 그 모든 방법을 다 저버리며 오
로지 나의 뜻에 따라 천사와 같은 마
음으로 변하는 삶의 그 변화의 고통이
얼마나 힘들고 어려운 것인가를 나 여
호와는 알고 있음이니라.

10 그러나 네가 또한 그와 같이 변하는
그 속에서 만백성이 너를 보고 나의
법전이 진정한 나 여호와의 뜻이며,
'이는 하늘에 계신 창조주의 말씀'이
라 믿는 그와 같이 바르고 정직한 너
의 삶의 생활로 변하지 아니하면 그들
을 깨우칠 수 없다 하였음이니라.
11 네가 오늘에 그와 같은 모든 악습과
네가 인간 세속에 살아왔던 그 모든
방법을 다 저버리고 다시 태어나는 그
고통이 얼마나 힘든지를 아느니라.
12 그리하여 네가 그를 다스리며 너 스스
로 바로 서고자 노력하여, 네가 무너
질 때마다 괴로워하며 네가 행하지 못
할 때마다 괴로워하며,
13 네가 나의 뜻에 따라 변하고자 하나,
너희들의 육의 삶의 세상에서 너를 그
리 변하지 못하도록 하는, 그리고 네
가 변하지 못하는 그에 대한 네 고통
의 괴로움에 흘리는 그 눈물이야말로
14 나의 피조물 만백성이 지옥으로 가며
그들이 통곡하며 울어야 할 그 눈물을
거두어 주는 그와 같은 역사를 이룬다
하였음이니라.
15 너희가 나의 피조물 만백성을 구원하
고자 하며 그들이 나의 품으로 올라올
수 있도록 깨우쳐 주는 것이 나 여호
와의 뜻이며, 얼마나 나 여호와를 기
쁘게 하는지를 너희는 알지 않는가?
16 너희가 천 명을 깨우치고 만 명을 깨
우치며 많은 나의 백성을 깨우쳤을
때, 천 년에 이루고자 하는 그 역사는
빨라질 것이며,
17 그리고 또한 그 정확한 백성들의 그
후손만이 세상에 존재하는 그와 같은
역사를 이루게 됨이니,
18 너희가 지금 나의 법전을 세상에 전하
며 지금에 존재하는 너희가 바르게 서
며 남으로부터 부끄럽지 않은 삶을 살
며,
19 그 누구도 감히 행할 수 없는 나의 성
령의 뜻대로, 나의 계명대로, 나의 법
전대로 살아가는 그 고통의 싸움에서
너희 스스로 이기지 아니한다면, 너희
는 나의 피조물 만백성을 구원할 수
없음을 알라.
20 그리하여 네가 오늘에 흘리는 그 고통
의 눈물은 나의 백성을 구하는 눈물이
라 하였음이니라.
21 사랑하는 나의 아들아!
22 좌절하지 말며 고통스러워하지 말며
울지 말라.
23 오로지 네가 가야 할 길을 너는 가장
기쁜 마음으로, 행복한 마음으로, 즐
거운 마음으로, 남들이 변할 수 없는
그 길을 먼저 가야 함을 잊지 말라.

3,633 번째 하나님 말씀

2002년 10월 10일 06시 12분

1 사랑하는 나의 아들아!
2 **"네, 아버님! 말씀하옵소서."**
3 나의 뜻을 가르치며 나의 법전을 가지
고 공부하는, 나의 성전에 온 백성들
이 한 송이의 아름다운 꽃을 갖다 바
치는 그와 같은 백성들의 마음으로 변
하게 할 것인가, 돌을 던지며 돌아서
는 그와 같은 백성들로 변하게 할 것
인가?
4 그것은 위로는 나의 아들 선지자 너의

행함에 달렸으며, 아래로는 너의 제자
들의 행함에 달렸음을 알아야 할 것이
니라.
5 이 세상 내가 만든 지상의 낙원이 사
탄으로 그득히 차도록, 사탄의 지배하
에 들어가도록 할 것인가, 천사와 같
은 나의 백성이 이 세상에 존재하도록
할 것인가?
6 그 역사를 이루는 것은 위로는 나의
아들 너의 책임이며, 아래로는 나의
백성 너희들의 책임임을 알아야 할 것
이니라.
7 내가 나의 아들과 너희들에게 신랑과
신부라 말하였음이니, 이는 무엇이던
가?
8 너희는 공동체로서 똑같이 책임이 있
으며, 힘을 같이 합하여 살아가도록
하고자 함이 여기 있음이니라.
9 너희가 인간으로서 변하기 힘들고 어
려운 고통과 시련, 그 모두를 너희의
영광이요, 기쁨이라 생각하며 천사와
같이 변하는 그 길에 매진하여 달려갈
때,
10 나의 피조물 만백성은 나의 성전에 와
한 송이의 아름다운 꽃을 놓고 갈 것
이며, 돌을 던지는 자 없을 것이니,
11 이 지상의 낙원이 사악한 자로 뒤덮이
는 것이 아니요, 천사와 같은 자로 뒤
덮이는 그와 같은 역사가 이루어지는
것은 그 모두가 다 너희의 책임이니라.
12 너희는 나의 아들이 완벽하기를 바라
며 하나의 오점도 없기를 바라느니라.
13 그러나 너희는 너희 자신을 스스로 바
라볼 줄 알아야 할 것이니라.
14 너희는 정녕 나의 아들의 하나의 실수
요, 하나의 오점을 용서하지 못하는
그와 같은 냉혹한 마음으로 그를 평하
고 그에게 매질을 한다 하면,
15 스스로 과연 너희가 매질을 할 수 있
는가 너희 자신을 돌아다봐야 하지 않
겠는가?
16 너희는 나의 아들에게 완벽한 것을 원
하며 완벽하게 가기를 원하나,
17 그가 부족하고 또 모자란 부분을 너희
가 스스로 조용히 채워 주며 같이 협
력하여 힘과 용기를 주는 그와 같은
너희들의 삶의 행위로 바꿀 수는 없는
것인가?
18 과연 나의 아들은 완벽하기를 원하며
너희는 흐트러진 삶을 살고, 너희는
나로부터 성령을 받지 아니하기 때문
에 흐트러진 삶을 살아도 되며,
19 나의 아들은 나로부터 직접 나의 성령
이요, 나의 음성을 들으며 메시지를
들으니 완벽해야 한다는 그와 같은 생
각을 하고 있지는 아니한가?
20 내가 그리하여 너희에게 신부와 신랑
이라 하였음이니,
21 한 가정을 이끌어 가는 것은 신랑만의
책임이 아니요, 신랑과 신부가 더불어
한 가정을 이끌어 나감을 너희는 잊어
서는 안 될 것이니라.
22 너희는 나의 아들에게 완벽해지기를
바라기 전에 너희 스스로 완벽하고자
노력하며 나의 아들의 부족한 점을 너
희가 스스로 조용히 보충해 주는 그와
같은 아름다운 미덕의 마음으로써 고
통을 나누며 같이 갈 수는 없는가?
23 생각하기에 달렸음을 너희는 알아야
할 것이니라.

24 나의 아들은 나로부터 성령을 받으니,
나 여호와의 아들이니 완벽해야 하며
그는 완전한 틀 속에서 살아가야 한다
는 그와 같은 너희들의 고정관념보다
는,
25 그가 실수하고 잘못 갔을 때 그를 덮
어 주며 그를 다스리며 그를 깨우쳐
주며, 그가 부족한 점을 너희가 더불
어 채워 주는 그와 같은 마음으로 바
라볼 수 있는 마음을 과연 가질 수는
없는가?
26 너희가 후자의 마음을 선택하고 갈
때, 나의 피조물 만백성이 너희들의
변하는 그 모습 속에 나의 성전에 아
름다운 꽃 한 송이를 놓고 가는 백성
으로서 인산인해를 이룰 것이며,
27 너희가 서로 이해하고 용서하며 부족
함을 조용히 채워 주는 사랑의 마음으
로 살아가지 못하며, 서로 험담하고
나의 선지자요, 나의 아들은 완벽하게
가야 하기 때문에 그가 잘못하는 것을
너희 눈으로 보고 마음에 새겨 그를
질타한다면,
28 과연 너희 스스로 먼저 질타할 수 있
으며 너희는 어디에 서 있는가 돌아보
라.
29 너희는 신랑과 신부가 똑같은 책임이
있음을 잊어서는 아니 될 것임을 알라.

3,634 번째 하나님 말씀

2002년 10월 10일 06시 22분

1 사랑하는 나의 아들아!
2 "네, 아버님! 말씀하옵소서."
3 너희가 손으로 지은 성전에 가 재물을
바치며 구원을 받고자 광란의 형태로
써 믿음의 길을 가며 몸부림치는 그것
이 무엇이던가?
4 위로는 나 여호와가 존재함을 너희가
인식하며, 그리하여 내가 존재하기에
너희가 죽어 와 나로부터 심판을 받으
며,
5 그 심판을 받음으로 인하여 그 죄의
대가를 치른다는 사실 때문에 너희가
그를 모면하고자 구원의 길에 몸부림
치는 것은 아닌가?
6 그와 같은 것을 생각하고 깨닫는 자,
너희가 악함을 행할 때 주저하는 것이
며 선하고 아름답게 살고자 노력하는
것이 아니던가?
7 그리하여 '나 여호와가 존재함을 믿는
그 자체가 구원의 길에 들어서는 기본
이요, 근본이라' 하였음이니라.
8 나 여호와가 존재함을 믿는 그 자체로
써 너희가 심판을 받는다는 두려움을
알며, 그 심판에 따라 너희가 지은 죄
의 대가를 반드시 치른다는 것을 알기
에,
9 너희는 그 길을 벗어나고자 재물을 바
치며 그와 같이 광란의 믿음으로 가는
것이 아니던가?
10 그리고 나의 피조물 만백성 또한 살아
가면서 악행을 할 때 주저하며 선을
선택하고자 노력하는 것이 일반 나의
백성들의 마음 자세가 아니던가?
11 그와 같은 것으로써 너희가 변하고자
노력하듯이, 너희가 이 세상에 살아가
면서 나 여호와로부터 받은 그 은혜에
대한 감사와 기쁜 마음으로 살아간다
하면, 또한 너희가 악을 선택하지 아

니하는 데 크나큰 힘이 됨을 너희는 어찌 모르는가?

12 너희는 내가 존재하여 나로부터 심판을 받기에 두려워하듯이, 너희가 이 세상에 살아가도록 나 여호와가 모두를 다 내려 주었음이니,

13 세상의 모든 하나하나가 다 중요한 것이며 나의 은혜와 은총 속에서 모든 것이 이루어진다 생각하며 내가 너희들과 항상 같이하고 있다는 그와 같은 깨달음을 얻었을 때, 너희가 바로 설 수 있음을 잊어서는 아니 될 것이니라.

14 나 여호와가 너희들과 항상 같이하고 있으니,

15 너희가 하늘에 오르는 길을 바로 깨우치고자 나 여호와가 너희와 항상 같이하고 있음을 너희는 알아야 할 것이니라.

16 그리하여 너희는 이 세상의 그 모든 영광은 다 나 여호와로부터 받는 것이며,

17 나 여호와로부터 너희가 노력한 만큼 취하고 얻을 수 있는 그와 같은 모든 준비를 만든 그 틀 속에 너희를 세상에 내보냈음이니,

18 너희가 그 은혜에 대한 감사하는 마음을 갖고 세상을 살 때 오늘과 같이 험악한 시대는 이루어지지 아니하였을 것이니라.

19 온유한 마음이요, 부드러운 마음으로써 너희가 이 세상에 존재할 것이니, 그 하나의 이치를 깊이 깨우치지 못하여 오늘과 같이 너희가 험악한 세상이 되었음이니, 이를 너희는 깊이 깨우쳐야 할 것이니라.

20 나 여호와가 하늘에 존재하여 너희가 심판을 받는 그 두려움보다도 너희가 살아갈 수 있으며 노력한 만큼 얻을 수 있는 모두를 다 내려 준 그 은혜에 감사하는 그 마음부터 먼저 가질 때,

21 너희는 서로 이웃을 사랑하며 용서하는 마음으로 살아갈 수 있음을 알아야 할 것이니라.

22 너희는 나로부터 받은 그 은혜를 모르며, 너희가 노력한 만큼 얻을 수 있는 그 모두를 갖추어 준 틀 속에 살아가는 그것을 모르기에,

23 너희는 그 속에서 소중함을 모르며 귀함을 모르며 아름다움을 모르기에 형제간에 반목하며 부모와 자식 간에 반목하며 이웃과 반목하는 그와 같은 삶을 살아감이니,

24 너희가 이 세상에 존재하는 그 자체가 나로부터 은혜를 받은 것이요, 세상에 너희가 노력하는 만큼 얻을 수 있도록 모두를 준 그 틀 속에 너희를 내가 세상에 내보냈음이니,

25 이와 같은 이치를 생각할 때 너희가 나에게 감사하는 마음을 먼저 갖는다면, 너희는 부모와 형제와 이웃과 반목하며 서로 언성 높이며 전쟁하는 자와 같은 마음으로 살아가지 아니할 것이니,

26 이와 같은 이치부터 먼저 깨닫도록 그리 만백성에게 전하라.

3,635 번째 하나님 말씀

2002년 10월 10일 06시 39분

1 사랑하는 나의 아들아!

2 "네, 아버님! 말씀하옵소서."
3 내가 너희 성서에 일찍 깨우쳐 주기
를, '나 여호와를 시험하지 말라.' 하였
음이니라.
4 나 여호와를 시험하지 말라 내가 성서
에 일찍이 그리 가르쳤거늘, 지금 수
천 년 동안 믿음의 길을 오는 너희 종
파들이 과연 어찌하는가?
5 너희는 나 여호와를 시험하고 있음이
니라.
6 너희는 기복신앙의 대표로서, 나에게
기도하고 경배하면서 너희가 무슨 소
원을 이루어 달라, 너희 뜻을 이루어
달라 기도하는 것이 바로 무엇이던가?
7 그것이 바로 너희가 나를 수없이 시험
함임을 알아야 할 것이니라.
8 너희가 너희 손으로 지은 성전에 가
재물을 바치며 종교 지도자 앞에 가
기도할 때, 너희 소원을 이루어 주기
를 바라며 너희가 원하는 것을 이루어
주기를 바라며 그와 같이 기도하는 것
은,
9 첫째는 너희가 기복신앙의 근본이요,
원천인 자들이며, 또 다음에는 너희가
무엇을 역행하는 자들인가?
10 나를 시험하지 말라 하였거늘, 너희가
무엇을 달라, 이루어 달라 기도하는
것은 그것이 무엇이더냐?
11 나로부터 과연 이루어질 수 있는 것인
지, 이루어지지 아니하는 것을 나 여
호와가 이루어 주는 것인지, 나 여호
와가 그만큼 능력이 있는지,
12 너희는 항상 너희 자신도 모르게 일상
생활에 그와 같이 기도로써 나를 시험
함이니, 이 또한 너희가 나의 뜻을 거
역함이니라.
13 너희는 손톱 밑에 가시가 하나 낀 것
도 안식일을 지키지 아니하였기에 그
렇다 그리 나의 백성들에게 말함이니,
14 그 또한 너희가 나를 시험함이니라.
15 그와 같은 작고 큰 일에 있어서 내가
너희에게 임하며 너희에게 수시로 체
벌하며 너희에게 은혜를 주며 복을 준
다 그리 생각하는 것이 너희들이니라.
16 너희는 잘못된 것은 모두가 나에게 경
배하지 아니하였기에 그렇다 그리 증
거하여 말하나,
17 너희가 원하고 바라는, 그 기복신앙의
원천인, 이루어지고 안 이루어지는 것
은 미래로 미루어짐이니,
18 이와 같은 형태로써 너희가 가는 것이
무엇이던가?
19 이는 바로 나를 시험하는 것임이니라.
20 지금 너를 따르며 나의 성전에 와 공
부하며 나의 성령의 가르침을 직접 듣
는 너의 제자들 또한 어떠하던가?
21 너의 제자들 역시 나를 시험함이니라.
22 항상 그들 또한 저희에게 무엇이 이루
어질 것이며 무엇이 역사할 것이라는
그 기대 속에 나에게 경배하고 기도하
며 나의 법전을 정독함이니,
23 너희는 모르나 그것이 곧 너희가 나를
시험하고 있음임을 알아야 할 것이니
라.
24 어떠한 형태로써 내가 무엇을 이루어
줄 것이며 무엇을 역사할 것이라며 무
엇인가를 기대하는 마음으로써 그와
같은 기도를 하며 나의 성전에 와 나
의 법전을 공부하고 깨우치며 가는
자, 그 모두가 다 나를 시험함이며,

25 너희는 나를 시험하고 있음을 모르면
서 나를 시험하고 있다는 것을 알라.
26 성서에 기록되어 있음이니라.
27 반드시 나를 시험하지 말라 기록되었
거늘, 너희가 나를 시험하면서도 시험
하는 줄을 모르고 살아감이니,
28 그게 곧 너희가 지금의 믿음의 가는
길이요, 너의 제자들 또한 그와 같은
우를 범하고 있음이니,
29 이를 깊이 깨우쳐 나 여호와를 시험함
이 무엇인가를 너희가 알아야 할 것이
니라.
30 모든 종교 집단이 나를 시험하며 가고
있음이니라.
31 나를 시험하지 아니하는 자 없으니,
지도자도 나를 시험함이요, 그곳에 구
원의 길을 받는다는 백성들이 금화와
은화를 바치면서 거기에 대한 대가를
바라고 원하는 기도를 한다면,
32 또한 너희는 그 자체가 이루어질 것인
가 이루어지지 아니할 것인가 하고 나
를 시험함이니,
33 너희가 그와 같은 행위를 하면서 어찌
나의 백성이라 말할 수 있는가?
34 너의 제자들부터 깨우치라 이르라.
35 나를 시험하는 행위를 하지 말라 그리
일러 가르치라.
36 너희 모두가 지금 나를 시험하며, 나
에게 시험을 원하는 그와 같은 삶으로
써 살아가고 있는 형태임을 잊지 말라.

3,636 번째 하나님 말씀

2002년 10월 10일 09시 20분

1 사랑하는 나의 아들아!
2 "네, 아버님! 말씀하옵소서."
3 너의 제자들과 나의 법전을 읽고 깨우
쳐 선택된 나의 백성들에게 가르쳐 그
들을 깨우쳐 주라.
4 너희가 구원에 오르는 길의 그 역사의
깨달음도 은밀한 가운데 행해야 하는
것이며,
5 너희가 남에게 은혜를 베푸는 것 또한
은밀히 행하라 성서에 기록되어 내가
너희에게 깨우쳤건만,
6 너희는 어찌 행하는가, 너희는 과연
은밀한 속에서 행하는가?
7 내가 너희에게 가르치기를, '오른손이
하는 것을 왼손이 모르도록 은밀히 하
라.' 하였음이니,
8 남에게 재물을 주며 은혜를 베푸는 것
만 그리하는 것이 아니니라.
9 너희가 믿음의 길을 가는 것도, 기도
를 드리는 것이요, 금식 기도요, 남에
게 베풀고 아름다운 행위를 하는 것이
요, 너희가 살아가는 그 모두를 은밀
한 가운데 조용히 행하며 조용히 믿으
며 가는 것이 진정한 믿음의 길을 가
는 것이니라.
10 '나는 성서라는 것을 읽어 믿으며, 하
나님 앞에 가 기도하며, 안식일이라
하여 주일마다 가서 기도한다.' 하는
그와 같은 생각으로써 남에게 보이는
행위, 남의 눈에 더 띄고자 하며 남에
게 으스대고자 하는 그와 같은 행동을
하는 자,
11 그게 얼마나 무식하고 미련하며 나의
뜻과는 관계없이 거역하는 행위인가
를 너희는 알아야 할 것이니라.
12 저희는 성서를 들고 주일에 믿음의 길

을 가며, 나의 아들 예수의 보혈로써
구원을 받으며, 저희 손으로 지은 그
성전에 가서 남은 감히 할 수 없는 깨
달음이요, 구원을 받은 백성이라는 그
와 같은 우월감에 젖어 있기에,
13 형제지간에도 사랑하지 못하며 부모
와 자식 간에도 믿음이 같지 않다 하
여 화목하지 못하며 반목하는 그와 같
은 마음이 거기서부터 싹이 트는 것이
니라.
14 제가 잘났다는 것을 보여 주며 제가
특별하다는 것을 보여 주며, 믿음에서
저만이 선택받은 백성이요, 특권인 양
그와 같은 착각 속에서 생활하는 자,
15 그와 같은 행동을 하는 자들로 하여금
이 세상이 이와 같이 사랑이 없으며
사랑이 메마른 시대가 되었음이니라.
16 모두는 다 너희가 표시 없이 하는 것
이니라.
17 너희가 나를 위하여 경배하는 것이요,
기도하는 것이요, 금식을 하는 것이
요, 그 모두가 다 은밀한 가운데 이루
어지는 역사로써 진행되어야 함을 알
라.
18 너희는 이제 많은 백성을 구원하기 위
하여 나의 성령을 직접 들었으며, 나
의 아들로부터 강론을 들어 너희들의
깨우침이 하늘에 다가오고 있음이니,
19 한 계단 한 계단 하늘을 향하여 올라
오는 그 경지에 오르는 너희가 지금의
믿음의 길을 가는 종교 지도자의 그
집단들처럼 그와 같은 행위로써 모든
걸 나타내고자 하며 보이고자 한다면,
20 이는 정녕 너희가 나와는 아무런 관계
도 없는 역행하는 자식들임을 알아야
할 것이니라.
21 무슨 말인지 알겠는가?
22 너희가 성서를 들고 지금의 믿음의 집
단처럼 주일이면 너희는 믿음의 길을
가며 구원받는 역사를 가니, 거기에
가지 않는 백성이 어리석고 불쌍하다
그리하며 너희가 버젓이 무엇인가를
보이고자 하며 표시를 내고자 하는 그
와 같은 행위는 무엇인 줄 알겠는가?
23 너희가 인간 세계에서 오물을 갖다 남
에게 전하는 그와 같은 추한 모습임을
알아야 할 것이니라.
24 너희가 은밀히 행하지 아니하는 것은
추하고 더러운 오물을 남에게 전하는
그와 같은 행위이며 그걸 너희가 뒤집
어쓰고 다니는 꼴이니,
25 제가 오물을 뒤집어쓴 자라는 것도 모
르면서 잘난 체, 위대한 체하며 구원
받았다 그리 설레발 놓으며, 오물을
뒤집어쓰지 아니한 자를 적대시하며
인간으로서 상대하지 아니하려 하며
그와 같은 무지한 행동을 하는 것임을
잊지 말라.

3,637 번째 하나님 말씀

2002년 10월 10일 09시 26분

1 사랑하는 나의 아들아!
2 "네, 아버님! 말씀하옵소서."
3 네가 5달란트의 역사를 이루며 많은
백성들이 쉬어 갈 수 있는 하얀 집에
나의 쉼터를 그렇게 아름답게 꾸며 운
영함이니, 사람들은 그를 다 의혹함이
니라.
4 저희들로부터 무엇을 거둬들이고 저

희들로부터 거짓 하기 위하여, 저희에
게 사기를 치기 위하여, 저희에게 재
물이요, 믿음의 피해를 이루고자 하여
너희가 그리 낚싯밥처럼 저희를 유혹
한다 그리 말할 것이니라.
5 그러나 너희는 거기서 깨달아야 할 것
이니라.
6 그들은 정녕 저희들이 그리할 수 없으
며 그리 역사할 수 없음이니라.
7 그리하여 네가 행하고 있는 것을 보고
너를 사탄이요, 이단이요, 마지막 종
말의 시대에 오는 거짓 선지자라 그리
핍박하는 것이니라.
8 그러나 너희는 여기서 깨우쳐야 할 것
이니, 나의 성서에 이미 거짓 선지자
의 형태를 내가 기록하여 너희에게 가
르쳤거늘,
9 그를 공부하고 배웠다는 종교 지도자
들이 사탄이 무엇이며 악마가 무엇인
지 그것도 구분하지 못함이니,
10 사탄이요, 거짓 선지자는 무엇이라 했
더냐?
11 진정한 나의 참진리를 가르치는 것이
아니요, 금화와 은화를 거둬들이는 노
략질에만 전념하는 것이 사탄이라 하
였으며, 그것이 거짓 선지자가 하는
것이니라.
12 지금 나의 아들이 나의 피조물 만백성
에게 강론하며 가르치는데 그가 너희
들처럼 각종 헌금을 받아들이는가, 십
일조를 받아들이는가, 그리고 이름을
붙여 댈 수 있는 대로 대서 너희에게
무엇인가를 거둬들이는가?
13 너희는 가서 기도 한 번 해 주며 너희
마음대로 생각하여 지껄여 기도하는
것을 가지고 은혜를 받았다 하여 거기
에 대한 대가를 받아오지 아니하는가?
14 나의 아들이 그와 같이 행하던가?
15 그러면 누가 금화와 은화를 거두어들
이려고 노략질을 하는가?
16 너희는 성전이라는 것을 아름답게 짓
고 궁궐보다도 더 아름답게 지어, 그
곳에 모여서 경배하는 것이 나에게 축
복받는 것이며 나에게 은혜를 받는다
하여 나의 백성들로부터 수없이 평생
그들이 죽을 때까지 거둬들이며,
17 너희는 재물을 내지 아니하는 자를 핍
박하며 많이 내는 자는 격려해 주고
기도하며 그는 위대한 믿음을 가졌다
하며,
18 그들이 길거리에 나앉는다 하여도 그
가 가진 재산을 다 팔아서 갖다 바친
다면, 그는 위대한 자요, 믿음이 위대
하며 하나님께서 기억하며 하나님의
영광과 축복이 있다고 너희는 단상에
서 그의 이름을 침이 마르도록 부르느
니라.
19 그러나 나의 아들이 그리하는가?
20 너희들의 의식주를 먼저 해결하는 것
이 나 여호와로부터 사랑을 받는 것이
며, 나 여호와가 원하는 것은 너희가
의식주를 먼저 해결하는 것이니,
21 너희가 성전에 나오지는 못하더라도
의식주부터 모두를 해결하고, 너를 믿
고 따르는 너에게 속한 가족들이 편안
히 살 수 있는 그것부터 해결한 다음
에 믿음을 찾는 것이 정녕 하나님을
찾는 길이요, 하나님의 사랑에 보답하
는 길이라 그리 가르치는 것이 나의
아들이니,

22 과연 누가 거짓 선지자며 누가 진정한
선지자인가?
23 여기서 너희 눈으로 보고 귀로 듣고
행함을 보고 너희가 깨달아 알 수 있
을 것이거늘,
24 너희는 그와 같은 것을 뻔히 알면서도
그 길을 가지 아니함이니, 그것이 바
로 무엇이더냐?
25 너희가 지금까지 잘못 흘러온 관행이
며, 잘못 흘러온 습관이며, 잘못 가르
치는 거짓 종교 지도자들이 가르치는
곳에 현혹되어 너희가 분별하지 못하
고 자제력을 잃고 있음이니라.
26 그저 말로써 저희들이 온갖 세상 것을
다 주는 듯이 말하며 그러면서 그들은
너희들로부터 재물을 거두어들이느
니라.
27 거기에 현혹된 너희는 정녕 나와는 관
계없는 길을 가고 있다는 것을 잊지
말라.
28 이제 거짓 선지자를 판단하는 기준을
내가 너희에게 다시 한 번 가르쳤음이
니,
29 금화와 은화를 거두어들이기에 혈안
이 된 자, 누가 금화와 은화를 거두어
들이고자 혈안이 되어 많이 거두어들
이는가?
30 이것 하나를 보았을 때, 거짓 선지자
는 노략질하는 자이니, 너희들로부터
거둬들이는 그것이 노략질의 행위임
을 너희는 잊어서는 아니 될 것이니라.
31 노략질하는 자 밑에 가서 너희가 구원
을 받는다는 그 생각은 꿈에도 갖지
말라.
32 이는 너희들마저 지옥으로 가며, 내가
너희에게 아름답게 쓰라 내린 그 재물
을 사탄에게 바치는 그 죄까지 너희가
가중하여 받아야 함이니,
33 이를 나의 법전에 기록하여 너희에게
전했음이니,
34 이를 보고 듣고 깨우쳐 행하지 아니하
는 그 죄는 너희가 상상할 수 없는 대
가를 치름을 알라.
35 너희에게 쓰라 내린 그 재물을 너희가
함부로 쓰며,
36 너희가 사탄에게 그 재물을 바쳐 사탄
으로 하여금 힘을 실어 주며, 그가 역
사하며 지금까지 잘못 가르치는 종교
지도자들이 뿌리를 내린 그 뒷면에는
너희들의 죄가 있음을 알아야 할 것이
니라.

3,638 번째 하나님 말씀

2002년 10월 10일 11시 21분

(강론을 마치며)

1 사랑하는 나의 아들아!
2 "네, 아버님! 말씀하옵소서."
3 인간 세상사 사람들이 많고 적음을 논
해서는 아니 될 것이니라.
4 수천수만 명이 모여 네가 강론을 한다
해도 그들이 듣고 그 자리를 뜨면서
모두를 다 잊어버린다 하면 아무리 많
은 백성을 놓고 네가 강론해도 그들을
깨우칠 수가 없음이니라.
5 단 한 명을 놓고 네가 강론해도 그가
단 1분의 마음이라도 정진하여 나의
강론을 들으며 내가 원하는 것을 깨닫
고자 할 때,
6 그보다 더 소중한 것이 없으며 그보다

더 위대한 것이 없음을 너희는 알아야
할 것이니라.
7 오늘 나의 식탁에 앉아 너의 기도를
들으며 나의 성령의 전달함을 듣는 너
의 제자들이 얼마나 축복되고 영광된
자들인가 너희는 모를 것이니라.
8 너희가 하나를 던져 둘을 건질 수 있
다면 그것은 큰 수확이라 말하며 그는
밑지지 않는 장사라 말할 것이니라.
9 그러나 너희가 오늘의 나의 성전에 와
나의 아들이 가르치는 나의 성령의 뜻
을 들음은 하나를 던져 둘을 구하는
것이 아니요, 무엇과도 바꿀 수 없는
위대한 역사의 영광을 너희 가슴에 받
음을 알아야 할 것이니라.
10 너희는 지금 오늘에 시련과 고통이 있
다 하나, 나로부터 받는 그 은혜는 너
희가 상상할 수 없는 크나큰 은혜와
영광이 너희 앞에 있음을 알아야 할
것이니라.
11 내가 너희에게 무어라 일깨워 주었던
가?
12 나의 법전 한 권을 접하는 백성은 소
낙비가 쏟아지는 그 속에서 내가 황금
의 빗방울을 한 방울 내려보낼 때 그
것을 손으로 받는 것과 같은 영광이라
말하였음이니,
13 너희는 나로부터 나의 아들을 통해 내
리는 그 강론을 매일매일 들어 차곡차
곡 가슴에 쌓으며 나의 법전을 안고
한 권 두 권 깨우쳐 나감이니,
14 과연 너희에게 어떠한 은혜와 영광이
있다 생각하는가?
15 그것을 너희가 견주어 생각할 때, 오
늘의 나의 아들 앞에 와 나의 성령이
요, 나 여호와가 직접 가르치는 이 강
론을 듣고 있는 너희가 얼마나 위대한
자들이며, 선택된 자로서 크나큰 영광
이 있는지 지금은 모를 것이나, 너희
가 머지않아 그와 같은 은혜를 알 것
이니,
16 오늘의 힘들고 어려움에 좌절하지 말
며 미래를 보고 달려가는 그와 같은
마음 자세로써 너희들의 오늘의 마음
이 변하지 아니하도록 그리 가라.
17 세상사 수만 명이 있다 하여도 그들이
등을 돌리며 나의 법전을 던져 버리고
간다 하면 아무런 필요가 없지 아니한
가?
18 다만, 마음이 변하지 아니하며 영원히
더불어 갈 수 있는 자들이, 오늘의 너
희가 지금 나의 성령을 듣고 있는 것
이 아니던가?
19 너희 나름대로 마음속에 굳힘이 있으
며, 목숨이 다한다 하여도 너희는 스
스로 변하지 아니하며 이 길을 갈 것
이라 생각하고 있는 자들이니,
20 오늘 나의 아들의 강론을 들으며 나
여호와가 내리는 나의 음성이요, 나의
가르침을 직접 듣는 너희가 얼마나 영
광되며 선택된 백성인가를 내가 너희
에게 오늘 깨우쳐 줌이니라.
21 지금 나의 아들이 앉아 있는 이 성전
에 앉아 나의 뜻이 정녕 나의 가르침
이요, 나의 뜻이라 하여 내려보내는
것이며, 나의 아들이 정녕 내가 명한
나의 아들이요, 만백성을 구하는 목자
인지 이를 의심하는 자, 이를 의혹 하
는 자, 그들은 귀가 있어도 듣지 못하
며 눈이 있어도 보지 못하는 우매한

자이니,
22 천날 만날 나의 성전에 와 나의 가르
침을 듣는다 해도 그는 정녕 엉킨 실
타래를 찾을 수 있는 기초를 모름이니
라.
23 너희는 얽히고설킨 그 실타래를 찾는
방법을 깨달은 자들이니, 그 실타래를
보는 것은 그 끝을 찾아야 할 것이 아
니던가?
24 지금 나의 법전이 정녕 나의 뜻이 아
니요, 나의 아들이 나의 목자가 아니
라 말하는 그들은 그 엉킨 실타래 속
에서 계속 뒤지고 있음이니,
25 그 실타래가 엉키고 엉켜 더 풀 수 없
게 되는 그와 같은 형국의 행동을 하
는 것이 그들임을 너희는 알아야 할
것이니라.
26 내가 너희에게 말하지 아니하나, 너희
앞에 곧 내려질 그 상이 있을 것이니
라.
27 너희가 오늘의 나의 아들을 따르며 나
의 성령의 나의 뜻이 옳다 믿는 그것
이 바로 무엇이더냐?
28 너희가 나 여호와를 믿으며 나 여호와
를 기쁘게 하며 내가 존재함을 믿는
것이니라.
29 믿음에는 말이 필요 없다 하였음이니
라.
30 나의 법전을 보고 공부하며, 선지자의
가는 길을 보지 아니하고 오로지 법전
을 보는 것이라 하며 무슨 말을 하든
그것은 다 변명에 지나지 아니하는 것
이니라.
31 믿음의 길을 가는 자, 그와 같은 것을
말할 시간이 없으며, 그와 같은 것을
바라볼 시간이 없음이니라.
32 그저 너희들처럼 파도가 치면 그 파도
를 슬기롭게 타고 넘으며, 또 평온한
바다가 오는 것을 기다릴 줄 아는 자,
그와 같은 자에게 인내와 축복이 있음
을 알아야 할 것이니라.
33 너희야말로 나의 뜻을 알며 내가 존재
함을 알며 하늘의 영광됨을 받을 자격
이 있는 자들임을 알라.

3,639 번째 하나님 말씀

2002년 10월 11일 06시 41분

1 사랑하는 나의 아들아!
2 "네, 아버님! 말씀하옵소서."
3 내가 너희에게 가장 큰 악습이요, 즐
겨 하는 그 악습 하나를 버릴 때 너희
가 모든 것을 다 버릴 수 있다 하지 아
니하였던가?
4 너희가 가장 즐겨 하며 가장 좋아하는
것, 그리고 너희가 너무 좋아하기에
버릴 수 없는 것, 알코올 중독자가 술
을 끊을 수 없는 것,
5 어떠한 것이든 그와 같이 하나의 자기
의 좋지 않은 악습을, 마지막 그것을
버릴 때 모두를 다 버릴 수 있다 하지
아니하였더냐?
6 아흔아홉 가지의 잘못된 것을 다 버리
며 너희가 가장 빠져 있는 그 악습 하
나를 버리지 못한다면 아흔아홉 개의
버린 것은 아무것도 없다 하였음이니,
7 이는 너희가 하나를 버리지 못하는 것
은 너희 마음이 잡히지 아니함이니,
8 내가 너희에게 '다른 신을 네게 있게
하지 말라.' 하는 그 뜻을 뭐라 가르쳤

더냐?
9 너희가 가장 좋아하는 것, 소중히 생
각하는 것, 그와 같이 너희 마음속에
하나의 소중함을 가지고 있는 것은,
10 나보다 그를 더 좋아하고 존경한다면,
너희가 그것을 갖고 있는 것을 즐겨
한다면, 그리고 그것을 자랑으로 생각
하는 것은 너희 마음속에 나 외에 다
른 신을 두는 것과 같다 하지 아니하
였더냐?
11 바로 너희가 가장 좋아하는 악습을 버
리지 못하는 것이 나 외에 다른 신을
너희에게 두는 것과 마찬가지임을 알
아야 할 것이니라
12 알코올 중독자가 정녕 그를 끊지 못하
며 나머지 악습은 다 끊는다 하여도,
그 하나가 저희 마음속에 나보다 더
위대한 신을 가지고 있는 것과 마찬가
지니,
13 그는 나보다 그를 더 생각하며 더 좋
아하며 더 많이 생각하고 있는 것이
아니더냐?
14 나 여호와의 욕심이 아니라, 그와 같
이 너희 마음 자세가 그러하기에 너희
가 변화될 수가 없으며 깨우칠 수가
없기 때문이라 하였음이니라.
15 너희가 그와 같이 버릴 수 없는 하나
의 잘못된 악습을 버릴 때 너희는 모
두를 다 절단하며 이길 수 있는 자가
되기 때문이니,
16 그리하여 너희에게 다른 신을 마음속
에 두지 말라 하는 것은 너희들의 가
장 깊은 악습을 하나씩 다 버리라 하
는 것과 같음을 알라.
17 그와 같이 결단을 내리고 용기를 내리
는 자, 너희는 모든 나의 뜻에 거역하
는 것을 다 정리할 수 있으며,
18 내가 너희에게 불로 써 지키라 명하며
영혼의 양식인 그 십계명을 지키고 갈
수 있음을 알아야 할 것이니라.
19 마음속 깊이 나를 경배하며 나를 따르
는 것보다 더 깊은 사랑과 애정을 가
지고 있는 악습을 버리지 못한다면,
너희는 정녕 변화될 수가 없음이니라.
20 마음 한구석에 사악한 마음이 좁쌀 알
보다 더 작게 있으며 선하고 착한 마
음이 너희 마음을 다 채웠다 하여도,
21 그 좁쌀만 한 악의 뿌리가 너희들의
선한 마음을 서서히 잠식하여 악으로
변한다 하였음이니,
22 모든 이치가 다 거기에 있음을 알라,
사랑하는 나의 아들아!
23 내가 너의 제자들에게 나의 법전을 읽
고 깨우쳐 너희 것으로 만들며, 내가
원하는 것이 무엇인가 여러 가지 그
깊은 뜻을 깨우치라 함은,
24 여러 가지의 뜻을 너희가 생각하고 또
생각해서 가장 근접한 그 정답을 찾는
데 그와 같은 노력을 하라 함이니라.
25 나의 뜻을 단순히 너희가 들어서는 아
니 되는 뜻이 거기에 있음이니라.
26 내가 흘려보내듯 가르치며 작은 뜻을
가르친다 해도,
27 그것을 너희가 소중히 생각하며 그 의
미가 무엇인가를 지금 당장 알 수가
없으나, 세월이 지나면 그것이 필요하
며 그 말이 있어야 할 자리에 있게 되
는 것이며, 있어야 할 때에 그를 내가
너희에게 가르침이니,
28 세월이 지나면 그 모두가 필요한 것을

알게 됨이니라.
29 사랑하는 나의 아들아!
30 "네, 아버님! 말씀하옵소서."
31 네가 3부의 법전을 써 가며 그 많은
세월 속에 나로부터 훈련을 받았으며
깨달음을 얻은 네가 경지에 올라 네
마음을 정리하는 그 단계가 어떠하더
냐?
32 "네, 아버님!
33 높은 산을 한 걸음 한 걸음 걸어가지
아니하면 올라갈 수 없듯이 쉬지 않고
꾸준히 올라가는 그 길밖에 없으며,
34 그저 올라가다 보면 하나씩 둘씩 경지
에 오르며, 버릴 것은 버리며 행할 것
은 행하는 그와 같은 사람의 변화의
역사는 이루어지게 되어 있음을 알고
있사옵나이다."
35 아들아, 내가 너를 사랑하노라.
36 너 스스로 다스리고 너 스스로 깨우치
며 내가 원하는 천사와 같은 마음으로
가고자 하는 너의 그 뜻을 아노라.
37 많은 고통과 시련 속에서 네가 바로
설 때, 만백성이 너보다 더 어렵고 고
통스러운 그 시련 속에 그들이 바로
서는 역사를 할 수 있으며,
38 네가 지금 험악하고 힘든 그 육의 세
상의 삶에서 높은 산을 한 계단 한 계
단 오르듯이 그와 같이 오르는 경지가
있을 때, 모두를 다 얻을 수 있으며 하
늘의 뜻을 알 수 있으며 하늘의 빛을
볼 수 있듯이,
39 그리 네가 체험해야 네가 만백성을 그
리 가르칠 수 있으며, 그들에게 네가
깨우침을 줄 수 있음이니라.
40 그리하여 너는 나에게 선택된 선지자
요, 나의 아들임이니라.
41 아무도 네 마음을 모르며, 지상의 수
십억 인구가 네가 가지고 있는 그 생
각을 모르나, 나 여호와는 알고 있음
이니라.
42 너희가 깨우치고 변하는 것도 마음 한
구석에 남을 시기하고 미워하는 마음,
자기의 본질의 마음이요, 질투하는 마
음, 남을 무시하는 마음, 제 고집대로
만 세상을 보는 마음, 그런 마음을 버
리지 못하고 깨우치는 사람들과 그 모
두를 다 접고 날려 보낸 데에서 깨우
쳐 가는 그 뜻은 다름이니라.
43 네가 나의 피조물 만백성과 다른 것
은, 네가 모두를 다 버려 안개가 자욱
한 그와 같은 세상 속에 네 마음으로
들어가는 것이며 그 마음속에서 변화
되는 것이 네가 위대함이니라.
44 인간들은 제 기준으로 판단하며, 제
욕심으로 판단하며, 제 아집을 버리지
못하며, 저희만이 옳다 하여 하나의
길만을 가고자 하며 하나만 보고자 하
느니라.
45 그러나 모두를 다 버린 속에서 깨우치
며 얻는 것은 얼마나 그것이 위대한
것이며, 그 변화는 얼마나 무서운 것
인가를 너는 알고 있지 않으냐?
46 그와 같은 것을 너의 제자들에게 가르
쳐 주고 일깨워 주도록 그리하라, 사
랑하는 나의 아들아!

3,640 번째 하나님 말씀

2002년 10월 11일 06시 48분

1 사랑하는 나의 아들아!

2 "네, 아버님! 말씀하옵소서."
3 너를 찾아와 나의 성령을 공부하며 나
의 법전을 공부하는 많은 백성들, 그
들에게 내가 일찍이 강조하였으며 또
한 깨우쳤음이니라.
4 너희가 지금까지 믿어 왔던 믿음의 모
든 그 바탕을 다 지우지 아니한다면,
너희는 나의 법전을 정녕 바로 받아들
일 수 없다 하였으며 깨달음을 얻을
수 없다 하였음이니라.
5 내가 성서에도 너희에게 말하여 전하
였느니라.
6 '새 술은 새 부대에 담으라.' 하는 말
이 있지 않던가?
7 그러하니라.
8 너희가 새로 태어나지 아니한다면, 너
희가 지난날의 그 잘못 가르침의 뿌리
를 가슴에 둔다면 새로운 나의 뜻을
너희가 다 받아들일 수 없음이니,
9 너희는 지금서부터 너희 자신이 변하
는 모두를 먼저 깨우쳐야 할 것이니라.
10 지금까지 너희가 가지고 있던 믿음의
상식이요, 믿어 왔던 길이요, 너희가
공부했던 방법과 그 모두를 우선 너희
머릿속에서 지워야 할 것이며, 그를
지우지 아니하면 아니 됨이니라.
11 그를 지우지 아니하는 자는 그 생각에
항시 잠식되어 있으며 너희 머릿속에
뿌리를 내리고 있음이니,
12 그리하여 나의 법전을 너희가 잘못 보
게 되며, 나의 아들을 잘못 보게 되며,
나 여호와를 인식하는 것을 너희가 잘
못 인식하게 됨이며 잘못 깨닫게 됨이
니라.
13 이제는 너의 제자들에게 그를 먼저 씻
어 버리는 훈련을 하도록 그리하라.
14 그리하지 아니하면 너희가 힘들고 어
려울 때 지난날의 너희의 믿음을 생각
하며, 너희가 깨달았던 그 믿음에 견
주어 보니 오늘의 너희가 가는 그 어
렵고 힘든 고비를 넘길 수가 없기 때
문이니라.
15 쌀밥이라는 것을 먹어 보지 아니한 자
는 강냉이밥의 거칢을 모르느니라.
16 쌀밥을 먹어 본 자는 잡곡밥을 먹으면
서 그 쌀밥을 먹어 봤기에 잡곡밥의
불편함을 알지 아니하는가?
17 너희가 옥수수밥이라는 것만을 먹고
살며 그것밖에는 다른 것이 없는 줄
알고 다른 양식이 없다고 생각하는 자
는 거기에 불평불만이 없으며 거기에
만족하며 감사하는 마음으로 먹을 수
있지 아니하겠느냐?
18 너희 인간의 형태와 인간의 마음이 그
러하니라.
19 옥수수밥이라는 것을 먹은 사람이 정
녕 쌀밥의 맛을 못 봤다 하면 그는 불
평불만이 있을 수 없음이니라.
20 그러나 쌀밥을 먹어 보고 맛을 본 자
에게 옥수수밥으로써 평생을 살아가
라 한다면 그는 그 불평과 불만이 이
루 말할 수 없으며,
21 쌀밥을 먹던 그때를 생각하게 되며 부
드러운 반찬이요, 부드러운 쌀밥을 먹
는 것을 머릿속에서 지워 버리지 못하
니,
22 그리하여 그는 거기서 제가 먹는 음식
의 감사함과 고마움을 모름이니, 그
음식의 맛을 음미하지 못하며 그 음식
의 값짐을 모르며 그 음식이 저에게

얼마나 좋은 양식인가를 모름이니라.
23 이와 같은 이치가 바로 너의 제자들이
지금 가야 할 길이니,
24 너의 제자들이 잘못된 음식을 많이 먹
어 본 자, 이 거칠고 거친 음식을 먹는
다는 것은 그들로서는 그 마음속에 불
평과 불만이 잠재해 있음이니, 그를
그들은 지울 수가 없기 때문이니라.
25 사랑하는 나의 아들아, 그와 같은 이
치를 깨우쳐, 그들이 완전히 그 마음
을 지워야 그들이 바로 볼 수 있는 것
이며 바로 들을 수 있으며 바로 깨우
칠 수 있음을 알아야 할 것이니라.

3,641 번째 하나님 말씀

2002년 10월 11일 08시 37분

1 사랑하는 나의 아들아!
2 "네, 아버님! 말씀하옵소서."
3 네가 나의 법전을 받아서 한 권을 세
상에 만들어 내니, 그리하여 네가 지
금 이곳에 와 자리를 잡은 것이 몇 년
이 되었던가?
4 짧은 기간 속에 네가 나의 성전을 만
들며 5달란트의 역사를 이루는 사업
장을 만들어 너의 제자들이 살아갈 힘
과 용기를 주며 그들의 가정을 화목하
게 다스려 가는 그와 같은 역사를 이
루며, 나의 법전이 세상에 얼마나 많
이 전해졌는가?
5 그와 같은 역사의 변화를 본 너희가
이것이 나 여호와가 주관하는 일이 아
니며 내가 역사하는 기적이 아니라 말
할 수 있는가?
6 네가 나의 법전을 기록하여 세상에 전
하는 것이 10년이 되었던가, 20년이
되었던가?
7 한평생을 다 바쳐 역사하여도 저희들
의 적은 몇 명의 제자를 가지고 하늘
에 오르는 길이라 떠들다 가는 자가
수없이 많이 있음이니,
8 너는 지금 160권의 법전을 세상에 내
어 전하는 것이 네가 모두가 시작됨이
니,
9 네가 지금 48권이라는 그 법전이요, 3
부에 도래하고 있음이니, 몇 분의 일
을 역사했던가?
10 네가 160권의 법전을 만들어 세상에
전하는 그 순간부터 모든 대변혁이 이
루어지기 시작하는 것이며 그를 만백
성이 들여다보기 시작할 것이니,
11 지금 기초 단계에서는 기초 단계의 수
준에 맞춰 변하여 감을 알아야 할 것
이며, 너의 제자들은 그를 봐야 할 것
이니라.
12 너희에게 마음을 비우라 하였으며 자
기 자신이 없다 생각하며 사는 자가
나에게 오를 수 있는 백성이라 말하였
거늘,
13 어찌하여 너희는 지금도 가슴 앞에 있
는 그 욕심을 버리지 못하며 자기를
먼저 생각하며 자기를 제일 소중히 생
각하는가?
14 너희가 나 여호와가 존재함을 믿으며,
나 외에 다른 신을 너희 마음속에 두
지 아니하며, 나를 향하여 오는 것보
다 더 소중한 것이 없다면,
15 너희는 나의 성전에 와 불평불만을 할
수 없으며, 나의 선지자요, 나의 아들
앞에 와 너희들의 그 마음 자세를 바

로 하지 아니하면 아니 될 것이거늘,
16 그 모두는 다 너희가 아직도 욕심을
버리지 못하였으며 너희가 근본의 속
에 있는 뿌리를 버리지 못하였음임을
알아야 할 것이니라.
17 나 여호와가 존재함을 믿으며 나로부
터 너희가 구원의 길을 받고 못 받는
다 하면, 나를 대신하여 나의 성령을
받아 세상에 전하는 나의 아들이 과연
어떠한 자던가?
18 너희가 생각할 때, 그가 천사와 같이
변하지 못할 자라 생각하며, 그가 너
희들같이 인간 세속에 생각하는 마음
과 똑같은 형태로써 살아간다 생각하
는가?
19 60평생의 인생을 살아온 그가 다스려
지기 시작한 지가 지금 2년이라는 세
월이 가까이 되어 가고 있음이니라.
20 그 세월 속에 그는 48권이라는 법전
을 세상에 내고 있으며, 그가 변하여
져 가는 그 마음을 너희는 모르고 있
음이니라.
21 그는 몸과 마음을 다 같이 깨끗하게
변화하며 정화하고자 하는 그 길을 가
고 있음이니라.
22 너희는 정신의 세계에서 믿음이 높으
며 깨달음이 높다 하나,
23 행동으로 실천하지 못하며 너희 몸이
더러우며 마음이 더러운 자는 정녕 깨
달음의 길을 알 수 없음이니라.
24 그러나 나의 아들은 지금 몸도 마음도
그 모두를 깨끗이 씻어 버리고 가고자
하니, 그 모두를 하나로 만들어 다스
려 가고 있음이니라.
25 너희는 그와 같은 변화의 역사를 지금
모르고 있음이니,
26 나의 성전에서 나의 법전이 이와 같은
짧은 기간에 역사를 이루는 것이 내가
단계에 맞추어 이루는 기적이라는 것
을 알지도 못하며 나의 아들이 변해
가는 그 모습을 알지도 못하고 있음이
니,
27 그리하여 너희가 화를 자초하며 너희
마음에 고통을 자초하며 가슴 아픔을
자초함이니, 그게 바로 무엇인 줄 알
겠는가?
28 욕심에서 이루어지는 마음이니라.
29 내가 오죽하면 나의 아들을 통하여 너
희에게 말하였겠느냐?
30 바보는 아무것도 모른다, 아무것도 모
르는 바보는 그러기에 행복하다 하였
음이니라.
31 바보 같은 자가 되어야 할 것이니라.
32 아무런 계산이 없고 덧셈과 뺄셈이 없
으며 이해관계와 부귀영화가 없이,
33 나로부터 하늘로부터 받으며, 너희가
변하는 그 삶이 나 여호와의 은혜 속
에 이루어진다는 그와 같은 아름다운
마음이요, 나에게 감사하는 마음을 가
지고 살 때, 너희는 똑똑한 바보가 되
어 감이니라.
34 똑똑한 바보로서 너희가 바보가 될 때
정녕 너희 마음이 변하며 가슴이 후련
하며 세상사의 모두를 보게 됨이니라.
35 모두는 너희 가슴에서 자초하는 것이
며, 괴로움이요, 슬픔이요, 너희가 말
하는 시험이요, 연단이라 하는 그 모
두도 다 너희 마음속에서 너희가 스스
로 만들고 너희를 무너트리는 것이니,
이와 같은 이치를 너희는 잊어서는 아

니 될 것을 기억하라.

3,642 번째 하나님 말씀

2002년 10월 11일 08시 45분

1 사랑하는 나의 아들아!
2 "네, 아버님! 말씀하옵소서."
3 너희가 살아가면서 말하며 종교 지도
자들이 또 말하느니라.
4 이 세상 그 모두는 다 나 여호와의 것
이며, 너희가 관리하고 쓰다 놓고 가
는 것이라 그리 말함이니라.
5 너희는 재물과 물질이요, 그 모두는
그리 말하나, 너희 자신에 대해서는
그리 생각하지 아니함이니,
6 오늘 너의 제자들에게 너는 깨우쳐 일
러 주어야 할 것이니라.
7 너희가 나로부터 생명을 받아 육을 가
지고 세상에 나감이니,
8 그 모두가 다 너희 것이 아니라 너희
가 관리자로서 관리하는 것임을 잊지
말라 이르라.
9 그리하여 나에게 오르고자 하는 자,
나에게 사랑을 받고자 하는 자, 너희
는 몸과 마음과 행동함 모두를 다 깨
끗이 다스려 살아가는 것이 모두를 내
려 준 자에게 보답하는 길이며 그 은
혜에 감사하는 길임을 알라.
10 내가 너희에게 뭐라 말하였느냐?
11 너희가 결혼할 자, 배필로 더불어 살
아갈 자 외에 정조를 버렸을 때, 너희
는 나로부터 버려진 자식이라 하였음
이니라.
12 그는 사탄이요, 사악한 행위에서 그와
같은 행함이 이루어짐이니 그것을 내
가 용서할 수 없다 하였음이니,
13 너희가 가지고 있는 몸과 마음을 스스
로 깨끗하게 다스리며 정신을 깨끗이
다스리며 행동을 깨끗이 다스리는 그
와 같은 마음 자세로 살아가는 그 변
화를 이루어야 할 것이니라.
14 내가 너희에게 말하지 아니하였던가?
15 세상에서 가장 소중한 것이 너희 자신
이라는 것을 먼저 깨달으라, 너희 자
신의 소중함을 깨달으면 이웃이요, 형
제의 소중함을 알게 된다 하였음이니,
16 그는 나로부터 받아 나간 영혼이요,
육이요, 그러기에 너희가 나의 것을
관리하는 것이니,
17 만들어 주고 명해 준 창조주의 것을
너희가 관리하는 데 얼마나 소중히 잘
관리해야 하겠는가?
18 그리하여 너의 제자들에게 이제는 깨
우쳐 주어 한 단계 더 올라서도록 하
는 가르침을 주라.
19 그는 곧 무엇이더냐?
20 너희 몸을 깨끗이 관리하며 깨끗이 다
스리라 함이니라.
21 너희가 깨끗하게 씻고 닦는 것도 중요
하나,
22 너희가 앉을 자리, 행할 자리, 육신으
로써 나에게 부끄럽지 않은 행위, 그
와 같은 그 모두를 다 통틀어 내가 너
희에게 깨끗이 관리하라 함이니,
23 너희 자신을 깨끗이 관리하되 몸과 마
음과 행동을 다 같이 그리 다스리라.
24 너희가 그리 깨끗하게 다스리며 너희
자신을 관리할 때, 그 속에서 너희가
바로 설 수 있음이니, 육이 바로 설 수
있음이니라.

25 너희 자신이 소중하다는 것과 너희 자
신이 깨끗하게 다스리고 서야 된다는
것을 너희가 몸소 깨우쳐 실천할 때,
너희들의 생각이 또 그 육에 따라 추
하고 더러운 것을 생각하지 아니함이
니라.
26 너희가 생각하는 것은 육의 행함으로
직결됨이니,
27 너희 육이 그를 행하지 아니하고자 할
때 아무리 명령을 내린다 하여도 그
추하고 더러운 것을 육이 행하지 아니
할 수 있는, 거부할 수 있는 힘이 있을
때 너희들의 정신과 육이 같이 바르게
섬이니,
28 모두를 깨끗하게 다스려야 한다는 것
을 잊지 말라.
29 모두를 깨끗하게 다스리라.
30 너희 자신을 깨끗하게 다스리며 육을
깨끗하게 다스리고자 할 때 너희들의
행동이 바를 것이니라.
31 너희들의 소중함을 알며 너희가 육을
깨끗이 다스리고자 노력할 때 너희가
남으로부터 부끄러운 그와 같은 육의
행위를 할 수 없음이니,
32 그로 인하여 너희의 정신적인 생각이
또 바로 서게 되며,
33 정신적인 생각이 그리 바로 서서 갈
때 또한 너희들의 육신도 같이 맞춰
감이니,
34 너희가 육과 정신 모두를 깨끗하게 다
스리는 그와 같은 훈련에 오늘서부터
돌입하도록 그리하라.
35 그보다도 더 귀하고 소중한 것이 없음
을 알라.

3,643 번째 하나님 말씀

2002년 10월 11일 08시 51분

1 사랑하는 나의 아들아!
2 "네, 아버님! 말씀하옵소서."
3 나 여호와의 뜻이 무엇이던가?
4 너희가 내가 내린 나의 율법이요, 나
의 계명이요, 나의 법전을 지키고 살
며 편안한 안식 속에서 살아갈 수 있
도록 하고자 하는 것이 나의 뜻임을
알아야 할 것이니라.
5 이게 곧 창조주의 뜻이며 나 여호와의
뜻임을 너희가 알아야 할 것이니라.
6 이는 무엇을 말하던가?
7 너희가 안식일 속에서 편안한 삶을 살
아갈 수 있도록 만들고자 하는 것이
며, 그와 같은 세상을 만들어 주고자
하는 것이 나의 뜻임을 알라.
8 너희는 정녕 나의 법전대로, 나의 계
명대로 살아갈 때 편안한 그 안식일
속에서 너희가 영원히 사는 나의 낙원
에서 살 수 있음을 알아야 할 것이니
라.
9 내가 천 년에 걸쳐 새로운 시대요, 새
로운 역사를 이루고자 하는 것은,
10 천 년 후에 너희들의 아름다운 후손이
요, 나의 천사들과 같은 마음으로 사
는 백성이 사는 그 세상이 바로 무엇
이더냐?
11 안식일의 연속임을 너희는 알아야 할
것이니라.
12 그곳에는 시기가 없으며 음해함이 없
으며 질투함이 없으며 욕심이 없음이
니라.
13 그러니 그와 같은 세상이 바로 안식일

의 세상이며,
14 너희들의 쉬는 시간이며, 평화롭게 살
다 나에게 오르는 그와 같은 세상을
만들고자 함이니,
15 너희는 하늘에서 이루어진 것같이 지
상에서 이루어지는 그와 같은 뜻이 찬
란하고 아름다운 그 세상을 만드는 것
으로 착각하지 말라.
16 이는 무엇을 의미하는지 아는가?
17 하늘의 천사들이 사는 그 마음의 세상
이요, 이 지상에도 천사와 같은 삶을
사는 자들이 이루는 그것이 하늘에서
이루어진 것같이 이 지상에서 이루어
지는 역사이며 그걸 내가 너희에게 깨
우쳐 줌이거늘,
18 너희는 찬란하고 호화롭고 편안한 육
의 생활의 행복을 위해서 하늘에서 이
루어진 것같이 이 땅에서 이루어진다
그리 말하지 말라.
19 지상에서 사는 자가 죽어 육은 땅으로
가며 영혼이 하늘로 바로 그대로 올
수 있는, 시험과 훈련이요, 시련을 겪
지 아니하는 그와 같은 세상에서 사는
것이니,
20 곧 하늘에서 이루어진 것같이 지상에
서 이루어지는 것은 천사와 같은 자들
이 지상에서 똑같이 살아가며 존속하
는 지상의 낙원을 만드는 것이며 곧
나의 뜻임이니,
21 호화롭고 찬란한 지상이요, 하늘과 같
은 그 영광을 너희가 보는 것이 지상
에서 이루어지는 것이 아님이니라.
22 너희 개개인의 마음이 변하며 천사요,
나의 심성과 같은 마음으로 변하는 자
들이 세상에 존재하는 그 시대, 그것
이 바로 너희 마음이 하늘에서 이루어
진 것같이 땅에서 이루어지는 뜻이라
는 것을 잊지 말라.
23 그 의미가 거기에 있음을 너희는 알아
야 할 것이니라.
24 곧, 천사와 같은 자들이 지상에서 살
다 육은 흙으로 돌아가며 영혼이 그대
로 어떠한 고충과 시련의 심판이 없이
그저 하늘의 천국의 문을 들어설 수
있도록 하는 것,
25 너희 마음의 변화요, 정신의 변화요,
생각의 변화요, 믿음의 변화가 하늘과
지상이 똑같이 이루어지는 그와 같은
영광을 얻어 지상에 낙원을 만들라 하
는 것이 내 뜻이며, 너희가 해야 할 임
무임을 알라.
26 너희가 천사같이 변한 그 마음이 바로
하늘에서 이루어진 것같이 지상에서
이루어짐이니,
27 곧 너희가 하늘로 바로 어떠한 심판이
없이 오를 수 있는 그와 같은 백성으
로 변화되는 것이 지상 낙원의 변화임
을 알라.
28 그와 같은 변화 속에 모두는 다 이루
어짐이니라.
29 너희들이 천사와 같은 마음의 변화가
이루어지는 것이면 세상 모두가 다 천
국이 될 것이니, 이게 나의 깊은 뜻임
을 너희는 알아 만백성에게 전하도록
그리하라.

3,644 번째 하나님 말씀

2002년 10월 11일 08시 59분

1 사랑하는 나의 아들아!

2 "네, 아버님! 말씀하옵소서."
3 너희 인간이 세속에 살아가며 한평생
고달픈 인생에 어렵게 재산을 모음이
니,
4 그가 죽을 때 여러 자식 앞에 그 재물
을 똑같이 분배해 주고 가는 것은 어
떤 의미를 말하는가?
5 제 뿌리라 생각하는 자식들이 화목하
게 살며 서로 사랑하며 우애 있게 살
아가기를 원하는 것이 아니던가?
6 그와 같은 뜻에서 그 부모는 죽어 갈
때, 평생 모았던 그 모든 재산을 다 놓
고 가는 마당에 제 자식들에게 똑같이
나누어 주며 눈물의 인사를 받으며 죽
어 가는 것이 아니던가?
7 자식들의 통곡 소리에 그가 죽어 감이
니, 그의 바람은 무엇이더냐?
8 죽어 가는 그 속에서도 그는 육의 관
계의 제 후손인 자손이 똑같이 화목하
며 저 자신을 그리워해 주며 변하지
아니하고 자기의 뜻에 따라 살아가는
그와 같은 것을 바라며 재물을 다 아
낌없이 나누어 주는 것이 인간의 한계
가 아니던가?
9 너희는 여기서 알아야 할 것이니라.
10 창조주인 나로부터 생명을 받아서 너
희가 세상에 나오니 이는 곧 무엇이더
냐?
11 내가 너희에게 똑같이 분배해 줌은 너
희에게 능력과 너희가 노력하는 만큼
거두어 살 수 있도록 모두를 다 똑같
이 주었음이니라.
12 그러나 그와 같은 나로부터 받은 그
본분을 망각하고 사는 것이 너희들이
며,
13 내가 내려 준 그 본분이요, 아름다운
사랑의 마음을 가지고 사는 것은 너희
가 손해를 본다는 그와 같은 착각 속
에서 무엇을 더 갖고자, 무엇을 이루
고자 욕심이라는 것에 얽매여 살아감
이니,
14 스스로 인색한 자가 되며 냉혹한 자로
변하는 것이 너희가 아니던가?
15 어찌하여 너희는 이와 같은 나의 이치
하나를 깨우치지 못하는가?
16 내가 세상에 너희를 내려보냈을 때 작
든 크든 그 모두는 너희가 똑같이 관
리하다가 놓고 너희가 다시 육은 흙으
로 가며 영혼이 나에게 오는 것이거늘,
17 너희에게 내가 똑같은 능력과 노력하
는 만큼 얻을 수 있는 그와 같은 특성
이요, 재주를 다 각자 주었음이니,
18 그게 바로 너희가 살아갈 수 있는 능
력을 똑같이 내가 준 것이니, 죽어 가
는 부모가 제 자식들에게 재물을 똑같
이 나누어 주며 화목하게 살기를 바라
는 그 마음과 같지 아니하던가?
19 그보다 더 깊고 진한 마음에서 내가
너희에게 편안히 살아갈 수 있는 개성
이요, 특성을 다 하나씩 주어 세상에
내보냈거늘,
20 너희는 서서히 그와 같이 살아가는 것
이 손해 보며 억울한 삶이라는 그와
같은 욕심 속에서 불안하여 너희 스스
로 그를 쟁취하며 더 갖고자 더 얻고
자 하는 그와 같은 생활로 살아감이니,
21 너희는 여기서 그와 같은 나의 이치를
깨달았을 때 과연 너희 앞에 더 놓고
자, 더 많이 쌓고자 하는 것이 얼마나
어리석은 것인가를 알아야 할 것이니

라.
22 이제는 육의 삶에 의해 걸려 넘어지는
그와 같은 삶에서 벗어나야 하는 것이
너희들 제자임을 알라.
23 너희가 육에 얽매이며 세속에 얽매여
넘어지는 그와 같은 삶을 산다면 하늘
에 오르는 길을 볼 수 없는 것이니라.
24 이 세상의 모두는 내가 너희에게 주었
듯이, 이 세상 것 모두를 다 지키고 살
아갈 수 있는 그와 같은 능력도 너희
에게 주었음이니, 너희는 이와 같은
나의 이치를 깨우치라.
25 내가 너희에게 균등하게 준 것은 화목
하며 서로 사랑하며 그와 같이 살라는
나의 뜻임이니,
26 이와 같은 나의 뜻을 너희가 깨달았을
때, 가진 자 더 오만하며 깨달은 자 더
오만하며 배운 자 더 오만한 그와 같
은 마음 자세를 버려야 할 것이며,
27 겸손과 미덕 속에서 살아가는 그와 같
은 마음 자세로 너희가 변화될 때,
28 이 세상의 아름다움이요, 그 모두를
볼 수 있을 것이며, 자연의 울림이요,
그들이 원하는 음성이요, 그들이 대화
하는 것을 들을 것이며,
29 이 세상에 내가 생명을 준 모든 동식
물이 대화하는 그 소리를 다 들을 수
있는 경지에 너희가 오를 수 있을 것
이니,
30 그것을 듣지 못하는 것은 바로 무엇이
더냐?
31 너희가 그만큼 깨우치지 못하였으며
너희가 욕심에 젖어 있으며 너희 스스
로 천사와 같은 마음이 되지 못한 것
임을 알라.
32 천사는 무엇이더냐?
33 모든 살아 있는 동식물의 대화를 들으
며 그 움직임이요, 변화를 아는 것이
천사들임을 너희는 알라.

3,645 번째 하나님 말씀

2002년 10월 11일 12시 01분

1 사랑하는 나의 아들아!
2 "네, 아버님! 말씀하옵소서."
3 너희에게 '안식일을 거룩히 지키라.'
한 그 말의 뜻이 얼마나 위대한지 알
겠는가?
4 너희 인간 세상에서 며칠을 일하고 피
로한 날 하루를 쉰다 하여 그것이 안
식일이라는 것이 아니니라.
5 너희가 성전에 와 기도하고 경배하며
재물을 바치는, 소위 일요일이요, 토
요일에 쉬는 날로써 안식일의 그 의미
를 축소시켜서 깨우치지 말라.
6 그러기에 너희가 나의 법전을 모르며
나의 성령의 뜻을 모르며 나의 진정한
그 뜻을 알지 못하는 지도자요, 그곳
에서 배우는 자라 말하였음이니라.
7 안식일이란 무엇인지 알겠는가?
8 하늘의 6일인 지상의 6천 년이라는
세월에 지금까지 모든 것이 이루어졌
듯이,
9 안식일은 천 년이라는 그 세월 속에
너희가 영원히 편안하게 살아갈 수 있
는 그 역사를 이루고 준비하는 시간이
며,
10 그 안식일은 너희가 영원히 편안하게
살며 나에게 경배하고 기도하며 지상
에서 살다가 하늘에 그대로 오를 수

있는 그와 같은 형태를 이루는 것이 안식일의 역사를 이루는 것이니라.
11 그리하여 내가 너희에게 안식일을 지키라 명한 것은 천 년에 걸친 그 안식일을 너희가 만들어 영원히 그가 지속되는 것을 말하는 것이니라.
12 마지막의 안식일이니 그게 무엇이더냐?
13 천 년에 걸쳐 나의 백성을 다스려 천사와 같은 백성이 이 세상에 존재하며,
14 악의 씨요, 사악한 것들을 다 버리고 뽑아내어 그 후부터는 영원히 너희가 안식을 누리며 이 지상에서 살다가 그대로, 나에게 심판받지 아니하며,
15 하늘에 오르는 그와 같은 역사를 이루는 것이 안식일의 크나큰 의미임을 너희는 알라.
16 내가 성서에 기록된 안식일을 지키라 함이 너희들의 손가락 안에 드는 며칠을 일하고 며칠을 쉬는 날을 정하여 그것을 안식일이라 하지 아니함이니, 너희는 어찌 그리 어리석은가?
17 매미라는 것을 가르치는 것을 매미 한 마리의 그림을 보고 그것이 매미라 가르치는 그와 같은 우매한 자와 똑같음을 너희는 알아야 할 것이니라.
18 사랑하는 나의 아들아!
19 너의 제자들과 나의 피조물 만백성에게 안식일의 그와 같은 의미를 가르치며,
20 내가 성서에서 너희를 가르치는 것은 한두 사람을 위해서 가르치는 것이 아니요, 만백성을 위하며, 참진리요, 영원히 존재하는 것을 가르치는 것이니 그는 불변이라 함을 알라.
21 너희는 나의 아들 예수가 고통스럽게 죽어 간 그것이 너희 개인의 죄를 용서해 주며 너희가 구원을 받는 그와 같은 죽음으로 치부하고 일관함이니 그게 잘못되었음을 알아야 할 것이니라.
22 그의 죽음은 만백성이 나의 뜻을 지키고 행하여 너희 자손 대대손손이 영원히 구원받는 그와 같은 가르침을 위하여, 불변하며 지워지지 않는 그 역사를 위해서 그가 그와 같은 역사를 이루었음이니,
23 너희들 개인 한 사람의 목숨이요, 생명을 구원하고 구원하지 않는 거기에 대하여 너희가 금화와 은화를 바치며 기도하고 목매며 맹종하는 그와 같은 어리석음에서 벗어나야 할 것이니라.
24 사랑하는 나의 아들아!
25 "네, 아버님! 말씀하옵소서."
26 나의 성전에 와 너에게 제자라 큰절하며 나의 법전을 놓고 깨우치며 세상에 나 여호와 창조주가 직접 내리는 나의 성령의 진리를 듣고 깨우치고 배웠다 하는 그 백성들이 너로부터 등을 돌리며 떠나가며 또한 너에 대해 갑론을박하며 저희 마음을 다스리지 못함이니, 그들에게 너는 너의 제자들을 통하여 전하라.
27 인간 세상사에 살아가는 것도 아무리 사랑스럽고 귀여운 자식이라도 그 자식이 울 때 처음에는 부모도 그 울음소리를 사랑으로 들으며 귀엽게 보며 용서할 수 있으나,
28 그 아이가 자꾸 울 때 부모는 화를 내게 되며,

29 그리하여 화를 내도 그 아이가 그치지
않고 계속 운다 하면 그다음엔 무엇이
가느냐?
30 그 사랑하고 사랑하는 부모도 그 자식
에게 매를 대게 되어 있음이니, 이 이
치를 너의 제자들에게 전하여 깨우쳐
주도록 하라.
31 감히 나의 성전에 와 창조주 나의 뜻
을 듣고 나의 법전을 읽으며 공부하고
깨우치는 제자라는 자들이 울고 운다
면, 그 울음이 계속 된다면 결국 체벌
을 받음이니,
32 그는 나로부터 무서운 벌을 받게 되며
내가 나의 아들로 하여금 그 손을 놓
게 할 것이니, 그를 너희는 깨우쳐야
할 것이니라.
33 감히 우는 것도 시기가 있으며 울음을
그치는 것도 시기가 있으니,
34 아무리 사랑하는 자식이라 하여도, 어
린아이라 하여도 육의 세상의 부모도
그 아이가 계속 울 때는 매로써 그를
다스림이니,
35 너희가 나의 성전에 나의 아들 앞에
와 나의 법전을 공부하는 것 또한 너
희 자신이 게을리하며 인간 저 자신을
내세우며 저 자신이 평가를 잘못하는
자, 계속 우는 아이와 같음이니,
36 그 우는 아이는 나의 아들로부터 손을
놓게 됨이니 그 무서운 매를 제가 어
찌 감당하려 하는가?
37 오늘 남아 있는 제자 너희들은 나의
성전에 와 갑론을박하며 저 나름대로
마음의 뜻이 맞지 않는다 하여 불평불
만을 하는 자, 그 불평불만이요, 울음
이 길면 나 여호와로부터 매를 맞게
된다는 그 이치를 그들에게 깨우쳐 주
라.
38 눈물을 그쳐야 할 때 그치는 것이 현
명한 아이이거늘, 어찌하여 너희는 그
와 같이 어리석은 짓을 하며 나의 법
전이요, 나의 성전에 거부하며 도전하
려 하는가?
39 눈물을 그치지 않는 아이는 그 부모를
꺾으려 하는 것이 아니던가?
40 그리고 제 욕구를 충족시키지 아니하
면 그치지 아니하려 함이니, 그를 충
족시켜 주지 못하는 부모의 마음은 무
엇이던가?
41 그는 충족시키지 못하는 부모의 아픈
마음과 사랑과 미움이 매로써 그에게
가해짐이니,
42 이와 같은 무서운 이치를 깨우쳐 행하
도록 그들을 깨우쳐 그들의 마음을 이
끌어 주도록 그리하라, 선지자야!

3,646 번째 하나님 말씀

2002년 10월 11일 20시 42분

1 사랑하는 나의 아들아!
2 "네, 아버님! 말씀하옵소서."
3 너희들의 종교 지도자가 지금 어찌 가
르치고 있는가?
4 종교 지도자들은 저희가 잘못하든 잘
못 가든 너희 신도들이 그를 평가할
수 없으며 그를 단죄할 수 없으며 그
를 벌할 수 없다 그리 가르침이니라.
5 그리하여 저희들이 제왕적인 자리를
지키고 있음이니,
6 그들의 잘못됨을 벌하는 것은 창조주
인 나 여호와만이 할 수 있으며, 인간

으로서는 나의 뜻을 가르친다는 그 지
도자를 단죄할 수 없으며 그를 놓고
갑론을박할 수 없다 그리 못박음이니,
7 그게 얼마나 사악하고 간악한 방법으
로써 너희를 우롱하는 것인가를 이제
너희는 나의 법전을 읽고 깨우친 바가
있을 것이니라.
8 너희가 저희를 심판할 수 없다 하는
것은 무엇이던가?
9 너희가 무엇을 알고자 그들에게 질문
하거나 따져서도 아니 된다는 것과 마
찬가지이니,
10 너희가 의문 나는 점이요, 믿음이 무
엇인가 불안하여 그를 알고자 질문했
을 때 저희들이 알지 못하여 대답할
수 없으니,
11 그리하여 그저 너희에게 무엇을 물어
봐도 안 되고 질문해도 안 되고 믿음
의 갑론을박을 해도 안 되고 맞고 틀
림을 따져도 아니 되며,
12 그저 저희가 가르치는 대로 따라 믿으
면 되는 것이며 가르치는 대로 듣고
그 길로 가면 되는 것이라 그리 밀어
붙이며 그와 같은 저희들의 잘못됨과
우매함을 다 덮어 가고자 하는 그 하
나의 방법과,
13 그들이 인간으로서 나의 계명을 지킬
수 없으니 지도자로서 그 계명을 지키
지 못하면서 신도인 너희에게 어찌 지
키라 가르치느냐 하고 너희가 반박하
며 따지고 그들에게 질문했을 때,
14 그들이 그리 살 수 없기에 거기에 또
한 대답할 길이 없으니 오로지 저희를
너희들 인간이 평가할 수 없으며 창조
주인 나 여호와만이 벌할 수 있고 평
가할 수 있다 그리 말함이니,
15 그게 얼마나 그들이 사악한 방법으로
써 너희를 우롱하는 것인가?
16 나는 나의 아들에게 나의 아들이 잘하
고 잘못함을 너희가 시시비비하지 말
라 하는 대목을 가르친 역사가 없음이
니라.
17 하물며 나의 아들 예수도 그가 잘하고
잘못하는 것을 너희가 응당히 그에게
이야기할 수 있으며 그에게 질문할 수
있거늘,
18 그와 같이 나의 아들에게 너희가 질문
하지 말며 의심나는 것을 묻지 말며
나의 아들의 잘못하는 것을 탓하지 말
라 내가 성서에 가르치고 기록한 것이
없거늘,
19 어찌하여 그와 같은 해괴망측한 방법
으로써 나의 백성들을 우롱하고 끌어
가는가?
20 지금 나의 아들이 160권의 법전을 세
상에 만들어 냄이니, 그가 그 제자들
이 질문하는 것을 듣지 아니하며, 거
부하며, 그저 법전대로 읽고 깨우치라
소리 지르는가?
21 그리고 그에게 잘못했다고 그를 탓할
때, 그가 과연 나 여호와의 아들이기
에 아버지인 나만이 저를 심판할 수
있으며 너희는 심판할 자격이 없으며
갑론을박할 자격이 없다 그리 가르치
는가?
22 나의 아들도 제가 잘못하는 것을 너희
들로부터 가르침을 받으며 너희에게
깨우침을 얻으니,
23 내가 그리하여 나의 아들의 제자라 하
며 나의 성전에 와 공부하며 배우는

너희가 바로 나의 아들의 스승이라 하
였음이니, 각자 한 가지씩 너희가 다
특징을 가지고 있음이니라.
24 하물며 그 제자인 너희가 나의 아들의
스승이라 하였거늘,
25 너희는 마치 나의 아들이 잘못하는 것
을 말할 수 없다 하며, 또 모르는 것을
물어볼 때 그는 알 필요가 없으며 그
저 법전대로 공부하라 하는 것과 같으
니,
26 너희는 어찌하여 그리 무식하게 가르
치고 밀고 나가는가?
27 이것만 보더라도 너희들의 종교 지도
자들이 얼마나 저희들의 편의주의요,
사악한 방법으로써 너희를 이끌어 가
는지 알 것이니라.
28 그들이 무식하고 우매한 방법으로 그
저 마구잡이로 나의 백성을 짓누르며
제왕보다도 더 위대한 권력을 휘두르
는 그와 같은 행동을 하고 있으니,
29 그와 같은 방법으로 가고 있는 그들을
단죄하고 그의 잘못을 갑론을박하여
바로잡을 수 있는 그와 같은 것이 너
희들이니,
30 이와 같이 하지 말라 하고 성서에 기
록된 것이 없으며,
31 나의 아들 예수에게 그의 제자들이 핍
박하는 것을 거부하며 감히 그를 핍박
할 수 없다는 그와 같은 기록을 내가
내린 적이 없음이니라.
32 그러니 나의 아들들도 그와 같이 나의
백성들로부터 잘못된 것을 시시비비
받으며 그들부터 깨우침을 얻으며 살
아가는 것이거늘,
33 하물며 너희가 나 외에는 누구도 감히
지도자를 벌할 수 없으며, 단상에서
설교하며 교리를 가르치는 자는 아무
리 잘못해도 그 신도들이 그를 평가할
수 없다 그리 가르침이니, 얼마나 너
희가 이와 같이 사악한 행위를 하고
있는 것인가?
34 그곳에 '아멘!'이요, '할렐루야!'요, 그
리고 '옳소!' 하며 소리 지르고 가는
너희가 지금 얼마나 지옥으로 잘못 가
고 있는가를 알아야 할 것이니라.

3,647 번째 하나님 말씀

2002년 10월 11일 22시 50분

1 사랑하는 나의 아들아!
2 "네, 아버님! 말씀하옵소서."
3 하늘에서 이루어지는 것과 땅에서 이
루어지는 그 모두를 보고자 하며 지옥
과 천국이 이루어지는 형태를 보고자
하는 것이 너희의 마음이 아니던가?
4 그와 같이 너희가 그 모두를 볼 수 있
는 것은, 다만 너희가 천사처럼 아름
답고 깨끗한 마음으로 살아가는 그것
으로써 하늘과 땅에서 이루어지는 모
두를 볼 수 있으며 알 수 있는 길이라
내가 너희에게 전함이니라.
5 그리고 너희가 지옥과 천국을 볼 수
있는 것, 또한 천사처럼 깨끗한 마음
자세로 살아간다면 그와 같은 것을 모
두 다 볼 수 있음이니라.
6 그러나 그와 같이 천사와 같은 마음으
로 변하는 것이 무엇이며 어찌 살아가
야 나의 뜻에 따라 그리 변할 수 있는
가를 나의 피조물 만백성 너희가 수천
년 동안 살아오면서 성서를 보고 연구

하였으나, 그 길이요, 그 근본을 알지
도 못함이니라.
7 그리하여 내가 지금 이 동양의 작은
나라의 문자로써 너희가 지옥과 천국
의 그 모든 뜻을 볼 수 있는 그와 같은
가르침이요, 나의 성령을 책으로 만들
어 너희에게 전함이니,
8 지금 이 동양의 작은 나라에 사는 백
성이 얼마나 영광된 은혜와 은총의 축
복 속에서 살아가는 것인가를 너희는
모르고 있음이니라.
9 내가 제3의 시대에 마지막 나의 피조
물 만백성을 구원하는 그 모든 길을
이 동양의 너희 나라의 문자로써 너희
를 선택하여 만백성을 깨우치고자 함
이니,
10 너희는 이와 같은 은혜와 영광의 축복
을 어찌 받아야 하겠는가?
11 내가 너희에게 내리는 그 은혜와 영광
을 너희는 어찌 갚는가?
12 너희는 이를 사탄이요, 사악한 자요,
마지막 시대의 거짓 선지자가 와 세상
을 혼란케 하는 것이라 하여 찢어 버
리며 태우려 하며 나의 아들이 세상에
존재하는 것마저도 그를 묵살하려는
그와 같은 마음을 가지고 살아감이니,
13 이게 너희가 얼마나 무서운 죄를 지으
며,
14 너희가 죽어 나에게 와 심판을 받을
때 너희들의 오늘의 그 행위가 얼마나
용서받지 못할 것인가를 뼈저린 통곡
을 할 날이 머지않았음이니라.
15 이제 나의 법전을 읽고 깨우친 나의
아들의 제자들과 만백성, 너희는 지금
너희가 존재하는 동양의 이 작은 나라
의 문자요, 글로써 법전을 만들어 너
희를 깨우치고자 하는 그 역사의 은혜
와 은총을 알아야 할 것이며,
16 그에 대한 감사한 마음을 지워서는 아
니 될 것이니라.
17 그리하여 모든 백성이 나의 법전을 읽
는 데 너희가 앞장서는 그 역사를 이
루어야 할 것이며,
18 온 인류요, 이 지상의 모든 백성이 나
의 법전을 읽고 깨우칠 수 있도록 그
와 같은 역사를 이루는 데 앞장서는
자만이 나로부터 기억되며 선택된 백
성임을 알아야 할 것이니라.
19 지금 수천수만의 종족이 살며, 너희가
수천수만의 언어와 생활이 다르며 문
자가 다른 것을 가지고 지금 나에게
기도하고 경배하는 것이 얼마나 무서
운 너희들과의 간격을 만들어 놓는가?
20 너희들의 문화권에 따라서 하나를 놓
고 설명하는 것이 다 다름이니,
21 그를 놓고 너희가 나름대로 해석하며
설명하여 가르침이니, 그 또한 하나의
예를 들어도 그가 다 다름이니라.
22 너희가 떡이라 하는 것을 놓고 분석할
때, 나라마다 부르는 명칭이 다르며
생각하는 것이 다르며 이해하는 각도
가 다름이니,
23 수천수만 가지가 다 다르니 거기서 얽
히고설킨 것으로써는 너희가 하나로
이루어질 수 없음이니라.
24 그리하여 내가 3부까지 세상의 각국
의 언어로 번역하는 것을 허용하며 너
희들 것으로 읽고 깨우치는 것을 허용
하나,
25 4부부터는 절대로 그를 허용하지 아

니함이 거기 있느니라.
26 나의 진리는 단 하나이며, 나의 법전
을 통해 내가 만백성을 깨우치고자 동
양의 작은 나라의 문자로써 만듦이니,
27 이 문자가 세계의 공통어가 되는 것이
당연한 것이며,
28 그와 같이 공통어가 되었을 때, 너희
가 나의 법전에서 떡이라 표현하는 것
이 떡이 무엇이며 어찌 만드는 것인지
를 너희가 상상하여 깨우쳐야만 하나
가 될 수 있음을 알라.
29 그와 같은 언어와 습관과 생활의 방식
이요, 하나를 놓고 설명하는 것이 너
희의 인구 수만큼, 너희의 언어만큼
다르다면 정녕 이는 하나가 되어 하늘
에 오를 길이 없음이니,
30 내가 4부부터 동양의 작은 나라의 문
자로써만 만백성을 구하는 그와 같은
역사를 이루는 것은 너희가 떡을 떡이
라 설명하며 감을 감이라 설명하며,
나무를 나무라 똑같이 설명하는 그와
같은 깨달음 속이 아니면 내가 전하는
그 참진리를 알 수 없기에,
31 그 모든 백성이 다 한뜻으로 이해하며
하나로 깨달을 수 있는, 그리하여 통
일어를 만들어 하나로 만드는 것이 나
의 뜻이며,
32 천 년의 역사에 걸쳐서 그리 변화되는
것을 알아야 할 것이니, 똑같은 사람
을 놓고 부르는 것이 다르며 생각하는
것이 다르며 분석하는 것이 다르면 아
니 됨이니라.
33 그리하여 하나의 공통어로 만들어 너
희를 깨우쳐 하나로 엮어 가는 것이
나의 뜻이니, 나의 이 깊은 뜻이 여기
있음을 너희는 알아야 할 것이니라.

3,648 번째 하나님 말씀

2002년 10월 11일 22시 58분

1 사랑하는 나의 아들아!
2 "네, 아버님! 말씀하옵소서."
3 내가 나의 피조물 만백성 너희에게 생
명을 주며, 이 아름다운 지상의 낙원
을 만들어 이곳에 생명을 가진 모든
동식물을 너희가 관리하고 살도록 하
였으며,
4 너희가 병들고 쓰러져 죽어 가는 것을
다 고치고 치료할 수 있는 그 모든 약
재요, 필요한 동식물들을 다 내가 세
상에 내려보내 너희를 보호하며 너희
가 살아갈 수 있도록 그리 만들어 놓
은 것이 나의 뜻이며 내가 이룬 역사
이니라.
5 세상에 생명을 가진 모든 동식물이 너
희들의 생명을 구하는 것이며,
6 너희가 늙어 죽어 가는 것을 치료할
수 있는 그 모두가 거기에 내려져 있
음이니,
7 내가 만든 이 지상이 얼마나 아름다운
성전이며 너희에게 소중한 나의 성전
이더냐?
8 이 지상에서 사는 만백성 너희가 나의
성전에서 나의 은혜에 감사드리며,
9 너희가 병들어 죽어 가는 그와 같은
모든 것을 다 고치고 치료할 수 있는
약재요, 모든 동식물을 만들어 너희들
의 생명을 구원할 수 있도록 그와 같
은 특성을 다 가지고 세상에 내보냈으
니,

10 이 지상보다 더 아름다운 나의 성전이
어디에 있으며,
11 이 성전에 사는 백성을 다 똑같이 구
원할 수 있는 기회를 줌이니,
12 너희들의 손으로 지은 두꺼비집 같은
그곳에서 기도하고 경배하는 것이 성
전이 아님을 알아야 할 것이니라.
13 내가 그리 너희가 병들고 늙어 죽어
가는 것까지 막을 수 있는 모든 약재
요, 너희가 찾아 구원하면 그를 이룰
수 있는 것을 다 준 이 아름다운 지상
의 성전에,
14 잘못 가르치는 종교 지도자들이요, 하
늘의 뜻을 모르며 나의 뜻을 모르며
성서의 깊이를 모르는 백성들이 저희
들 인간의 율법에 맞도록 모든 계명을
맞춰 금화와 은화를 거둬들이며 제왕
적인 행위를 하며 살아가는 그 지도자
들로 인하여
15 이 아름다운 지상의 낙원인 나의 성전
이 병들어 깊이 썩어져 가고 있음이
니, 너희는 과연 이를 알고 있는가?
16 이 지상의 성전이 썩어져 감이니, 더
이상 이 지상의 성전이 썩어 가는 것
을 내가 볼 수 없으며, 사악한 무리가
지배하기 시작하는 나의 이 성전을 볼
수 없음이니라.
17 이 이상 더 내가 이를 관장하지 아니
하며 너희를 바로잡지 아니한다면,
18 사악한 무리가 이 아름다운 나의 지상
의 낙원을 지배할 때 선한 나의 백성
들이 발붙일 곳이 없음이니라.
19 그리하여 내가 너희를 구원하고자 제
3의 시대, 마지막인 이 시대에 내가
직접 나의 성령이요, 나의 뜻을 너희
에게 전함이니,
20 너희가 바로 어떠한 역사를 이루어야
하겠는가?
21 너희가 힘차게 일어나 나의 법전을 만
들며 나의 법전을 세계에 전하는 그와
같은 자세가 너희가 해야 할 길이며
너희가 가야 할 길이니라.
22 이 썩어져 가는 지상을 막고자 하며
나의 성전이 깊이 병들어 썩어져 가는
것을 막기 위하여 선택된 나의 아들이
요,
23 나의 법전을 만드는 역사를 이루는 곳
에 그 역사를 더불어 이루어 갈 수 있
도록 선택된 것이 지금의 너희들이며,
24 이 법전을 세상에 전하여 만백성을 깨
우치고자 하는 것에 너희가 선택된 그
의의가 있거늘,
25 너희는 손톱 밑에 낀 가시를 가지고
갑론을박하며 그 가시로 하여금 너희
들의 임무요, 너희가 가야 할 길이며
너희가 행해야 할 길을 보지 못하고
있음이니,
26 그와 같은 너희들의 어리석은 행위를
보는 나 여호와의 마음이 얼마나 아프
며, 내 가슴이 찢어지는 아픔을 느끼
겠는가?
27 지금 너희들의 그와 같은 행위를 보는
나 여호와의 마음이 나의 아들 예수가
십자가에 못 박혀 고통스럽게 죽어 가
는 그보다도 더한 나의 아픔이요, 그
와 같은 전철을 밟는 것이 너희가 지
금 하는 행위이니라.
28 내가 만든 아름다운 이 성전이 썩어져
가는 것을, 병들어 가는 것을 고치며
막아야 할 너희가 그와 같은 대명을

접어 두고 작은 일에 시시비비하며 너
희 스스로 무너지는 그와 같은 행위를
함이니,
29 그러고도 너희가 나의 법전을 읽고 깨
우쳤으며 나의 아들을 통하여 내리는
나의 성령의 가르침을 들었다 말하는
가?
30 너희는 모두 다시 깨우쳐야 할 것이
며, 너희들의 대명을 다시 한 번 너희
스스로 깨달아야 할 것이니라.
31 내가 너희를 선택함은 내가 만든 이
아름다운 성전이 깊이 병들어 썩어져
가는 그것을 막으며 아름다운 나의 성
전을 만들고자 하는 데 너희를 선택했
던 것이며,
32 악한 자들이 세상을 지배하는 그와 같
은 것을 물리치며 그들을 뽑아내며 나
의 이 세상을 구원하는 데 너희가 그
역사를 이루도록 내가 너희에게 대명
을 주어 명하였거늘,
33 어찌하여 너희는 아무런 관계도 없는
그 가장 작은 것에 의하여 지금 무너
져 가며 시시비비하며 갑론을박하는
그와 같은 어리석은 행위를 하는가?
34 작은 것에 연연하는 불쌍한 나의 백성
이 되지 말라.
35 너희들의 대명이 무엇인가를 가슴속
에 깊이 깨우쳐, 너희가 그 대명의 역
사함을 보며, 그를 보고 나의 아들을
따르며 너희가 힘을 합쳐 하나가 되는
그와 같은 역사를 이루는 데 최선을
다하라.
36 작은 것에 연연하지 말라.
37 너희들과 아무런 관계도 없는 작은 것
에 연연하니, 너희는 손톱 밑에 잠깐
찔린 그 가시 하나를 가지고 죽는 것
처럼 호들갑을 떨고 있음이니,
38 너희가 얼마나 어리석고 불쌍한 나의
백성들인가?
39 그러고도 너희가 정녕 깨우침을 얻었
다 말하며, 나의 법전을 읽고 공부했
다 하며, 사랑을 베풀며 살아간다 말
하는가?
40 너희가 지금 지나가다 발에 걸려 넘어
진 그 돌부리를 보고 세상을 다 잃는
것처럼 하는 그와 같은 형국인 너희들
의 모습을 보는 나 여호와의 가슴 아
픔을 생각해 보도록 그리하라.

3,649 번째 하나님 말씀

2002년 10월 11일 23시 03분

1 사랑하는 나의 아들아!
2 "네, 아버님! 말씀하옵소서."
3 내가 너희에게 완벽한 제자가 되며 완
벽한 사람이 되라 강조하고 가르치며,
천사와 같은 심성을 가지고 살아가라
하며, 나 여호와의 심성을 닮는 것만
이 너희가 만백성을 구하며 내가 내린
대명을 수행할 자격이 있는 자라 말하
였음이니라.
4 천 년의 역사가 흘러 영원히 사는 안
식의 그 나라를 이루기 위하여 너희가
나에게 선택된 자들이니,
5 그리하여 내가 너희에게 완벽하게 가
라 함이니라.
6 완벽하지 아니한 자, 나의 백성을 구
할 수 없음이니라.
7 너희가 그릇에 물을 부을 때 물을 계
속 부어야 그 물이 그릇에서 넘쳐흐르

지 아니하는가?
8 너희 마음의 그릇에 깨달음의 변화요,
천사와 같은 마음이 넘쳐흐를 때, 그
것을 너희 이웃이요, 너희 형제요, 나
의 백성들에게 너희가 나누어 줄 수
있는 그와 같은 역사가 이루어지지 아
니하겠는가?
9 너희의 천사와 같은 그 곱고 아름다운
마음이 너희 가슴에서 넘쳐흐를 때,
그것을 나의 피조물 만백성이요, 너희
이웃이요, 형제들에게 나누어 줄 수
있는 것이거늘,
10 너희 가슴의 그릇이 채워지지도 아니
하였으며 그 가슴의 그릇에 썩은 오물
이 들어 있다 하면, 나의 피조물 만백
성을 과연 너희가 구할 수 있겠는가?
11 사랑이 넘쳐야 함이니라.
12 그릇에 물을 부을 때 물을 붓고 부어
서 넘칠 때 그 물은 남에게 은혜를 베
풀 수 있는 것이 아니던가?
13 그와 마찬가지이니라.
14 너희들의 깨달음의 변화가 너희 가슴
에서 모두 넘쳐야 할 것이며 부족함이
없어야 너희가 나의 부족한 백성이요,
너희 형제요, 이웃을 구원할 수 있는
그와 같은 역사를 이루게 됨이니,
15 너희 스스로 사랑하는 마음이 너희 가
슴에서 넘치지 못할 때 너희는 아무것
도 이룰 수가 없으며, 나의 피조물 만
백성을 구할 수도 없으며, 너희들 자
신을 구할 수도 없음을 알라.
16 너희 가슴의 그릇에 사랑이 채워진 것
이 그 그릇을 넘지 못하고 있음이며,
17 넘지 못하는 것이 아니라 너희 가슴속
에 시기와 질투며 앞에 가는 자 쓰러
트리고자 하는 그와 같은 마음으로 차
있으니,
18 그것이 세상에 나와서 어찌 나의 피조
물 만백성을 구할 수 있는 약이 되며
그들을 구원하는 인도의 빛이 될 수
있단 말이던가?
19 그릇에 물을 부으면 넘치고 넘쳐서 그
가 필요한 곳으로 흘러가듯이, 너희
마음에 사랑하는 마음이 가슴에서 넘
치고 넘쳐야 할 것이니,
20 너희가 천사와 같은 마음으로, 나 여
호와와 같은 심성으로 너희 가슴을 채
우고 그것이 넘쳐흐를 때,
21 너희가 어리석고 불쌍한 나의 백성들
에게 전하고 깨우치는 능력이 되는 것
이며, 그들을 구원의 길로 인도하는
역사가 이루어짐을 알라.
22 그렇지 못할 때 너희는 아무것도 이룰
수 없으며, 아무것도 나로부터 너희가
받은 그 은혜에 보답할 수 없으며, 내
가 구원하고자 하는 나의 백성을 구하
지 못함이니,
23 이게 곧 천 년의 세월이 흘러도 이 지
상에 안식일의 세상에서 사는 백성들
의 삶의 터전을 만들어 줄 수 없는 것
이니 그리 알라.

3,650 번째 하나님 말씀

2002년 10월 11일 23시 09분

1 사랑하는 나의 아들아!
2 "네, 아버님! 말씀하옵소서."
3 너희가 구원의 축복이요, 영원히 사는
나의 천국에 올 수 있는 것은 바로 나
의 계명대로 지키고 살며 나의 법전대

로 지키고 행하며 사는 것이 너희들의
구원의 길이라 내가 너희에게 깨우쳐
주었음이니라.
4 너희가 나의 법전을 듣고 행하며 나의
계명대로 살아가며 만백성을 구하는
나의 법전을 전함에 있어서 그 목숨을
다 바쳐 행하고자 하는 자 구원을 얻
을 것이며,
5 나의 법전을 전하며 나의 계명대로 살
아가는 것을 게을리하는 자는 그 생명
의 구원을 얻을 수 없음을 알아야 할
것이니라.
6 정녕 나로부터 영원히 사는 나의 나라
에 오르고자 하는 자, 너희가 죽음으
로써 모두를 이루고자 하는 자는 살
것이며, 살고자 하는 자는 죽을 것이
니 구원을 받을 수 없음을 알아야 할
것이니라.
7 너희는 목숨을 바쳐 나의 법전대로 지
키며 나의 계명대로 지키며 나의 법전
을 세상에 전해 만백성을 구하는 데
그 모두를 던져야 구원을 받을 것이며
너희가 그리 원하는 천국이라는 하늘
나라에 오를 수 있거늘,
8 너희는 감히 지금 나의 법전이요, 나
의 아들 앞에 갑론을박하며 무엇이 옳
고 그르다 하는 것을 시시비비할 시간
이 없음이니라.
9 죽음으로써 나의 계명을 지키며 나의
법전을 세상에 전하며 나의 법전대로
행하고자 하는 자는 그와 같은 생각을
할 수 없음이니,
10 목숨을 바쳐 죽음을 각오하는 자 구원
받을 것이며 사는 자가 될 것이며, 살
고자 하는 자 구원받지 못하며 존재치
못한다 하였음이니,
11 나의 법전이요, 나의 아들을 놓고 갑
론을박하는 너희가 죽음으로써 모두
를 바쳐 나의 은혜에 보답하며 내가
이루고자 하는 그 역사에 참여하는 것
이 아니요,
12 안일한 방법으로써 어떠한 형국이든
지 목숨을 바쳐 이 역사를 이루겠다는
각오가 없는 자는 한 발짝 뒤로 물러
남이요, 한 발짝 빠지고자 함이니라.
13 그 빠지고자 함이요, 물러나고자 하는
변명과 이유를 너희가 댈 길이 없으
니, 그리하여 너희는 나의 아들이요,
나의 법전에 대한 흠집이라 하여 사소
한 그를 가지고 시시비비를 함이니,
14 그게 바로 목숨을 바쳐 살고자 하는
그 생명의 구원을 얻을 수 없는 자이
며, 스스로 말은 그리하나 행동은 그
리하지 않으며 빠지며 물러나고자 하
는 그와 같은 심성을 가진 자들의 행
위이니라.
15 너는 그곳에 귀 기울이지 말며, 너를
따르는 너의 제자들에게 그와 같은 자
들에게 현혹되지 말며 거기에 빠져들
지 말라 하라.
16 내가 성서에 기록하여 너희에게 일찍
깨우쳐 주었느니라.
17 모든 나의 뜻을 역사하여 죽음으로 가
는 자 그는 삶을 얻을 것이며,
18 살고자 하는 마음에서 노력하는 자 그
는 삶의 길을 보지 못하며 죽음의 길
로 간다 하는 그와 같은 깨달음을 일
찍이 너희에게 내가 전하여 주었음이
니라.
19 제3의 시대에, 나의 법전을 내가 직접

통제하는 이 시대에 이 역사를 이루고
자 하는 자는 구원을 받을 것이며 사
는 자가 될 것이며,
20 그렇지 못한 자는 나와 관계없어 지옥
으로 흘러감이니, 지옥으로 흘러가고
자 하는 자, 한두 발 뒤로 물러나며 뒤
로 빠지고자 함이니,
21 거기에서 너희가 그 이유와 변명을 찾
기 위해서 시시비비를 하는 것이니,
그 시시비비에 현혹되는 어리석은 삶
을 살지 말라, 사랑하는 나의 백성들
아!

3,651 번째 하나님 말씀

2002년 10월 11일 23시 17분

1 사랑하는 나의 아들아!
2 "네, 아버님! 말씀하옵소서."
3 너에게 와 나의 법전을 배우며 내가
너를 통하여 내린 성령의 가르침을 가
슴에 받아 깨우쳤다 하는 너의 제자
들, 그 모두가 다 갑론을박하는 그와
같은 것에 네가 개의치 말아야 할 것
이니라.
4 단 한 가지 네가 너의 제자들에게 일
깨워 줄 것은, 이 세상의 창조주인 나
여호와가 나의 아들이라 너를 명함이
니,
5 너를 나의 아들이라 믿는 자는 믿는
만큼 그에 대한 상을 너희에게 내가
내릴 것이며 너희는 받게 되어 있음을
알아야 할 것이니라.
6 나의 법전이 나의 성령이요, 정녕 나
의 뜻으로써 세상에 내려가 너희를 구
하고자 하는 이 법전이 나의 성령이라
믿는 자 또한 그에 대한 상을 받음이
니, 이는 엄연한 사실임을 알아야 할
것이니라.
7 너희는 나 여호와 창조주가 존재하며,
이 지상의 아름다운 모두는 내가 만든
것이며, 내가 이룬 성전이며, 너희가
죽어 창조주인 나에게 와 심판을 받는
다는 그와 같은 것을 믿는 자, 그 믿는
만큼 그에 대한 상을 내가 너희에게
내림이니라.
8 지금 나의 아들이요, 나의 법전을 읽
고 갑론을박하는 자, 그들은 그들대로
그에 대한 죄의 대가를 엄연히 받음을
너희는 알아야 할 것이니라.
9 이와 같이 너희가 믿는 것만큼 그에
따라 내가 상을 내리듯이,
10 이를 믿지 아니하며 거부하며 이를 사
탄이요, 이단이요, 사악한 자라 말하
는 자, 그와 같이 말한 대가요, 그 죄
를 받음을 알아야 할 것이니라.
11 그와 같이 믿는 자, 그 속에서 깨달음
이 있으며 변화가 있으며 나 여호와가
존재하여 너희가 심판을 받으며 그 죄
에 대한 체벌을 받는다는 것을 믿게
됨이니,
12 그와 같은 믿음의 마음을 가진 자, 그
는 두려워 감히 죄를 짓고자 아니 하
며 나의 뜻을 거역하지 아니하려 하는
것이 너희들의 뜻임이니라.
13 그러나 너희가 부분적으로 깨달은 만
큼 그에 대한 상을 받을 것이며,
14 그를 거부하고 욕한 만큼 그에 대한
벌을 받는다는 엄연한 사실을 알아야
할 것이니라.
15 그렇지 않다면 너희가 나 여호와를 공

의의 하나님이라 하지 말 것이며 창조
주 하나님이라 하지 말라.
16 창조주인 나는 너희 모두를 사랑하며,
창조주인 나는 진리만을 너희에게 가
르치며,
17 진리의 그 빛을 봐 구원의 길을 따르
도록 하는 것이 나 여호와요, 오로지
너희가 말하는 공의의 하나님이니라.
18 그리하여 너희가 지은 죄에 대한 대가
는 내가 엄히 다스리며, 너희가 쌓은
공에 대해서는 내가 너희에게 하나도
빠짐없이 상을 내리는 엄연한 사실을
너희는 알아야 할 것이니라.
19 내가 너희에게 뭐라 말하였는가?
20 어려운 자에게, 그리고 힘든 자에게
베푸는 것이 창조주 나의 뜻이요, 나
를 대신하여 사는 것이 너희들의 삶이
라 내가 말하였음이니,
21 너희는 이와 같은 이치요, 그 가르침
의 뜻을 너희 것으로 만들어,
22 너희가 행하는 것은 나의 법전이요,
나의 아들이요, 내가 존재하는 걸 믿
는 자만이 그와 같은 역사를 이룰 수
있음을 알아야 할 것이니라.
23 너희가 베푼 것만큼, 나 여호와를 대
신하여 너희가 선행을 베푼 만큼 그에
대한 상은 반드시 너희에게 오게 되어
있음이니 이를 너희는 알아야 할 것이
니라.
24 베풀지 아니하며 오만한 자, 또 자만
하는 자, 말로써는 모두를 다 주는 것
처럼 하나 행위로써는 베풀지 아니하
며 나누지 아니하는 그와 같은 자, 그
죄는 죄대로 받게 되어 있음이니,
25 너희가 이제는 선한 길이요, 악한 길
이요, 구원의 길이요, 지옥으로 가는
길이요, 그 모두는 너희가 선택함에
달린 것이며 너희들의 몫임을 알아야
할 것이니라.
26 내가 너희에게 다시 한 번 가르치나
니, 너희가 남에게 냉수 한 그릇을 전
하는 그것도 상이 있으며, 그와 같은
작은 일에도 모두 상이 있음을 알아야
할 것이며,
27 너희가 남을 시기하고 질투하며 욕하
는 그 말 한마디에도 거기에 따른 대
가의 벌을 받는다는 것을 잊지 말아야
할 것이니라.

3,652 번째 하나님 말씀

2002년 10월 11일 23시 27분

1 사랑하는 나의 아들아!
2 "네, 아버님! 말씀하옵소서."
3 구약과 신약의 모든 백성들이 그리도
갈구하고 소원하는 구원을 받는 그 길
은 무엇이라 말하였느냐?
4 나의 계명을 지키라 하였으며, 지금의
너희 모든 백성은 내가 나의 아들을
통하여 내리는 160권의 법전을 읽고
깨우쳐 그대로 행하는 것이 구원의 길
이요, 하늘에 오르는 길이라 내가 너
희에게 그리 깨우쳤거늘,
5 너희는 어찌하여 나의 계명을 지키려
하지 아니하며 내가 내리는 나의 법전
의 그 뚜껑을 열지 아니하는가?
6 너희가 나의 법전의 뚜껑을 열 때 내
가 같이한다 하였음이니 너희가 나를
만나는 그와 같은 영광과 축복이거늘,
7 너희는 어찌하여 그를 사탄이요, 이단

이라며 지옥 불에 던지는 그와 같은
행위를 하는가?
8 너희는 어찌하여 너희 스스로 너희 육
을 죽이며 너희 영혼을 죽이는, 그리
고 너희를 지옥으로 끌고 가는 그 사
탄의 능력을 바라보며 그곳에 가 광란
의 짓을 하는가?
9 너희들의 육을 죽이며 영혼을 죽이는
그 사탄은 너희를 지옥으로 끌어가니,
10 그와 같은 역사의 것밖에는 아무것도
하지 못하는 그들 앞에 가 너희가 어
찌하여 광란하여 너희 인생이요, 구원
의 그 모두를 다 거기에 던지고 바치
는가?
11 사탄이란 너희를 죽이고 지옥으로 이
끌어 가는 그와 같은 역사는 이룰 능
력이 있으나,
12 너희들의 그 이름 하나를 천국에 오르
도록 천거하여 하늘에 오르는 그와 같
은 역사는 이루지 못하는 것이 사탄들
이 하는 짓이니라.
13 사탄의 믿음은 그와 같은 것이니라.
14 사탄의 행위는 정녕 너희들의 이름 하
나를 하늘나라에 천거치 못하며 그를
올려 보내지 못하는 것이 그들의 한계
이거늘,
15 어찌하여 너희가 육을 죽이며 영혼을
죽이며 너희를 지옥으로 끌고 가는 그
역사의 능력을 보이는 그곳에 눈이 어
두워 그를 따라가며,
16 그 앞에 너희 모두를 다 바쳐 그에게
힘을 실어 주는 그와 같은 죄를 지으
며 너희 스스로 지옥의 열차를 타고자
하는가?
17 사랑하는 나의 백성, 너희는 들으라.
18 너희들의 육과 영혼이요, 너희가 세상
에 태어남이요, 죽어 가는 것이요, 너
희가 태어나 병들어 늙고 죽어 가는
그 모두를 이루는 나 여호와 창조주
요, 그리고 또 너희가 죽어 나에게 와
심판을 받으며 그 모두를 다 관장하는
창조주 나 여호와의 무서움을 모르며
두려움을 모르나니,
19 그리하면서 너희가 잘못 가르치는 종
교 집단에 맹종하며, 잘못 가르치며
너희를 지옥으로 이끄는 사탄의 그 앞
에 가 너희 모두를 다 바침이니,
20 어찌하여 너희는 내가 그리도 부르짖
는 참진리요, 너희가 구원을 받는 그
가르침을 듣지 아니하고 보지 못하는
가?
21 내가 너희에게 말하였음이니라.
22 너희가 오로지 구원을 받으며 하늘에
오르는 길은 나의 계명을 지키는 것이
며, 나의 법전을 읽고 깨우치는 자만
이 구원을 받을 수 있다 하였음이니,
23 이제 나의 피조물 만백성, 너희는 스
스로 깨우쳐야 할 것이니라.
24 사탄이란 너희 육을 죽이며 영혼을 죽
이며 너희를 지옥으로 이끌어 가는 그
와 같은 역사는 보이나,
25 그 역사는 진정한 깨달음이 아니요,
참진리가 아니요, 허황된 것이며, 너
희가 환상에 젖어 있음을 알아야 할
것이니라.
26 이제 너희가 태어나 죽고 사는 그 모
두를 관장하는 나 여호와 창조주의 그
참진리에 눈을 떠야 할 것이며 그를
바라봐야 할 것이니라.
27 그리하여 너희는 하늘에 오르는 길을

봐야 할 것이며,
28 너희가 육의 세상에서 나의 음성을 들
으며 나의 형체를 볼 수 있는 것은,
29 나의 계명을 지키며 나의 법전을 읽고
깨우쳐 그대로 행하는 데 모두를 바치
는 자만이 그와 같은 역사의 영광을
얻어 하늘나라에 내가 존재함을 알게
될 것이니라.
30 그렇지 아니한 자, 너희는 아무것도
볼 수 없으며, 나의 음성을 들을 수 없
으며, 나의 형체를 볼 수도 없으며, 너
희 가슴속에 성령이 임할 수도 없음이
니,
31 이와 같은 너희들이 잘못 가고 있음을
깨달아야 할 것이며, 이제 바로 봐 참
진리를 깨우치도록 그리하라.
32 나의 법전에 기록된 내용들이 너희에
게 지옥으로 가는 것을 가르치는 것이
아니며 너희에게 잘못 살며 잘못 행하
라 함이 없음이니, 오로지 이는 나의
참진리임을 너희는 알라.

3,653 번째 하나님 말씀

2002년 10월 11일 23시 36분

1 사랑하는 나의 아들아!
2 "네, 아버님! 말씀하옵소서."
3 너의 제자들, 또한 나의 법전을 읽고
이를 보는 만백성, 너희는 깨우쳐 행
해야 할 것이니라.
4 내가 나의 아들 예수를 세상에 내보냈
음이며 그의 고통스럽고 험악한 죽음
의 형국을 본 나 여호와가 다시 나의
아들을 세상에 내려보내며 나의 법전
을 세상에 내려보내는 것은
5 너희들의 육의 행복과 육의 편안함을
위해서 내려보내는 것이 아님을 너의
제자들과 나의 법전을 읽는 백성, 너
희는 깨우쳐야 할 것이니라.
6 너희는 나의 아들 예수가 그와 같이
고통스럽게 죽은 그 자체도 너희들 자
신의 개인 한 사람이 구원을 얻게 하
고자 그와 같이 행한 것이 아님을 알
아야 할 것이니라.
7 만백성이 천년만년, 이 지상의 낙원이
존재하는 한 그들이 깨우치고 바로 하
늘에 오르는 길을 위하여 그 역사를
이루었음이니,
8 오늘 나의 아들을 세상에 내보내어 나
의 법전을 밤과 낮을 가리지 아니하고
이리 만들어 160권의 대장서를 세상
에 내려보내는 것은,
9 나의 법전을 읽고 깨우치며 나의 아들
의 제자라 선택된 너희들의 육의 행복
과 너희들의 세속의 행복을 위하여 내
가 이를 역사하며 이를 내려보냈다 생
각하며 너희가 그를 위하여 선택되었
다는 착각 속에 있어서는 아니 됨이니
라.
10 나의 아들에게 등 돌린 그 모든 제자
들 또한 세상에 제왕이 왔음이니, 저
희에게 권력과 부귀와 영화를 주는 그
와 같은 제왕으로서 저희들의 부귀와
영화를 위하여 그 나의 아들이 내려온
것처럼 착각하였기에
11 그 역사를 따르는 자, 그와 같은 부귀
와 영화를 얻을 것이라 생각했던 그
제자들이 허탈함을 느꼈듯이,
12 오늘의 너의 제자들, 또한 나의 법전
을 읽은 백성, 너희는 너희들의 육의

행복을 위하여 내가 나의 아들과 나의
법전의 어렵고 힘든 이 역사를 이루는
것이 아님을 알아야 할 것이니라.
13 내가 나의 법전을 내리는 것은 나의
피조물 만백성의 영혼을 구하기 위함
이며,
14 이 아름다운 지상에 잘못된 사악한 자
들이 이 세상을 지배함이니,
15 내가 천 년에 걸쳐 이 모두를 정리하
여 영원히 사는 나의 백성들의 안식처
를 만들어 주며 그와 같은 역사를 이
루고자 지금 이 역사를 이루고 있음을
너희는 알아야 할 것이니라.
16 그러하니 육의 영화를 위하여, 육의
부귀영화를 위하여 나의 아들을 따르
며 나의 성전에 와 나의 성령을 듣는
자, 그와 같은 자들은 스스로 등을 돌
리고 떠나게 되어 있음이니,
17 나의 성전에 와 등 돌리는 자, 나의 법
전을 보고 등 돌리는 자, 그리고 나의
아들이 가르치는 나의 성령의 강론을
듣고 등 돌리고 떠나는 백성, 그들은
오로지 육을 위하여 이곳에 왔던 자들
이기 때문에 저희 스스로 떠나게 되어
있음이니라.
18 그리하여 육과 영혼의 그 한계를 저희
들이 모르며, 육의 영광이요, 지상에
서 사는 너희들의 세속의 영광과 그
부귀영화와 하늘의 다음의 세상에서
얻는 영혼의 부귀와 영혼에서 얻는 그
영광과 축복을 혼동하며 그를 착각하
고 있으며,
19 구원의 다음 세상이 있는 것조차도 생
각하기 싫어하는 자이며, 그리고 그
길을 가되 고달프고 힘들 때 그 고달
프고 힘든 길을 가고자 하는 마음이
없는 자, 그리고 마음속 깊은 곳에 오
로지 육의 생활에 부귀와 영화의 편안
함을 얻고자 하는 열망이 있는 자, 그
열망을 충족시키지 못할 때 저희가 등
을 돌리고 떠남이니,
20 떠나는 자 그저 제 짐을 지고 떠남이
아니요, 나의 법전을 욕하며 나의 아
들에 대해 시시비비하며 나의 성전에
침을 뱉으며 나의 성전에 오는 자의
길을 막는 그와 같이 추하고 사악한
행위를 하고 떠남이니,
21 그들이 바로 나의 성전에 왔을 때 저
희들의 육의 영광과 안위를 위하여 온
자이며, 영혼을 구원받고자 온 것이
아니기 때문이니라.
22 그들은 그와 같이 오지 아니하였다 하
나 저희 마음속에는 영혼의 구원의 길
은 너무나도 어렵고 힘들며 그 길을
인내하고 가기가 인간으로서 어렵다
는 것을 잘 알고 있으며,
23 그리하여 그들은 그 길을 포기하며 육
의 삶의 편안함을 위하여 저희가 여기
와서 그 영광을 얻으려 하나,
24 너희들의 그 속마음과 겉마음과 너희
도 모르는 너희들의 깊은 그 미래의
마음을 알고 있는 나 여호와이기에,
그들에게 그 상을 내리지 아니함이니
라.
25 너희가 지치고 힘들어 떠나는 것은 너
희가 육을 위하여 이곳에 온 자이지
영혼을 위해서 온 자가 아니며,
26 진정한 참진리를 위해서 온 것이 아니
요, 고달프고 힘든 인생의 육의 삶에
영광과 부귀를 구하고자 여기 와서 매

달린 자이기에 떠나는 것이니,
27 그리하여 그들이 등 돌리고 떠나는 것
을 너는 가슴 아파하지 말며,
28 너의 제자들 또한 그로 인하여 갑론을
박, 시시비비하지 말라 그리 전하라.

3,654 번째 하나님 말씀

2002년 10월 11일 23시 43분

1 사랑하는 나의 아들아!
2 "네, 아버님! 말씀하옵소서."
3 너희가 바르게 살며 곧게 살며 질서에
파괴되지 아니하는 생활을 하며 선을
행하여 사는 것이 손해요, 피해를 보
는 인생의 삶이니, 그는 너무나도 억
울하여 그와 같이 살 수 없다 말하는
자들이 있느니라.
4 바르고 곧게 사는 자는 피해를 보며
그리하여 육의 삶이 고달프며 힘이 든
다 그리 말하니,
5 그리하여 남을 원망하며 세상을 원망
하는 그와 같은 마음속에서 너희가 바
로 살 수 없다 그리 말함이니,
6 과연 너희들의 마음 깊은 곳에 바로
설 수 있는 용기와 바로 살 수 있는 용
기가 있는가?
7 그리하여 내가 너희에게 뭐라 말하였
느냐?
8 너희 머리로써 생각하지 말며, 머리로
써 판단하지 말며, 머리로써 결정하지
말라 하였음이니라.
9 너희는 세상에 아름답고 착하게 살아
가는 것이 손해며, 남과 같이 더불어
살지 못하며 어려운 삶을 살아가는 것
이 곧고 바른 길을 살아가는 사람들의
삶이라 그리 말하나,
10 너희는 그와 같은 어리석은 말을 해서
는 아니 될 것이니라.
11 너희는 알아야 할 것이니라.
12 너희가 번갯불보다 빨리 지나가는 그
모든 역사의 이루어지는 것을 나 여호
와가 하나도 놓치지 아니하며, 나의
시선을 벗어날 수 없다 말하였음이니
라.
13 그러하거늘 너희가 선행을 베풀며 선
한 행동을 하며 착하게 살아가는 그
모두는 다 나로 하여금 하나도 놓쳐짐
이 없으며 지워짐이 없으며 내가 보지
못함이 없음을 알라.
14 너희가 작은 선한 행위를 아무리 빠르
게 그 역사를 이루며 선을 베푼다 하
여도, 그 모두는 나의 눈을 벗어날 수
없으며 내가 다 기억하고 있음이니,
바로 이것은 무엇이더냐?
15 너희가 선을 베풀고 선행을 했을 때
그만큼 나로부터 반드시 상을 받음을
너희가 알 것이며, 너희들의 그 축복
은 몇 배로써 큰 영광과 은혜를 받는
다는 것을 잊어서는 아니 될 것이니라.
16 악행을 하는 자 또한 마찬가지이니라.
17 제가 아무리 악한 것을 남들 모르게
남의 눈을 속여 재빠르게 한다 하여도
제가 번갯불보다 더 빠르게 행할 수
없음이며,
18 그보다도 더 빠르게 제가 죄를 짓는다
하여도 내가 그를 하나도 빼놓지 않고
다 보고 있음이니,
19 너희들의 그 벌을 나로부터 아니 받을
수 없음을 알아야 할 것이니라.
20 그러니 너희가 선행을 하며 아름답게

살아가는 것이 손해요, 너희가 남으로
부터 뒤지며, 그와 같이 사는 자 힘들
고 어려운 인생의 삶을 살아간다 하여
너희가 선한 행동을 하며 선을 행함에
있어서 주저해서는 아니 될 것이니라.
21 오로지 그 답이 반드시 있으며, 그 보
상은 너희가 생각할 수 없는 그와 같
은 곳에서 너희에게 영광이 내려짐을
알아야 할 것이니라.
22 이걸 너의 제자들과 만백성에게 깨우
쳐 전해야 할 것이니라.
23 오늘의 육의 삶에 너희가 손해를 보는
것이며 남보다 어리석은 삶을 산다 생
각하나,
24 그 모두를 나 여호와가 하나도 놓치지
아니하고 다 보고 있음이니, 너희가
그 상을 반드시 받는다는 그와 같은
깨달음을 가슴속에 깊이 새겨,
25 너희가 계산된 마음으로써 행하지 아
니하며 오로지 나의 뜻에 따라 살아간
다는 아름다운 마음으로써 그와 같이
행하고 살 때,
26 너희는 나로부터 상상도 할 수 없는
크나큰 은혜와 영광을 반드시 받음을
잊지 말라.
27 오늘의 육의 세상의 삶에 너희들의 피
해요, 손해라는 것을 머릿속에 기억하
지 말라.
28 그 모두는 미래에 너희가 축복을 받기
위한 오늘의 이루어지는 삶의 한 과정
이니,
29 그보다 더 현명한 자도 없으며 그보다
더 축복된 자 없으며 그보다 더 영광
된 백성이 없음을 너희가 머지않아 알
게 될 것이니 그리 알라.

3,655 번째 하나님 말씀

2002년 10월 11일 23시 55분

1 사랑하는 나의 아들아!
2 "네, 아버님! 말씀하옵소서."
3 너를 나의 아들이라 믿는 자 그 상을
받을 것이며, 나의 법전이 나의 성령
의 뜻이라 믿는 자 상을 받는다 하였
음이니,
4 너의 제자들, 또한 나의 법전을 읽고
깨우친 만백성이 너를 보며 깨우치는
그 마음에 정녕 얼마만큼 그 믿음과
신뢰를 마음속에 뿌리내리고 있는가
그것을 스스로 점검해 보고 깨달아 봐
야 한다 그리 전하라.
5 너희가 나의 아들을 의혹하며 나의 법
전을 의혹하는 그와 같은 마음이 뿌리
내리기 시작할 때 너희는 그 의혹이
꼬리에 꼬리를 물어 끝이 보이지 않는
의혹의 그 역사가 이루어짐이니라.
6 너희는 인간으로서 단기간에 160권이
라는 법전을 과연 세상에 낼 수 있는
자가 있는가?
7 그리고 너희는 나의 성령이 기록되어
있는 나의 그 깨달음이요, 내가 너희
를 가르치고자 내리는 그 내용의 한
구절 한 구절을 읽을 때마다
8 이는 인간으로서 할 수 없으며, 여호
와 하나님의 참진리를 가르치는 창조
주의 뜻이 아니면 이와 같은 단어를
너희에게 내릴 수 없으며, 이와 같은
글귀의 뜻을 내릴 수 없으며,
9 가장 낮은 자세에서 가장 낮은 곳에서
가장 높고 깊은 의미의 가르침을 너희
에게 간단명료하게 전할 수 있는 것이

없다 하여 이 법전은 나의 뜻이요, 창
조주의 뜻이라 믿으며 너희가 그리하
나,
10 나의 아들이 정녕 나로부터 선택된 나
의 아들이요, 만백성을 구하는 목자라
는 것을 믿지 아니할 때 너희는 나의
법전에 대한 의혹을 갖게 됨이니,
11 너희가 나의 법전에 대해 시시비비요,
의혹을 가질 때 너희는 나 여호와 창
조주가 존재하는지 존재하지 아니하
는지 그것을 의혹하게 되며 그와 같이
의심을 하게 됨이니라.
12 그것이 바로 무엇이던가?
13 너희 마음속에 선과 악이 자리 잡아
있으니,
14 너희가 지금 나의 법전을 읽고 나의
성령을 듣고 깨우쳐 99퍼센트의 선한
마음으로 변화되었다 하여도,
15 그 1퍼센트의 사악한 마음이 존재하
여 그것에 서서히 선이 잠식되어 죽어
감이니 그와 같은 것이 너희들의 단계
요,
16 너희가 나 여호와가 존재하지 아니하
며 내가 너희를 심판하지 아니하며 내
가 너희들의 창조주가 아니라고 거기
에 의혹하고 의심할 때, 바로 그것이
무엇이던가?
17 너희 가슴속에 선한 마음은 하나도 없
으며 오로지 사악한 마음만이 너희를
지배하게 되니, 그때 너희가 그와 같
은 생각을 갖게 됨을 알라.
18 너희들의 모든 병의 증세가 처음부터
서서히 시작함이니라.
19 그리하여 너희가 생명을 잃게 되지 아
니하던가?
20 너희가 나의 아들을 의심하고 의혹하
며 나의 법전을 의심하고 의혹하니,
21 너희가 점점 그 병에 깊이 빠져 몸이
쇠진하여 그 병마로 하여금 생명을 잃
는 그와 같은 모습으로 변해 가는 단
계인 것이니라.
22 그리하여 너희가 병들어 육을 버리고
죽어 가는 그 순간이 바로 나 여호와
가 존재함 그 자체까지 의혹하며 의심
하는 그와 같은 단계에 이르렀을 때
너희가 죽음을 선택하는 것과 마찬가
지니,
23 너희가 사악한 것으로써 완전히 변화
되는 그 과정임을 알아야 할 것이니라.
24 나의 법전에 내가 이를 기록하여 전하
는 것은 너희가 그와 같은 이치를 모
르며 깨달음이 없으니,
25 아무리 말로 너희에게 전해도 그것을
너희 것으로 만들어 너희가 변하는 그
역사가 인색함이니라.
26 그리하여 내가 하늘의 이 뜻을 책에
기록하여 너희에게 전함이니,
27 너희가 의혹하는 마음이 바로 그 사탄
에게 너희가 지배되며 너희 마음속에
있던 선한 마음이 서서히 잠식되어 가
는 그와 같은 과정임을 너희는 잊어서
는 아니 될 것이니라.
28 너희가 이 모두를 부정하는 것이 너희
가 병들고 또한 죽어 가는 그 과정의
역사와 똑같음을 잊지 말라.
29 너희가 정녕 하늘에 구원을 받으며 나
의 천국의 문에 들어설 수 있는 것은
오로지 나의 아들을 믿는 굳은 마음이
요, 나의 법전에 나열된 그 내용 하나
하나를 깊이 깨우쳐, 이는 창조주 나

의 뜻이라는 그 굳은 신념을 가질 때,
30 하늘을 우러러볼 때 두려움을 알게 되
며 하늘을 쳐다볼 때 너희가 스스로
바로 서야 한다는 그 무서운 깨달음을
얻게 됨이니,
31 곧 이는 창조주인 나 여호와가 하늘에
존재함이라는 것을 너희가 알게 됨이
니라.
32 너희는 그것보다 더 무서운 가르침이
없으며, 그보다 더 무서운 변화가 없
으며, 그보다 더 무서운 깨우침을 얻
을 수 없음을 알라.
33 그리하여 내가 십계명 다음에 한 줄을
더 넣었음이니,
34 '나 여호와가 존재함을 믿는 그 자체
가 구원의 길에 들어서는 기본이요,
근본이라' 하였음이니라.
35 이 뜻을 깊이 깨우쳐 행하도록 하라.

3,656 번째 하나님 말씀

2002년 10월 12일 0시 05분

1 사랑하는 나의 아들아!
2 "네, 아버님! 말씀하옵소서."
3 오늘의 네가 나의 성령을 받아 160권
의 법전을 역사하여 세상에 냄이니,
이는 만백성을 구하는 그 길이니라.
4 네가 나의 뜻을 받아 6일이라는 그 날
짜에 288쪽의 한 권의 법전을 세상에
내는 그 길을 가고 있음이니,
5 오늘의 너의 고통과 시련은 너 스스로
견딜 수 없는 그 마음의 아픔이 있음
을 나는 알고 있음이니라.
6 그러나 너는 여기서 들어야 할 것이니
라.
7 너희들의 모든 운동 경기의 꽃이라는
'마라톤'이라는 종목의 선수가 그 길
을 달려와 우승이라는 영광의 면류관
을 쓸 때 그는 사투와 사투를 거듭하
여 그것을 얻지 않는가?
8 그 고통이 얼마나 아프고 저리겠는가?
9 그 고통 후에 그가 면류관을 쓸 때 그
모두는 다 잊히며 오로지 영광만이 그
머릿속에 남음이니라.
10 네가 지금의 어렵고 힘든 이 과정을
겪어 160권의 법전을 세상에 내 만백
성을 구하며,
11 이와 같은 나의 법전이 세상에 눈이
덮이듯이 모두를 덮어 온 인류의 나의
백성들이 나의 법전을 읽고 깨우치는
그 모습을 네가 바라볼 때, 네가 그 사
투 속에서 면류관을 쓰는 그 운동선수
의 기쁨보다 어떠하겠는가?
12 몇백 배 몇천 배 더 역사함이 있느니
라.
13 그는 오로지 달려서 면류관을 씀으로
써 저의 동족이요, 민족이요, 많은 사
람을 즐겁게 할 수는 있으나, 결코 구
원의 영광을 받는 것은 아님이니라.
14 그러나 너는 나의 법전을 세상에 전하
여 만백성이 그를 보고 깨우칠 때, 그
들이 천국의 문이요, 하늘나라에 와
영원히 사는 그 역사를 이루고자 함이
니,
15 그를 보고 깨우쳐 하늘에 오르는 그
백성들이 먼저 와 있는 너를 보고 어
찌 너에게 경배하며 감사의 축배를 들
지 아니하겠는가?
16 너는 그를 생각하지 못했는가?
17 네가 나에게 와서, 네가 나의 법전을

세상에 만들어 만백성을 얼마를 구하
느냐는 것을 보며 내가 너를 볼 때, 네
가 얼마나 가슴 아프고 괴로워하겠는
가?
18 많은 나의 피조물 만백성을 구원하여
하늘에 오를 수 있는 그 역사를 이루
었을 때 너의 기쁨은 더할 것이 없으
며, 나 여호와에게 네가 또한 그 격려
를 받으며 너 스스로 고생했던 그 보
람을 느낄 것이니라.
19 그러나 네가 게으름을 가지며, 네가
오늘의 고통과 시련의 그 어려움에 의
하여 나의 성령으로써 나의 법전을 만
드는 것을 게을리하며,
20 이 역사의 시간을 끌며, 이 역사를 이
루지 못하고 왔을 때, 너의 고통과 아
픔이 얼마나 크겠는가?
21 네가 빠른 시간 내에 나의 법전의 160
권을 만들어 만백성이 나의 법전을 읽
고 한 사람이라도 더 깨우치며 이를
보고 바로 서는 백성이 많을 때,
22 네가 내 앞에 왔을 때 너의 그 모습에
행복과 기쁨이 얼마나 크겠는가?
23 그리고 구원받은 만백성이 너에게 와
경배와 축배의 잔을 들고자 할 때 그
들에게 그 은혜에 감사를 받는 네 마
음이 어떠하겠는가?
24 너는 반드시 후회하지 않는 나의 아들
이 되어야 함을 잊지 말라.
25 네가 후회하지 아니함은 네가 법전을
만들어 빠른 시간에 만백성의 손에 쥐
여 주는 그 역사를 이루는 것이니, 너
는 이와 같은 대명을 소홀히 생각해서
는 안 되며,
26 오로지 만백성을 구하여 네가 천국의
내 앞에 왔을 때, 그들이 너에게 와 경
배와 축배의 잔을 들고 감사와 그 은
혜에 보답하는 인사를 던질 때 네 마
음이 어떠하겠는가?
27 네가 좀 더 노력하여 좀 더 법전을 일
찍 만들어 만백성에게 전했더라면 지
옥에 가 고생하는 그 백성들을 구할
수 있는 그와 같은 역사를 이룰 수 있
었다면,
28 그를 이루지 못한 너의 그 후회의 고
통이 얼마나 네 가슴을 울리겠는가?
29 이와 같은 것을 너는 깨달아야 할 것
이니, 오늘의 고통과 오늘의 시련의
그 모두를 영광으로 생각하며,
30 너를 따르는 제자들, 부귀와 영화를
위하여 이 성전에 왔다 떠나는 자가
아니라,
31 오로지 깨달음이요, 나 여호와가 존재
하며 이는 나 여호와의 성령이요, 너
는 나의 아들이라 믿는 너를 따르는
제자들, 나로부터 선택된 그 백성들에
게 그 영광이 있을 것이니,
32 그들이 또한 오늘의 시련과 고통을 모
든 영광으로 생각하며 그 길을 갈 수
있는 마음을 다지도록 너의 제자들에
게 네가 깨우쳐 줌을 잊지 말라.

3,657 번째 하나님 말씀

2002년 10월 12일 06시 39분

1 사랑하는 나의 아들아!
2 "네, 아버님! 말씀하옵소서."
3 인간 너희가 살아가는 그 마음이요,
형태는 천 갈래 만 갈래라 하였으며,
너희들의 생긴 형태만큼 모두의 마음

의 변화요, 생각하는 것이 그리 또한
다 다르다 하였음이니라.
4 나 여호와의 성령이요, 나의 뜻이라
하여 똑같은 강론을 들으며 나의 법전
을 똑같이 읽고 깨우쳐도 각자 생각하
고 느끼는 것이 다 다름이니,
5 오로지 그 마음의 자세에 따라, 그가
어떠한 마음을 갖고 그것을 읽느냐에
따라, 그리고 어떠한 마음으로써 나의
강론을 듣느냐에 따라 깨닫고 깨우치
는 것이 천태만상의 차이가 있음을 알
아야 할 것이니라.
6 너희가 어떠한 마음으로써 그를 접하
며 어떠한 마음으로써 강론을 듣느냐
에 따라서 너희는 나의 법전의 뜻을
이해하고 이해하지 못함이 있음이니
라.
7 너희가 이는 정녕 나 여호와의 뜻이
요, 만백성을 구하기 위하여 내가 내
리는 마지막 시대의 나의 성령이라 생
각할 때,
8 이는 감히 너희가 함부로 들 수도 없
으며 함부로 낙서할 수도 없으며 함부
로 생각할 수 없는 그 소중한 것이거
늘,
9 너희가 나의 성령이요, 나의 강론이
정녕 나 여호와가 너희에게 마지막으
로 구원하고자 내리는 성령의 뜻이요,
너희들의 생명의 빛이라 생각한다면,
너희는 그것이 얼마나 소중하고 위대
한 것인가를 알 것이니라.
10 그러나 나의 아들을 통하여 내리는 강
론을 너희가 의심하며 나의 아들을 의
심한다면,
11 너희는 똑같이 나의 아들을 통하여 나
의 강론을 들으며 나의 법전을 듣고
깨우쳐 읽고 또 깨우친다 하여도,
12 너희가 생각하는 것에 따라 너희들의
양식이 되고 못 되는 것은 하늘과 땅
의 그 차이가 있음이니라.
13 나의 아들 예수가 살아 모든 기적을
이루었을 때, 그는 과연 어떠한 마음
자세로써 기적을 이루었는가?
14 그들은 병든 자 나의 아들 예수의 손
을 잡아 보며 예수의 옷깃 한 번을 스
치는 것으로써 저희가 나을 것이며 기
적을 이룰 것이라는 그 믿음이 충만해
있었음이니라.
15 과연 너희들의 믿음이요, 그 생각하는
마음이 어떠한 마음으로 충만되어 나
의 성령이요, 나의 법전을 접하느냐에
따라 너희가 얻고 잃는 역사가 이루어
짐을 알라.
16 나의 아들 예수의 옷깃을 스침으로써
저희들의 모든 것을 고치며 이룰 수
있다고 간절히 소원하는 자, 그를 만
졌을 때 그는 그 역사를 이룸이니라.
17 너희가 지금 제3의 시대에 마지막이
라 하여 나의 성령을 나의 아들을 통
하여 세상에 내려보내 증거하는 책으
로써 만들며,
18 이게 나의 뜻이요, 너희들의 살아가는
모든 이치가 여기에 다 있다 하였음이
니,
19 너희가 이를 읽고 깨우치는 그 마음의
강도에 따라 이루어지고 못 이루어지
는 것이 여기에 있음이니라.
20 내가 그리하여 나의 아들을 믿으라 하
였으며 나의 법전을 믿으라 하였으며
내가 존재함을 믿으라 너희에게 말하

였느니라.
21 이 세상의 모든 동식물이 존재하는 것
이 너희를 위하여 존재하며, 내가 만
든 지상의 낙원에 모두의 균형을 이루
며 아름다운 성전에 그들이 필요하기
에 있다 하였으며,
22 결국 궁극적인 것은 너희가 늙고 병들
어 죽는 그 모두를 치료할 수 있는 그
재료가 거기에 다 있다 하였음이니라.
23 그러나 너희는 아직 그를 개발하지 못
하며 찾지 못하였으며 그 특성을 찾지
못하고 있음이니라.
24 바로 너희가 그와 같으니라.
25 나의 법전을 읽을 때, 이가 정녕 나 여
호와의 뜻이라 간곡히 믿으며 나의 법
전 한 권을 정독할 때, 너희의 모든 역
사의 이루어짐이 거기 있다 생각하며
나의 법전을 읽을 때,
26 너희가 생각하고 이루고자 하는 그 역
사가 이루어질 수 있는 모든 답이 거
기 있음을 너희는 알아야 할 것이니라.
27 너희가 나 여호와가 존재함을 믿는 그
마음보다도 더 깊은 마음으로써 나의
법전을 정독하고 깨우쳐 읽을 때, 너
희는 그 속에서 그 모두를 다 얻을 수
있음을 알라.
28 너희가 하늘에 오르는 길을 얻을 수
있으며, 너희가 영원히 살 수 있는 그
와 같은 모든 삶을 얻을 수 있음이니,
그 속에 모두가 다 있음을 알라.
29 그 속에서 너희가 찾으라.
30 나의 법전에서 너희가 그와 같은 역사
의 기적을 찾을 때, 너희가 바라고 소
원하는 것이 이루어진다는 것을 알라.
31 너희들의 마음 자세가 어디에 있는지
깨우치라.
32 나의 아들이 아무리 강론하며 너희에
게 가르쳐도 각자 생각하는 마음이 다
르며, 너희가 어떠한 마음으로 받아들
이느냐에 따라서 그는 천태만상으로
변화됨이니라.
33 정녕 나의 참진리의 뜻을 아는 것, 그
리고 내가 원하는 것을 깨닫는 것은
오로지 이것은 너희를 위하여 내가 내
리는 성령이요, 나의 뜻이라 그리 믿
는 자만이 진정한 그 진리의 의미를
알게 되어 있음을 알라.

3,658 번째 하나님 말씀

2002년 10월 12일 06시 45분

1 사랑하는 나의 아들아!
2 "네, 아버님! 말씀하옵소서."
3 인간사 세속에 살아가는 너희들도 그
모든 소유물을 얼마나 너희가 소중하
고 값지게 생각하느냐에 따라서 그 사
물을 보는 마음이 다름이니라.
4 아무리 귀한 것도 너희가 돌처럼 볼
때 그는 돌같이 보이며,
5 돌이라 하여도 너희가 값지고 귀하게
보고 다스리면 그것이 귀한 것이니,
6 나의 법전을 너희가 접하는 마음에 따
라 그 모두가 보석이요, 잡석으로 보
이는 것을 알라.
7 너희가 정녕 나의 법전이요, 나의 성
령을, 창조주인 나 여호와가 나의 아
들을 대신하여 너희를 구원하기 위해
세상에 내려보낸 것이니 그보다 더 소
중하고 귀한 것이 없다 생각하고 그를
정독할 때,

8 너희는 그 속에서 모두를 다 얻을 수
있으니, 그 속에 모두가 다 들어 있음
을 알아야 할 것이니라.
9 너희가 어떠한 마음을 가지고 나의 법
전을 정독하느냐에 따라서 너희가 얻
고 못 얻음이니라.
10 이는 나의 성령이니라.
11 그리고 내가 직접 너희를 위하여 내리
는 것이며 창조주 나의 뜻이니라.
12 그러니 너희가 나의 뜻을 얼마나 소중
히 알고 소중히 깨우치고 그를 소중히
여기느냐에 따라, 소중히 여기는 것만
큼 너희에게 역사하고 이루어짐을 알
아야 할 것이니라.
13 너희들의 선한 마음속에 하나의 사악
한 마음이 있어서 선한 마음으로써 충
만 되어 있지 아니한 자, 나의 법전을
아무리 너희가 소중히 생각한다 하여
도 그 사악한 마음이 있는 것만큼 그
를 깨닫지 못함이니,
14 그로 하여금 하나의 역사가 이루어지
지 못하는 것은 다 너희들의 탓임을
알라.
15 생수가 들어 있는 하나의 그릇에 오물
이 있으면 그를 먹지 못한다 하였음이
니,
16 너희 마음속에 나의 법전이 나의 뜻이
요, 나의 성령이라는, 그리고 너희를
심판하는 것이라는 것을 믿는 마음이
100중에서 99.9퍼센트를 가지고 0.01
퍼센트를 갖지 못한다 해도,
17 너희는 나의 법전에서 너희에게 이루
어지는 역사요, 그 영광의 기적을 볼
수 없으며 얻을 수 없음이니라.
18 완벽한 마음으로 다스리라.
19 이 모두에 너희가 완벽한 마음으로써
너희 생명보다도 더 소중히 나의 법전
을 접할 때,
20 그리고 이 세상에 나의 뜻을 받아 전
하는 나의 아들이 과연 누구인가를 너
희가 그를 깨달을 때,
21 모든 너희가 원하는 것이요, 너희가
요구하는 역사요, 너희가 바라는 것이
그 속에 정답이 있으며 다 이루어지게
되어 있음이니라.
22 마음을 비운 자, 기적을 얻을 수 있을
것이며, 만분의 일이라도 마음을 비우
지 못한 자, 그 기적을 얻을 수 없으며
역사함을 볼 수 없는 것이니라.
23 모두는 다 너희들 탓이며, 너희들에
의하여 이루어지고 안 이루어진다는
것을 너희는 알아야 할 것이니라.
24 하늘에서 내려다보는 나 여호와가 너
희 마음의 깊은 심성까지도 다 본다
하였으며, 번갯불보다 빨리 스쳐 가는
너희들의 삶의 그 모두를 다 본다 하
였음이니라.
25 그러니 너희들의 마음 자세가 어떠하
냐가 소중함이니라.
26 내가 너희들의 깨달음의 경지의 역사
는 뭐라 하였느냐?
27 쇠파이프를 쥐어도 녹일 수 있는 너희
들의 마음이라 그리하였으며, 그 경지
라 하였음이니라.
28 그렇다면 그와 같은 경지에 너희가 돌
입하였으니, 너희들의 마음 자세가 또
한 그러하여야 하느니라.
29 너희는 하얀 백지 위에 원을 그리고
보라.
30 그 속에 하얀 원만이 남듯이 너희 마

음이 과연 그러한가?
31 시기하고 질투하며 음해하며 너희가
남을 쓰러트리고자 하는, 그리고 남을
칭찬하는 것을 듣기에 거슬려 하며 남
을 칭찬하기를 꺼리는 그와 같은 마음
이 하나도 없는가?
32 그와 같은 마음이 너희가 한 자리도
있지 아니할 때, 그 마음으로 나의 법
전을 읽으면 너희는 나의 빛을 볼 것
이며 너희가 소원함을 얻을 것이니 그
리 알라.

3,659 번째 하나님 말씀

2002년 10월 13일 07시 51분

1 사랑하는 나의 아들아!
2 "네, 아버님! 말씀하옵소서."
3 '나 여호와가 존재함을 믿는 그 자체
가 너희가 구원의 길에 들어서게 됨
이요, 내가 성령으로써 너희를 구원하
고자 내려보내는 나의 법전을 가슴에
안고 정독하는 자, 반석 위에 서서 하
늘에 오르는 찬란한 빛을 보게 되는
영광을 얻게 됨이라' 내가 말하였음이
니,
4 너희가 나의 법전을 전함으로써 이보
다 더 위대한 영광이 없음을 너희는
어찌하여 깊이 생각하지 못하는가?
5 그와 같은 영광과 축복을 얻은 너희들
이, 너희들 인간의 생각으로써 남을
평하며 남에 대한 시시비비를 하는 말
을 해서는 아니 됨을 알아야 할 것이
니라.
6 그 상대방의 잘못하는 그 죄에 대한
것은 나 여호와가 그를 벌할 것이며,
그가 잘하여 상을 받게 되는 것은 내
가 또한 그에게 상을 내려 줌이니,
7 너희가 그를 갖고 시시비비할 자격이
없음을 우선 너희가 알아야 할 것이니
라.
8 내가 나의 아들을 통하여 내렸듯이,
너희들 스스로 먼저 너희 자신이 나
여호와가 존재함을 가슴속에 깊이 심
으며,
9 내가 만백성을 구하고자 나의 성령을
태워 내려보내는 나의 법전을 접하는
너희가 그를 읽고 또 정독하여 나의
뜻을 깨달았다 할 때, 그 뜻을 깨달은
자 반석 위에 서서 하늘에 오르는 그
찬란한 빛을 보는 영광을 얻게 된다
하였음이니,
10 그와 같은 이치를 깨닫고 그와 같은
뜻을 아는 너희가 감히 남을 시시비비
하며 남의 약점을 가지고 갑론을박한
다는 것은 얼마나 너희가 제왕적인 그
욕심이요, 그 사악한 마음을 버리지
못하여서 그러는 것인가를 너희는 알
아야 할 것이니라.
11 너희 스스로 모두를 평하며 남을 평가
하며 그와 같이 시비를 가르고자 하는
것은 너희가 나에게 도전하는 행위임
을 잊어서는 아니 됨을 알아야 할 것
이니라.
12 너희를 구원하고 구원하지 못하는 것
은, 천국의 문을 열어 주고 안 열어 주
는 것은 나의 고유의 권한이라 하였거
늘,
13 나의 아들 예수의 피로써 구원받고자
저희 손으로 지은 그 성전에 가 경배
하고 기도하는 자, 울며불며 광란의

짓으로써 소리 지르며 재물을 갖다 바
치는 데 혈안이 된 그와 같은 자들이
바로 나에게 도전하는 자들이며,
14 그를 가르치고 인도하는 자는 내가 되
고자 하는 자들이라 내가 너희에게 일
찍 깨우쳐 주었거늘,
15 지금 내가 사랑하는 나의 피조물 만백
성, 그를 놓고 갑론을박하며 그를 놓
고 시시비비하는 것은, 나만이 평가할
수 있으며 나만이 상을 주고 벌을 줄
수 있는 그 권한에 너희가 도전하는
그와 같은 행위임을 알아야 할 것이니
라.
16 모두는 다 너희 스스로 변하여 너희
스스로 먼저 깨우쳐 가라.
17 믿음이요, 하늘에 오르는 길은 스스로
자신이 깨우치며 자신과의 싸움이거
늘,
18 저 자신의 싸움도 하지 못하는 자가
남을 놓고 시시비비하는 그와 같은 행
동을 하는 것이니 그리 알라.
19 감히 저 자신도 다스리지 못하는 자가
남을 평가하는 것이며,
20 자신을 다스리기도 바쁘며 자신을 다
스리기도 부족함이 있는 자가 감히 어
찌하여 남에게 다스리고 못 다스림을
말할 수 있는가?
21 이는 즉, 제가 한 끼의 끼니도 채우지
못하면서 남이 굶고 먹는 것을 시시비
비하는 어리석은 자와 같음이니,
22 내가 너희에게 나의 법전에 다시 이와
같은 것을 기록하여 전하는 것은,
23 너희가 사랑하는 나의 피조물 만백성
을 옳고 그르다 시시비비하는 것은 너
희 자신이 나에게 도전하는 것이며 내
가 되고자 하는 그 무서운 죄를 짓는
것임을 잊어서는 아니 되기 때문이니
라.
24 창조주인 나만 평가할 수 있으며 너희
는 감히 평할 수 없다 한 그 뜻을 너희
가 어찌 그리도 몰라 내가 너희에게
자꾸 강한 지시를 해야 되며 많은 뜻
을 너희에게 전해야 되는 것인가?
25 그리하여 160권의 법전이 나오고도
너희를 깨우치는 그 뜻을 세상에 전하
고 전해도 끝이 없음이니라.
26 너희는 나의 진리가 '하늘을 두루마리
삼아, 또 바닷물을 먹물 삼아 써도 다
못 쓴다.' 함을 너희에게 전하는 것이
그리 많다 말하나,
27 이는 나의 진리가 내려가 가르침이요,
내 진리를 전하는 것이니,
28 너희를 깨우치고 다스리기가 그리도
힘들고 어렵다는 뜻이 거기에 있음을
너희는 알아야 할 것이니라.
29 하늘을 두루마리 삼고 바다를 먹물 삼
아 나의 뜻을 전하고 전해도 너희들
하나를 제대로 깨우치지 못하고 바로
잡을 수 없는 것이 너희들의 그와 같
이 사악한 마음의 형태이니,
30 얼마나 많은 것을 내려보내야 너희가
진리를 알며 나의 뜻을 알며 하늘의
가르침을 알겠는가?
31 그 모두를 다 내려보내고 또 내려보내
는 그 역사를 이루는 속에서 너희를
다스릴까 말까 하니,
32 너희들의 마음이요, 너희들의 형태가
그러하다는 것을 너희는 깨우쳐야 할
것이니,
33 바로 이게 진리의 가르침이요, 성서의

깊은 뜻이요, 나의 법전의 뜻을 너희
가 생각하고 또 생각하여 정독하라는
뜻이 거기 있음이니,
34 수천수만 가지의 생각이 그 속에 있음
을, 이것 하나도 깨우치지 못하는 너
희들 자신이 어찌 남을 시시비비하며
남을 평하는가?
35 내가 다시 너희에게 말하나니, 너희가
남을 평가하고 시시비비하는 것은 내
가 사랑하고 아끼는 나의 자식을 너희
들 스스로 평하는 그와 같은 행위를
하는 것이니,
36 이는 곧 나에게 도전하는 행위라 내가
지금 못을 박아 너희에게 전하니,
37 감히 나에게 도전하며 나를 능멸하고
자 하는 자가 있거든 그와 같은 행위
를 계속하라.
38 그자는 정녕 그 혀에 대한, 그 말에 대
한 죄의 대가를 제가 나에게 와 받을
때 그게 얼마나 무서운 것인지, 제가
통곡하고 후회해도 이미 때가 늦음이
니 그리 알라.

3,660 번째 하나님 말씀

2002년 10월 13일 07시 59분

1 사랑하는 나의 아들아!
2 "네, 아버님! 말씀하옵소서."
3 너희가 세상사에 살아가면서 '비가 온
뒤에 땅이 더 굳어지며 단단해진다.'
하는 말이 있음이니,
4 그리하여 비가 온 다음에 그 물이 고
인다는 뜻으로 너희가 그와 같은 표현
을 하느니라.
5 지금 나를 향하여 믿음의 길을 오는
그 백성들 또한 그들의 형태가 천태만
상으로 생겼으며 그들이 생각하는 것
이 또 천태만상이니,
6 그들이 나의 성전에 왔다가 등 돌리고
떠나는 자, 또 떠났다가 돌아오는 자,
그와 같은 반복 속에서 진정 남는 자
남을 것이며 또한 떠날 자 떠나게 됨
이니라.
7 너는 이와 같은 변화에 대하여 마음에
괴로워하지 말며 너의 제자들 또한 그
를 갖고 시시비비하지 말라 이르라.
8 떠났다가 오는 자, 또 깨닫고 저희가
믿음의 길이라 하여 다른 곳에 가 설
법을 들으며 강론을 듣고 그들이 또
깨우치는 바가 있어 나의 성전을 찾아
올 때,
9 비 온 뒤에 땅이 굳어지듯이 그들의
마음은 더욱더 굳어져서 돌아올 것이
니라.
10 또한, 그들도 다 쓰고자 하는 것이 나
여호와의 뜻이며, 그와 같이 반복되는
역사 속에 새로운 존재의 가치가 이루
어짐을 그리 알아야 할 것이니라.
11 떠나지 아니하고 영원히 가는 자, 그
와 같은 마음을 가진 자는 나 여호와
가 존재함을 그 마음속에 믿으며 나의
법전이 진정한 나의 성령의 뜻이요,
네가 나로부터 선택된 나의 아들이라
는 것을 믿는 자들이며, 그렇지 못한
자는 항상 떠날 수 있음이니라.
12 그리하여 그들이 세상사에 부딪히고
살아가면서 정녕 나의 성전의 가르침
이 그리우며 나의 성령이 그리우며,
이 모두는 나 여호와의 진정한 뜻이라
는 것을 깨달을 때 다시 돌아옴이니,

13 그게 바로 그와 같은 자, 비 온 뒤에
땅이 굳어져 그 양식이 차는 것과 같
은 변화를 가질 것이니,
14 그 또한 네가 섭하게 생각하지 말며
떠나는 자에 대해 괴로운 마음을 갖지
말라.
15 그와 같이 변하고 변하는 속에서 정녕
너와 더불어 영원히 갈 수 있는 그와
같은 백성이 있을 것임을 너는 알아야
할 것이니라.
16 그 속에서 너와 더불어 같이 가는 자
가 이루어질 것이니 그리 알아야 할
것이니라.
17 내가 너에게 이르지 아니하였더냐?
18 강냉이밥을 먹고 사는 자는 그것이 감
사하며 가장 소중한 것을 안다 하였으
나, 쌀밥을 먹으며 부드러운 밥을 먹
어 본 자는 그를 불평불만 하며 인내
할 수 없다 말하지 아니하였더냐?
19 그와 같은 것이니라.
20 모두를 겪고 깨우쳐 본 자, 그 속에서
정녕 마음을 다스려 나의 성전에 와
너에게서 나의 법전이 진정한 나 여호
와의 뜻이요, 세상사 살아가는 것을
그들이 눈으로 볼 수 있도록 그만큼
깨우침을 갖고 세상에 나가니 저희들
이 그 세상에서 적응할 수 없음이니라.
21 그리하여 저희들이 나의 성전을 떠나
세상 속 파도에 휩쓸려 살아갈 때 그
들은 정녕 나의 성령이요, 나의 법전
이요, 네가 나의 아들이라는 것을 알
게 될 것이며,
22 그와 같이 깨우쳐 돌아온 자 떠나지
아니할 것이니 그 점을 알라.
23 다 그 모두는 나의 뜻이요, 나의 주관
하에 이루어지는 하나의 변화되는 역
사 속에 그들을 깊이 쓰고자 하는 것
임을, 너는 괴로워하지 말며 그들을
사랑으로 감싸도록 그리하라, 사랑하
는 나의 아들아!

3,661 번째 하나님 말씀

2002년 10월 13일 08시 12분

1 사랑하는 나의 아들아!
2 "네, 아버님! 말씀하옵소서."
3 너희들이 듣지 못하며 배우지 못하여
어리석은 행위로 살아가는 사람은 차
라리 용서할 수 있음이니라.
4 그러나 배우고 아는 자가 모르는 체
사악한 행위를 하는 그 죄는 얼마나
무서운 것인지 알겠는가?
5 그리고 알면서 악한 짓을 행하는 자,
그 수법을 감당할 수 없음을 너희는
알아야 할 것이니라.
6 지금 내가 제3의 시대에 법전을 내려
보내 너희를 통하여 만백성을 구하고
자 함이니,
7 이는 아래로는 아무것도 모르는 자들
이요, 나 여호와가 존재함 자체도 의
식하지 아니하고 살아가는 그 백성들
에게 나의 법전을 손에 쥐어 줘 그들
의 눈과 가슴을 열고자 하는 것이며,
8 위로는 수천 년 동안 저희들이 믿음의
길이요, 저희들만이 구원을 받았다고
부르짖으며 가는 자, 저희들이 정녕
지옥의 열차를 타고 가는 것을 모르는
자, 그들을 깨우치고자 함이니,
9 아래로는 모르는 자요, 위로는 깨달았
다 하는 자들을 가르치는 것이 너희가

해야 할 책무임을 알아야 할 것이니라.
10 그러기에 너희는 그 모두를 깨우칠 수
있는 그와 같은 것으로써 너희가 나의
마음과 같이 변하며 천사와 같은 심성
으로 변하는 것이 가장 위대한 방법이
라 하였음이니라.
11 그러나 지금 내가 너희에게 말하고자
함은, 나의 법전을 읽고 깨우쳤으며
나의 성령을 듣고 깨우쳤으며 나에 대
한 진리의 가르침을 들으며 나의 아들
을 통하여 내가 내리는 성령의 가르침
을 듣고 세상의 이치요, 구원의 길이
무엇인가를 알고 있는 너희는
12 모르고 가는 자, 그리고 또 알았다 하
여 구원의 길이라 하며 저희들만이 오
만하게 가는 자, 그들을 다 다스리는
것이 나의 뜻이요,
13 그리하여 너희가 그 뜻을 펴기 위해서
는 선하고 아름다운 마음으로 살아가
는 것이 너희가 나를 위하는 길이며
너희 자신을 위하는 길이며 만백성을
위하여 가는 길이라 내가 말하였으나,
14 나 여호와가 하늘에서 내려다보기에
는 너의 제자들이요, 나의 법전을 읽
고 깨우쳤다는 자, 알면서도 그리 행
하지 아니하는 것이 너희들이니,
15 나의 백성 중에, 온 인류 중에 너희가
가장 나쁜 자들이며, 너희가 가장 사
악한 자로서 자리를 지키고 있음을 뼈
저리게 반성하지 아니하면 너희는 나
에게 구원을 받을 수 없음을 알라.
16 나의 진리를 들으며 나의 아들로부터
나의 성령의 강론을 들으며 나의 법전
을 읽고 읽었다는 너희가 그들과 차별
화되지 아니한다면 이 세상에 너희처
럼 사악한 자가 없으며 너희보다 더
나쁜 자가 없음을 너희는 알아야 할
것이니라.
17 그들은 정답을 모르기에 그와 같이 우
왕좌왕하는 삶을 살며 정답을 찾고자
발버둥치나,
18 정답을 아는 너희가 정답을 쓰지 아니
하며 그를 정리하여 만백성에게 정답
을 가르쳐 주지 아니하는 그와 같은
행위를 한다면,
19 이를 정답이 아니라 하며 오답을 기록
하여 정답이라 부르짖고 그와 같이 가
르치는 자들과 똑같은 것이 너희들의
형국임이니라.
20 정답을 알면서 정답을 내놓지 아니하
고 오답을 정답이라 그리 가르치는 심
보와 심성이 얼마나 사악하며 잘못된
자들인가?
21 저는 정답을 알고 있음이니 남에게 정
답을 가르쳐 주는 것이 싫으며 남이
정답을 아는 것이 싫어서 그들에게는
오답을 가르침이니,
22 평생 그들이 정답을 모르고 암흑에서
허덕이는 그와 같은 삶을 살아가도록
유도하는 것이 너희가 지금 하는 행위
임을 알라.
23 내가 하늘에서 내려다보는 나의 백성
중에 너희가 가장 사악한 자들이며 가
장 잘못된 자들이며,
24 너희는 깨달아 행한다 하나 내가 너희
에게 내린 것의 백 분의 일도 사용하
지 아니하는 것이며,
25 그나마 백 분의 일 하나를 사용하는
것도 오답만을 가르치고 정답을 가르
쳐 주지 아니하는 것이 너희가 지금

하는 행위이니,
26 이와 같이 너희 스스로 변화되는 것이
없다 하면, 너희는 모르는 나의 백성
이요, 또 알면서 잘못 가고 오만한 길
로 가는 그 백성들을 정녕 정답으로써
가르칠 자격이 없음이니,
27 너희가 얼마나 잘못된 백성이며, 잘못
된 백성을 내가 선택한 것이며, 나의
제자라 명한 자들을 얼마나 잘못된 자
를 내가 명한 것인가?
28 너희는 이와 같은 나의 은혜에 보답하
는 길이요, 내가 너희를 명한 그 감사
한 은혜 속에 너희 스스로 모두를 다
버리며 자신이 깨우치는 그와 같은 삶
을 오늘부터 다시 시작하여 너희 자신
을 돌이켜 보지 아니한다면 너희는 가
장 무서운 벌을 받는다는 것을 잊지
말라.

3,662 번째 하나님 말씀

2002년 10월 13일 12시 13분

(강론을 마치며)

1 사랑하는 나의 아들아!
2 "네, 아버님! 말씀하옵소서."
3 내가 너의 제자들에게 일러 말하기를,
너희가 나의 법전을 정독하며 나의 성
전에 와서 공부하기 전에,
4 너희가 깨우친 진리요, 너희들의 깨달
음이라 하여 너희가 몸담았던 그곳의
그 모든 배움을 다 마음속에서 지워
버리라 내가 너희에게 그리 전하였거
늘,
5 이것이 얼마나 너희에게 소중한 것인
가를 알아야 할 것이니라.
6 너희가 그를 받아들이지 아니하고 너
희 스스로 버리지 못하여 깨끗한 마음
으로 서지 못할 때,
7 진정한 나의 성령이 너희 가슴속에 들
어설 수 없다는 것을 너희는 알아야
할 것이니라.
8 어찌하여 너희는 내가 이와 같은 것을
깨우쳐 주어도 너희 것으로 깨닫지 못
하며 어리석은 삶을 살아가며 지난날
의 과거에 연연하는 그와 같은 삶을
살아가는가?
9 너희는 알아야 할 것이니라.
10 어린아이가 글을 배울 때, 바른 자세
로써 바른 선생이요, 부모로부터 바르
게 쓰는 것을 배웠을 때 그는 그것을
사회에 나가서 아름답게 쓸 수 있으나,
11 잘못 가르치는 자로부터 잘못 배우기
시작하였다면 그는 안 배운 자만 못하
느니라.
12 여기에 너희는 하나의 이치가 있음을
알아야 할 것이니라.
13 너희가 어떤 기술을 배우고 숙달하여
숙련공으로 살아갈 때, 잘못 배운 것
은 안 배운 것만 못함이니 다시 시작
함만 못함을 너희는 알아야 할 것이니
라.
14 잘못 배운 기술자가 그 기술을 고집한
다면 그는 거기에서 벗어날 수 없음이
니,
15 모든 것은 다 정도가 있고 정도의 교
수법이 있으며 정도의 가르침이 있느
니라.
16 거기에 벗어나서 배우는 자, 그것이
빠른 역사를 이룰 것 같으나 그는 세
월이 지나면 뒤지게 되어 있음이니,

17 그것을 버리고 늦게라도 바르게 가르
치는 스승에게 바로 배우고 깨우쳐 나
갔을 때,
18 그가 바로 늦게 배운다 하여도 그것이
앞에 가는 깨우침임을 너희는 알아야
할 것이니라.
19 이와 같은 이치를 세상에 너희가 수없
이 많이 가지고 있고 보거늘, 어찌하
여 내가 가르치는 그 뜻을 너희는 너
희 것으로 만들어서 깨우치지 못하는
가?
20 지금 모든 종파가 수천 년 역사 동안
에 흘러오면서 저희가 가는 길이 하늘
에 오르는 길이요, 구원을 받는 길이
라 부르짖으니,
21 그들이 그것을 버리지 아니하면 구원
을 받을 수 없음이니라.
22 그들이 세상에 살아가면서 차라리 정
답이라며 가르쳐 주지 아니하고 모른
다 대답했다면, 그는 다른 사람으로부
터 정답을 찾을 것이며 그가 연구하여
그 정답을 찾아 정답을 기재할 수 있
지 아니하겠는가?
23 그러나 정답을 알지 못하는 자가 정답
인 양 가르쳐서 그가 그것이 정답이라
알고 세상을 살아가며 만인 앞에 그게
정답이라 부르짖을 때 그는 어떠한 형
국이 이루어지는 것인가?
24 지금 하늘에서 창조주 내가 세상을 내
려볼 때 그와 같은 우를 범하고 사는
것이 너희들이니,
25 내가 그와 같은 뿌리를 버리라 하며
그와 같은 씨앗을 너희 가슴에서 지우
라 함이니라.
26 나의 아들이요, 나의 신부요, 나로부
터 선택된 백성이 그와 같은 잘못된
오답을 가지고 정답이라 부르짖었던
그 형국을 버리고 깨우치라 함이거늘,
27 그것 하나도 너희가 행하지 못하며 지
금 오답을 가지고 그저 그것이 정답이
라는 생각을 버리지 못하고 있으니,
28 내가 너희에게 정답을 손에 쥐어 주어
도 그 정답을 의심하고 의혹하며 그를
보기에 불안해하는 마음을 가지고 살
아가는 것이 너희의 그 마음이니,
29 어찌하여 너희가 그 속에서 나에게 깨
달음을 얻을 수 있으며 나의 가르침을
얻을 수 있다 하느냐?
30 너희가 평생 기도를 해도 그 기도 속
에 너희가 다른 생각을 하며 나에게
기도를 올린다면,
31 열 시간이라는 기간을 너희가 울고불
고 경배하며 기도해도 그것은 내가 듣
지 아니한다 하였음이니라.
32 차라리 그와 같은 마음의 통일을 할
수 없거든, 그저 '하나님, 감사합니다.'
그 한마디로써 끝내며,
33 아무런 생각을 하지 아니하고 드리는
기도가 온갖 잡생각을 다하며 열 시간
이고 며칠을 드리는 기도보다도 소중
하다 하였음이니라.
34 나 여호와가 너희에게 이르나니, 내가
하나를 주어서 너희가 깨우치지 못한
다 하면 내가 너희를 깨우치고자 열
개, 스무 개, 백 개를 너희에게 내려보
내는 그와 같은 나의 수고로움을 너희
는 어찌하여 생각하지 못하는가?
35 내가 다시 한 번 너희에게 강조하며
가르침이니라.
36 오답을 가지고 정답이라 살아온 너희

는 그 오답을 빨리 버려야 할 것이니
라.
37 뜨거운 것이 너희 손에 닿을 때 너희
가 그 손을 움츠리듯이 그걸 움츠리고
너희 마음을 다스려 놓은 다음에 나의
정답을 볼 때 너희가 그를 받아들일
수 있음이니,
38 이와 같은 나의 이치를 너희는 생활에
넓게 적용하여 깨우쳐 행하도록 그리
하라.
39 오답을 가르치는 자에게 오답을 배운
네가 그걸 가지고 정답이라 부르짖은
들 만백성은 그게 오답임을 알게 될
것이니,
40 하늘에서 보는 창조주 나 여호와는 너
희들의 머리카락 개수까지도 다 알고
세고 있다 너희는 그리 말하지 아니하
는가?
41 그것은 내가 너희들의 모두를 다 안다
생각하는 것이 아니니라.
42 그 모두는 내가 너희들과 항상 같이하
고 있으며, 내가 너며 네가 나라 하는
뜻임을 너희는 알아야 할 것이니,
43 이와 같은 속에서 살아가는 너희가 어
떠한 마음 자세로 살아가야 할 것인가?
44 그 자세를 바르고 곧게 살아가라 하여
내가 너희들의 머리카락 개수까지 다
알고 있다 하였음이니,
45 너희는 가르치기를, 그와 같이 전지전
능한 여호와 하나님이니 너희가 두려
움을 가지라 그리 가르칠 것이니라.
46 그러나 그는 내가 너희들과 같이하고
있으며 너희가 나와 같이하고 있음을
알라 하는 뜻이며,
47 항상 내가 너희들과 같이하고 있으니
너희가 삶에 있어서 나를 대신해서 사
는 그와 같은 마음 자세로 살라는 것
이니라.
48 오늘 내가 나의 아들을 통하여 너희에
게 다시 전함이니, 오답을 정답으로
잘못 깨우친 그 모두를 마음속에서 지
우는 너그러운 마음이요, 유한마음이
요, 부드러운 마음을 가지라.
49 너희 마음이 경직되어 있으며 너희 마
음이 굳어져 있기에 그를 보지 못함이
니라.
50 이제는 너희가 시간이 없음이니라.
51 나의 법전이 세상에 나가 만백성이 이
를 보고 연구할 것이며, 동양의 작은
나라 너희들의 문자로 세상을 다 덮는
다는 것을 너희는 어찌하여 모르는가?
52 어찌하여 너희는 그리도 어리석고 우
매한가?
53 내가 너희들의 문자로 공통어로 만들
려 하는 그 이유가 있음이니라.
54 너희가 여기서 '밥'이라 기록한 것을,
민족마다 그들이 밥이라는 것을 바나
나요, 과일이요, 사과요, 빵이요, 우동
이요, 그저 저희들의 주식을 갖다 거
기에 붙여 댈 것이니,
55 그러니 그 차이의 범위는 얼마나 무서
운 결과를 낳게 되더냐?
56 밥은 쌀로써 만든 것이거늘, 그것을
나의 피조물 만백성이 똑같이 쌀에서
얻은 것이 밥이라는 것을 알 때, 그들
이 기도하는 것이 통일될 것이며, 하
늘의 뜻이 무엇인가를 알게 될 것이니
라.
57 여기서 '사람'이라 말한 것을 다른 곳
에서 '소'요, '돼지'요, '호랑이'로 표현

하는 그와 같은 지금의 형국으로써는
너희가 많은 백성을 구할 수 없음이니
라.
58 모든 종파의 지도자들이 이와 같은 뜻
을 가지고 몇천 년 동안 역사를 이루
었더라면, 지금의 너희는 하나의 공통
어로써 세상을 다스렸을 것이니라.
59 그러나 나의 뜻이 여기에 있으며 내가
이루고자 하는 역사가 여기에 있음을
그들은 모르니,
60 그저 우물 안 개구리처럼 저희 것이
소중하며 저희 것만이 위대하며, 그와
같이 저희들 속에서 나의 가르침이요,
나의 성령이요, 나의 뜻을 저희 것으
로 해석해서 그리 살았음이니,
61 천 갈래 만 갈래가 다 다름이니 이를
가지고 어찌하여 하나의 진리를 찾겠
느냐?
62 진리는 하나며 나의 가르침은 하나이
니,
63 그리하여 내가 4부부터 세계의 모든
언어를 공통어로 만듦이니, 이게 천
년의 역사에 이루어지는 것임을 너희
는 알아야 할 것이니라.
64 내가 여기에 선택된 너희들 한 사람을
이 지상의 모두와 바꾸지 아니한다는
것을 너희는 알아야 할 것이며,
65 내가 너희를 버리지 아니하고 지상의
모든 것과 바꾸지 아니하는 그와 같은
나로부터 선택된 백성으로서 살아가
는 마음을 다스리는 데 최선을 다하여
야 할 것이니, 그 외에 아무것도 없음
이니 그리 알라.

3,663 번째 하나님 말씀

2002년 10월 14일 07시 06분

1 사랑하는 나의 아들아!
2 "네, 아버님! 말씀하옵소서."
3 너희가 하늘에 오르는 길이요, 구원을
받는 길은 자신과의 싸움이라 하였음
이니라.
4 자신과의 싸움에서 이기고 승리하는
자만이 영원히 구원을 받는 길을 갈
수 있으며 오를 수 있음을 너희가 알
아야 할 것이니라.
5 그리하여 너희는 너희 스스로 제삼자
의 입장에서 자기 자신을 항상 두드려
보며 냉혹하게 점검하여 너희 스스로
자신이 어디에 서 있으며 너희 마음
자세가 어디에 있는 것인가를 항상 봐
야 한다 하였음이니라.
6 자기 자신을 비평하며 자기 자신을 냉
철하게 보지 못하는 자, 남의 허물을
보게 됨이니라.
7 자기 자신을 냉철히 판단하며 자기 자
신을 들여다보며 자신과의 싸움에서
진정한 정의의 길이요, 선을 위한 삶
을 살아가는 자,
8 그리고 자기 자신을 스스로 다스려 보
며 자기 자신을 점검할 때 냉정한 사
람, 그와 같은 백성이야말로 남을 용
서하고 이해할 수 있는 그러한 백성임
을 알아야 할 것이니라.
9 자기 자신에게 너그러운 자가 남을 평
하며 남의 허물을 보며 남을 욕하게
되어 있음이니라.
10 그는 제 생각에 따라 그러려니 하는
그와 같은 마음이요, 제 생활과 제 마

음에 맞춰 남을 보기에 그러한 것이니
라.
11 어떠한 고통과 시련의 어려움이 있다
하여도 그를 싸워서 이기는, 그리고
인내하는 그와 같은 어렵고 힘든 길을
가지 아니한다면,
12 너희는 정녕 믿음의 길이요, 하늘에
오르는 길을 볼 수 없음을 알아야 할
것이니라.
13 그러니 자기와의 싸움이며 자신의 싸
움 그 속에는 오로지 자기 자신을 들
여다보는 냉철함과, 자기에 대해서 냉
정하리만큼 그 자신을 스스로 판단하
며 스스로 점검해 보는 그와 같은 삶
이 아니면, 너희는 정녕 바른 삶을 살
수 없음을 알아야 할 것이니라.
14 그 누구도 너희 자신보다 더 잘 아는
자 없으니, 너희 자신의 잘하고 못한
것이요, 선한 마음과 악한 마음이요,
사악한 마음을 가짐과 갖지 아니함이
요, 너희들의 행동함에 있어서 자신보
다 더 잘 아는 사람은 없음이니,
15 너희가 하늘에 오르는 길은 자신과의
싸움이며,
16 자신과 싸울 수 있는 자, 그리하여 자
신과의 싸움에서 이기는 자는 자기 자
신을 제삼자의 입장에서 냉철히 분석
하고 판단할 수 있는 지혜와 능력을
갖춘 자이니,
17 그리하여 그는 저 스스로 자신을 다스
릴 수 있으며 자신과의 싸움에서 이길
수 있는 것이니라.
18 그 누구도 자신보다 더 잘 아는 사람
이 없으며,
19 자신의 특성이요, 장기요, 자신의 거
짓된 삶이요, 진실된 삶이요, 그 모두
를 하나부터 만 가지에 이르기까지 자
기 자신보다 더 잘 알고 확실히 아는
자가 없음이니,
20 너희에게 자신과의 싸움에서 이기라
는 것은 자신을 냉철하게 평가하여 자
기가 서 있는 오늘의 위치를 들여다보
도록 하게 함이니라.
21 자신에게 냉혹하리만큼 냉정한 자, 그
리고 엄격히 판정하는 자는 남을 너그
럽게 볼 수 있으며 남을 용서할 수 있
으며 남을 아름답게 볼 수 있음이니라.
22 자신에게 냉혹하지 못한 자, 자신에게
냉정하지 못한 자, 그는 자신을 다스
리지 못하기에 남도 또한 그와 같이
본다 내가 말하였음이니,
23 이와 같은 이치를 너의 제자들에게 깨
우쳐 자신과의 싸움에서 승자가 되도
록 그리하라.

3,664 번째 하나님 말씀

2002년 10월 14일 07시 15분

1 사랑하는 나의 아들아!
2 "네, 아버님! 말씀하옵소서."
3 '하늘에 오르는 길'이요, 너희를 구하
기 위하여 나의 성령을 기록하여 내린
책인 이 법전을 믿으며 나의 아들을
너희가 믿을 때 내가 너희를 믿을 것
이요, 내가 너희를 버리지 아니함이라
말하였음이니라.
4 내가 새로운 제3의 시대의 역사를 이
루기 위하여 나의 법전을 밤과 낮을
가리지 아니하고 나의 아들을 독려하
여 이와 같이 세상에 냄이니,

5 이 법전을 읽고 깨우치는 너희가 정녕
이는 나의 성령이라 믿지 아니하며,
6 그리고 누구도 할 수 없는 대장정의
나의 성령을 받아 기록하는 나의 아들
을 믿지 아니하는 너희는 내가 또한
너희를 믿지 않을 것임을 알아야 할
것이니라.
7 내가 너희를 믿지 아니함은 무엇이던
가?
8 내가 믿지 아니할 때 너희는 나의 자
식이라 하여 그와 같이 내 품으로 돌
아올 자격이 없음을 내가 말함이니라.
9 너희가 나를 믿지 못하는 것은 너희가
하늘에 오르고자 하는 그 믿음이 아무
리 강하고 철저한 것같이 행하고 가더
라도 그는 근본이요, 기본이 아니 된
자이기에 내가 너희를 나의 자식이라
말할 수 없다 함이 아니던가?
10 사랑하는 나의 아들아!
11 "네, 아버님! 말씀하옵소서."
12 오늘 내가 너에게 기록하여 너의 제자
들에게 이르기를, 내 성령으로 기록된
나의 법전을 믿으며 네가 나의 아들임
을 믿을 때, 내가 존재함을 그들이 믿
는 것이니 내가 그들을 믿는다 그리하
였음이니라.
13 이는 오로지 너와 너의 제자들이 남으
로부터 한 점의 부끄러움이 없는 삶을
살아, 너희를 보고 그들이 믿을 수 있
는 그와 같은 행위로 살아감이 우선임
을 알아야 할 것이니라.
14 내가 너희에게 가르쳐 말하기를, 이는
나의 성령이요, 나의 아들임을 믿으라
하며, 너의 제자들 또한 선택된 백성
이요, 신부라 믿으라 하나,
15 그와 같은 것은 내가 너희에게 명하며
너희를 깨우쳐 주는 것이요,
16 너희 자신은 스스로 그와 같은 자격을
갖추는 삶을 살아가는 것이 먼저임을
알아야 할 것이니라.
17 너희가 바르게 살고 나의 법전대로 행
하고 살아갈 때 그 모두는 그들 스스
로 믿고 너희를 따를 수 있는 그와 같
은 깨달음을 얻게 되느니라.
18 그와 같은 삶 속에서 너희가 편안한
모습을 보여 주는 그것만이 가장 위대
한 변화요, 역사임을 너희가 잊어서는
아니 되느니라.
19 그리하여 너희가 많은 백성으로부터
감히 누구도 넘을 수 없는 그 어렵고
힘든 길을 와 그들에게 본보기가 되며
그들의 기본이 되는 것은
20 너희가 자신과의 싸움에서 하늘을 향
하여 나 여호와 창조주에게 한 점의
부끄러움이 없는 삶을 살아가는 그와
같은 모습에서 모두가 이루어진다는
것을 잊지 말도록 그리 가르치라.
21 내가 하나하나 너희 마음을 점검해 볼
때, 너희가 하나가 되기는 아직도 멀
었으며,
22 너희 스스로 마음속에 있는 작은 잘못
된 마음들을, 욕심이라는 그 근본을
완전히 뽑아내며
23 너희가 바보와 같은 마음이요, 천사와
같은 마음으로 세상을 바라보며 너희
형제를 바라볼 때 하나의 마음의 역사
는 이루어지는 것이니,
24 너희가 다 지금도 물질이요, 자기의
명예요, 육신의 편안함에 연연하고 있
으며 그 모두를 거기에 먼저 맞추고

역사하며 나의 법전을 접함이니, 정녕
나의 법전의 뜻을 알 수가 없음이니라.
25 모두는 나의 법전의 소중함이요, 이
역사를 위하여 너희가 세상에 태어난
자이며 나로부터 선택된 자들이요, 그
리고 선택된 너희가 얼마나 소중한가
를 알아야 할 것이니라.
26 나로부터 선택되지 아니한 백성이 나
의 법전이 무엇인가를 알며 그가 하늘
에 오르는 길이라는 것을 어찌 깨우쳐
주겠는가?
27 나로부터 선택되어 너희 모두를 다 바
쳐 만백성을 깨우치며 그대로 행하여
야 할 너희가 그리 행하지 못하며 너
희 자신이 흔들리는 그와 같은 마음
자세로 산다면,
28 선택된 너희가 믿지 아니하며 그리 행
하지 아니할 때, 누가 나의 160권의
법전을 믿으며 나의 아들의 가르침을
믿으며 나의 아들이 나로부터 선택된
나의 아들이라 함을 믿겠는가?
29 그러니 너희 스스로 변하며 너희 스스
로 자신을 다스림에 있어서 너희가 먼
저 그리 행하라 함이 여기에 있음을
알라.
30 누구보다도 너희가 나의 법전을 믿으
며 나의 아들을 믿고 갈 때, 그리고 이
는 정녕 창조주 나 여호와가 마지막
시대에 너희를 일깨워 주는, 마지막으
로 너희에게 내리는 은혜와 영광이라
는 것을 너희 스스로 뼛속 깊이 새겨
행할 때 남들이 그를 알 수 있음이니
라.
31 너희가 나의 아들을 믿으며 나의 법전
을 100이라는 수치로 믿을 때, 남들은
80이요, 60이요, 20이요, 이와 같이 너
희보다 점점 떨어지는 수치에서 믿고
가게 된다 하였음이니,
32 너희가 100이라는 수치를 넘지 못할
때 그들이 과연 100이라는 수치로 보
고 너희만큼 깨우쳐 올 수 있으며 그
와 같이 깨달음을 얻을 수 있겠는가?
33 결코 이는 이룰 수 없음이니라.
34 지금 저희 스스로 도취되어 저희만이
구원을 받을 수 있으며 그저 광란의
찬송이요, 광란의 기도로써 울부짖으
며 재물과 금화만을 바치며 그저 저희
집단 속에 그 지도자에 따라 하나가
되어 행동하는 것이 영원히 나로부터
구원을 받는 길이라 그리 착각하고 살
아가는 백성이요, 믿음의 길을 가는
자들이 있으니,
35 그들이 아래위로 얽히고설킨 그 끈 하
나하나를 끊고 나의 법전을 보고 깨우
치기는 하늘에 있는 별을 따는 것보다
더 어렵다 해도 과언이 아닐 것이니,
36 그 모든 얽히고설켜 있는 끈을 하나하
나 그들이 버릴 수 있는 것은 오로지
너희가 살아가며 변하는 그 역사밖에
없음을 내가 너희에게 간곡히 부탁함
이니, 이를 명하여 실행하도록 그리하
라.

3,665 번째 하나님 말씀

2002년 10월 14일 07시 25분

1 사랑하는 나의 아들아!
2 "네, 아버님! 말씀하옵소서."
3 너희가 말하기를, 하늘의 하루, 나 여
호와의 하루가 너희 지상의 천 년이라

그리 말하였으며, 너희가 6일이라는
날짜에 걸쳐 그 모든 역사를 이루었다
하였음이니,
4 너희가 말하는 그 하루의 쉬는 안식일
은 과연 너희가 6일의 생활 후에 하루
를 쉬는 것이 안식일이라 생각하는가?
5 그건 스스로 너희가 반성하고 회개하
며 믿음을 다스려 보는 그와 같은 깨
달음의 날로서 너희가 만든 것이며,
6 내가 너희에게 내리는 것이며 너희가
나에게 부르짖는 그 안식일이라는 것
은 천 년의 긴 역사를 말함이니라.
7 그리하여 천 년의 그 역사는 무엇이던
가?
8 내가 나의 법전을 기록하여 너희에게
내리며 내가 너희에게 안식일의 삶을
깨우쳐 줌은 무엇이던가?
9 나의 법전이 세상에 내려가는 것은 너
희들의 안식일을 위하여 너희에게 내
려보내는 깨우침임을 알아야 할 것이
니라.
10 안식일이라 함은 천 년에 걸쳐 변하는
그 역사 속에서 너희가 편안하게 영원
히 사는 그날을 안식일이라 말하는 것
이며,
11 너희가 며칠 간의 고된 일을 하며 너
희가 잘못 살아온 것을 회개하고 반성
하는 그와 같은 너희가 말하는 6일의
삶이며 그 하루의 안식일이라는 것으
로 그리 착각하지 말라.
12 너희가 지금 6일 동안 일하고 하루 쉬
는 안식일은 너희 손으로 지은 그 성
전을 운영하고 경영하기 위하여 재물
을 거둬들이는 그와 같은 방법으로써
너희 머리로써 짜 내어 너희가 만든
것임을 알아야 할 것이니라.
13 나로부터 안식된 날이라는 것은 너희
가 영원히 살아가는 그 삶을 말하는
것이며 그 역사를 위하여 내가 나의
법전을 지금 세상에 내려보냄이니 그
리 알라.
14 내가 너희들의 성서에 기록되어 가르
쳐 주기를, 나의 아들 예수의 가르침
이요, 또한 나의 뜻을 전하는 것은 너
희들의 가정의 화목이요, 형제의 화목
을 위하여 내려보내는 것이 아니라,
15 너희들의 반목과 불화와 너희가 언쟁
하는 속에서 너희를 구원할 자, 구원
하지 아니할 자 구분되며,
16 그와 같은 역사의 반복 속에서 너희가
나를 알게 되며 나 여호와의 뜻을 알
게 되며 내가 존재함을 알게 되어 너
희 스스로 나를 경배하며 나에게 기도
하는 백성으로서 이루고자 함이니라.
17 그러나 너희가 지금 가르치고 나의 백
성들을 하늘에 오르도록 인도하는 그
길이 나와는 전혀 관계없는 그와 같은
형국으로 갔음이니,
18 그는 바로 내가 너희에게 수없이 깨우
쳐 주었듯이 너희가 인간의 계명을 만
들어 너희 뜻대로 그리 좌지우지하였
으며,
19 있는 자, 가진 자, 믿음의 길을 먼저
가는 자, 지도자라는 너희가 마음대로
너희 취향대로 만들어 지금 만백성을
끌어오는 그와 같은 형국이 되었음이
니,
20 오늘 내가 나의 아들을 통해 너희에게
명하나니, 안식일이라는 것은 영원히
너희가 사는 그것을 말하는 것이니라.

21 영원히 쉬는 그것이 안식이니라.
22 너희가 6일이라는 기간을 일하고 하루를 쉬는 그와 같은 것이 안식의 형태가 아님을 알라.
23 너희가 6일의 삶을 잘못 살았으며 하루를 또 회개하고 반성한다는 그와 같은 삶으로써 그것을 안식일이라 말하지 말라.
24 내가 말하는 안식일은 그와 같은 것이 아니며, 그는 너희가 만든 안식일이니라.
25 다만, 너희가 6일이라는 시간을 열심히 살고서 나에게 경배하고 기도하고 깨우침을 얻고 회개하는 시간은 너희 스스로 너희 가정에서, 너희 직장에서 그와 같이 돌아다보는 삶을 살아가는 것이 중요함을 너희는 알라.
26 그리하여 너희가 말하는 그 안식일에 의식주를 해결하지 못한 자는 일하라 하였으며 스스로 노력하여 그를 정리하라 하였음이니라.
27 정녕 그것은 너희가 만든 안식일이요, 너희 스스로 힘들고 어려움을 쉬어 가는 그와 같은 이치의 가르침이 거기에 있느니라.
28 안식일이라 하는 것은 영원히 너희가 하늘과 같은 나의 지상의 낙원에서 사는 그것을 말함이니라.
29 그리하여 내가 안식일의 역사를 이루기 위하여 천 년에 걸쳐 너희를 깨우치고 바로잡기 위하여 나의 법전이 세상에 내려감이니,
30 이 법전이 세상에 내려가 이를 읽는 자들이 반목할 것이며, 형제간에 불화가 있을 것이며, 가정에 또한 불화가 있을 것이며, 너희가 불화의 소용돌이가 있을 것이니라.
31 그 속에서 나의 법전을 읽고 깨우친 자, 너희가 좌절하지 아니하며 법전을 던지지 아니하며 너희가 생명보다도 소중함을 깨달아,
32 너희 형제요, 반목하는 자요, 불화의 소용돌이 속에서 그들을 너희가 잘 인도하고 깨우쳐 구원하는 그와 같은 역사를 이루어야 할 것이니라.
33 그것이 너희가 해야 할 일이며 너희가 이루어야 할 역사임을 알라.
34 나의 법전이 세상에 나감이니, 이제는 어떠한 믿음의 종파의 소용돌이요, 너희들의 반목이요, 불화요, 그와 같은 것이 상상할 수 없는 무서운 태풍이 불어오듯이 이제 모두의 반목이 생길 것이니라.
35 믿음을 가진 형제지간에 반목이요, 부모와의 반목이요, 이웃과의 반목이요, 사회와의 반목이요, 종교 집단의 반목이요, 그 무서운 소용돌이 속에서 견디고 이겨야 함이 너희가 가야 할 길이니라.
36 그 태풍의 시대가 한 번은 불어야 하며 그 역사의 소용돌이가 한 번은 거치지 아니하면 아니 됨이니라.
37 이제 너희는 영원히 하늘에서 이루어진 것같이 이 지상에 이루어지는 그것이 바로 안식일의 뜻임을 알라.
38 그와 같은 영원히 안식일의 삶을 사는 너희 후손을 위하여 너희가 오늘의 어렵고 힘든 그 역사를 이룸이니라.
39 그러나 너희가 반드시 승자임을 잊지 말라.

40 이 역사는 창조주 내가 주관하기에 이
루어짐을 너희는 알아야 할 것이니라.
41 이 안식일의 의미를 만백성에게 이제
깨우쳐 전할 때가 되었으며,
42 너희가 경지에 올라 있으니 내가 원하
고 가르치는 그 뜻을 또한 너의 제자
들이 알아들을 것이니라.
43 이를 만백성에게 전하여 깨우쳐 주도
록 그리하라.

3,666 번째 하나님 말씀

2002년 10월 14일 07시 36분

1 사랑하는 나의 아들아!
2 "네, 아버님! 말씀하옵소서."
3 내가 너를 통하여 내려 나의 법전에
기록되는 모든 내용은, 너희가 상상할
수 없는 그와 같은 내가 너희에게 깨
우치는 모든 형국이
4 너희가 듣고 나의 백성들이 나의 법전
을 읽고 깨우치는 동안 그 모든 역사
가 다 시행되고 있음을 너희는 알아야
할 것이니라.
5 나의 법전을 세상에 전할 자가 올 것
이라 말하면 그와 같은 자가 준비되어
오고 있는 것이며,
6 너희가 변하는 그 세상의 역사를 법전
에 기록하여 내가 너희에게 전할 때
그와 같은 역사가 지금 이 지상의 각
곳에서 하나씩 둘씩 그리 시행되고 있
음을 너희는 알아야 할 것이니라.
7 그리고 그리된다 내가 말하였음이니
라.
8 나의 법전에 너희들의 성전에, 너희
손으로 지은 곳의 문을 닫는 자, 잘못
가르치는 종교 지도자를 단죄하는 자,
그리고 종교 지도자들이 깨우쳐 새로
운 역사 속에 나의 법전을 읽고 깨우
쳐 가는 자, 그와 같은 자들이 나올 것
이라 내가 말하면, 이미 이 지상의 백
성 중에서 그와 같은 역사가 시행되고
진행되고 있음을 알아야 할 것이니라.
9 그리하여 160권에 기록된 그 내용들
이 두려운 것이며, 이가 창조주 나의
뜻임을 너희는 알아야 할 것이니라.
10 모두 160권에 기록된 그 역사들이 다
각국, 너희 인류, 이 지상의 한 곳에
서, 또는 열 곳에서, 백 곳에서 그와
같은 것이 서서히 진행되고 있는 것이
기에 내가 너희에게 그 무서움을 알라
하였음이니라.
11 또한, 너희는 하나 더 깨우쳐야 할 것
이니라.
12 나의 법전에 기록되어 있는 그 모든
내용은 정녕 구약과 신약 속에서 나의
아들을 통하여 너희에게 전했던 그 내
용들이 다 기록되어 있으며,
13 그 내용들에 의하여 여기서 지금 내가
너희를 깨우쳐 가고 있음을 알아야 할
것이니라.
14 나의 법전에 기록되어 내가 너희에게
깨우치는 그 내용은 이미 구약과 신약
에 내가 미리 다 그를 기록하여 너희
를 깨우치도록, 미리 예견하여 너희가
준비하고 대비하도록 그리 가르친 내
용들을 나의 법전에 나열하여 너희에
게 상기시키는 대목이 있음을 알아야
할 것이니라.
15 그러나 너희가 그를 바라보지 못하였
으며 그 내용을 알지 못하기에 지금까

지 이리 험악한 세상으로 변천되었음
을 알아야 할 것이니라.
16 창조주 나의 진리요, 참진리는 하나이
기에, 나의 진리는 모든 세상에서 그
리 이루어지기에,
17 내가 너희에게 깨우치는 것은 이미 역
사적으로 변화되고 있는 것을 증명하
는 것이요,
18 내가 너희에게 진실로 가르치고 깨우
치고자 하여 법전에 강조하는 그 모든
내용은 이미 성서에 기록되어 있으니,
19 그는 바로 나의 아들이 나의 뜻을 받
아 그 제자들로 하여금 기록한 역사
에, 성서의 구약과 신약에 그 내용이
있음을 너희는 알아야 할 것이니라.
20 내가 나의 성서에 일찍이 그리 기록하
였느니라.
21 형제가 형제를 죽이는 시국이 오며,
또는 아비가 자식을 죽이고, 자식이
아비를 죽이며, 금화와 은화 앞에 형
제요, 자식도 없는 그와 같은 형국이
이루어질 것이라 하였으며,
22 너희가 금화와 은화요, 그 재물이요,
명예를 위하여 너희를 낳아 주고 길러
준 부모를 팔고 사는 시대가 오는가
하면 자식을 팔고 사는 그와 같은 시
대가 온다 그리 성서에 기록되었으나,
23 너희는 이것을 너희들의 종교 집단에
오지 않는 자, 그리고 그곳에서 믿음
을 행하지 않는 자들의 하는 행위라
그리 가르치니,
24 이와 같은 모든 역사를 만든 것은 지
금 잘못 가르치는 종교 지도자, 너희
들로 하여금 이 시대가 이리 험악하게
이루어졌음을 너희는 알아야 할 것이
니라.
25 너희가 나의 법전을 기록하여 나의 피
조물 만백성이 깨우쳐 가며 스스로 변
화되듯이,
26 너희가 진정 바른 자세로써 나의 성령
을 가르쳤으며 나의 뜻을 가르쳤으며,
너희 육의 삶을 위하여 너희가 만든
인간의 계명으로써 나의 백성들을 가
르치지 아니하고 나의 성령으로써 가
르쳤다 하면,
27 오늘과 같은 형국은 이루어지지 아니
하였을 것이니라.
28 오로지 자신만이 구원을 받으면 되며,
자신만이 구원을 받았다는 오만과 자
만 속에서 너희가 울고불고 악을 쓰며
가는 그 믿음 자체가 잘못되었음이니,
29 그로 인하여 너희가 진정한 믿음을 위
해서 가는 것이 아니요, 너희들의 기
분에 의하여 너희들 인간의 계명으로
만든 그 틀에 맞춰 광란의 짓을 하고
있음임을 알아야 할 것이니라.
30 너희가 나의 뜻을 배우며 나의 성령을
들으며 나의 가르침을 듣는다 하여 너
희 손으로 지은 성전에 모여 나의 가
르침을 배우는 그 역사의 시간을 종교
지도자요, 배운 자, 너희는 한번 깨우
쳐 보도록 하라.
31 너희가 찬송이라는 것을 부르며 눈물
로 광란의 짓을 하는 것이 과연 그 속
에 나의 가르침이 있는가?
32 나의 아들이 너희를 가르치기 위하여
나의 법전이요, 나의 성령을 듣고 너
희에게 몇 시간씩 가르치고 강론해도
너희 머릿속에 무엇이 남던가?
33 너희가 실천할 것이 무엇이며 행하여

야 할 것이 무엇인가를, 너희가 나의 성전에서 나갔을 때 그를 잊어버린다 하였음이니,
34 너희는 스스로 찬송이라는 것을 부르며 그 찬송의 구절에 의하여 너희가 도취되고 광란의 소리를 지르고 악을 쓰고 눈물범벅이 되어 너희 손으로 지은 성전에서 나왔을 때 너희에게 남아 있는 게 무엇이던가?
35 오만과 자만만 남아 있으며,
36 너희는 성서의 가르침을 들은 것도 머릿속에 하나 남지 아니하며,
37 그저 너희가 광란의 짓을 하여 너희 마음의 스트레스라는 것을 정리하고 푼 그것 외에는 남은 것이 없음이니라.
38 그것이 바로 너희가 지금 가고 있는 믿음이니, 그것을 누가 만들었는가?
39 지금의 종교 집단 너희가 그리 만들었음이니라.
40 이와 같이 몇 년 동안, 몇십 년 동안, 몇천 년 동안 잘못 흘러온 그 집단들을 너희 스스로 이제는 단죄하며 너희가 깨우칠 때가 되었으나,
41 그 밑에서 배우는 신도라는 자들, 그들 자체도 동질의 뜻에 젖어 저희들이 무슨 행위를 하고 있으며 지금 어떠한 짓을 하고 있는지 그것 자체도 분별하지 못하고 있음이니라.
42 성서에 나의 성령의 가르침에 의하여 너희가 감복해 눈물을 흘리는 것이 아니요,
43 누가 짓고 누가 만들었는지도 모르는, 너희 스스로 만든 그 찬송의 구절을 보고 그것에 감동하여 울고불고 광란의 짓을 하고 나로부터 은혜를 받았다 하며 그 성전을 나오는 자들이니,
44 바로 무엇을 너희가 비유하여 깨우쳐야 할 것인가?
45 너희가 기도하는 것은 나에게 죄를 용서해 주며 너희가 아름답게 살 수 있는 용기를 달라 기도하면 된다 하였음이니라.
46 그러나 너희는 나의 아들을 통하여 내가 내린 그 깨끗하고 단순한 기도로써 만족하지 못하며,
47 인간이 만든, 종교 지도자가 제가 만들어 내며 제가 글로써 조작하여 그저 너희에게 듣기 좋은 소리, 아름다운 소리, 들어서 기분 좋은 소리, 이와 같은 것을 지껄이는 그 소리에 너희가 현혹되어 '아멘!'이요, '할렐루야!'요, 은혜를 받았다 소리 지르니,
48 그는 나에게 파도 소리 하나만큼도 들리지 않는 너희 스스로 하는 짓이라 말하였으니,
49 그와 같은 기도 소리를 듣고 은혜를 받았다 부르짖는 너희들이며,
50 인간이 만들어 작곡·작사했다는 그 곡을 가지고 부르짖으며 그것이 내가 너희에게 내리는 영광인 것처럼, 나의 아들 예수가 너희를 그리 보고 있는 것처럼, 그 광란의 짓을 하는 너희에게 축복을 내리는 것처럼, 나의 아들 예수가 손을 대 너희를 잡고 있는 것처럼 너희는 미쳐 날뛰니,
51 그 속에 누가 지은 것이며 누가 만든 것이며 누가 너희에게 가르치는 그 글귀를 가지고 너희가 그리 광란의 짓을 하는가?
52 너희 마음을 자극하며 너희를 광란의

도가니로 몰아넣고자 사악한 인간들
이 만든 그 곡조를 가지고 너희는 미
쳐 날뛰이니,
53 제 마음대로 지껄이는 그 기도 소리를
듣고 축복받았다며 '할렐루야!'요, '아
멘!'이요, 천국에 간다 소리 지르는 너
희가 바로 그 속에 젖어 있는 것과 다
름이 없음이니,
54 너희가 부르는 찬송 또한 그와 같은
것을 깨달아야 할 것이니라.
55 그리하여 너희가 지옥으로 가는 것을
더 이상 볼 수 없고 불쌍하여 내가 나
의 아들을 밤과 낮을 가리지 않고 독
려하여 나의 법전을 세상에 내보내는
것이니,
56 이를 가지고 깨우치는 자만이 정녕 구
원을 받을 수 있을 것이며,
57 지금의 믿음 속에서 믿음을 가지고 가
고 있는 그 신도 너희가 지금의 잘못
가고 있는 그 집단 속에 깨우침을 얻
어 너희가 단죄하는 그와 같은 변화를
이루지 아니하는 자는 구원을 받을 수
없음을 알아야 할 것이니라.
58 그와 같이 광란의 도가니에 빠져 있으
며, 피를 보는 흡혈귀보다 더 무서우
며 서로 전쟁터에서 죽고 사는 그보다
도 더 무서운 마음으로 지금 광란의
짓을 하며 울부짖는 그 백성을 구하는
것이 너의 제자들이요,
59 나의 법전을 읽고 깨우친 만백성 너희
가 해야 할 일이니,
60 너희가 너희 생명을 두려워하며 너희
가 죽고 사는 것을 두려워하며 무엇이
두려워 겁을 먹는다 하면 너희는 아무
것도 이룰 수 없는 자들이니,
61 너희 자신이 너희들의 생명의 두려움
을 마음속에 가져서도 아니 되며, 이
역사를 이루는 것 이외에 다른 생각을
하고 살아가서는 아니 될 것이니라.
62 너희는 형제의 잘못되고 잘됨이요, 잘
가고 잘못 감이요, 아름답고 추한 그
런 작은 것으로써 반목하며 시비를 가
르고자 언성을 높이는 형국으로써 나
의 성전에 와 그와 같은 행위를 하는
자, 그들을 단죄하여 나의 성전의 문
에 들여서는 아니 될 것이니,
63 작은 것에 연연하며 사악한 것에 연연
하는 그와 같은 너희가 되어서는 아니
됨이니,
64 너희가 이루는 그 역사가 얼마나 위대
한 것인가?
65 그에 너희들의 모두를 바치는 마음으
로 살아가도록 그리하라.

3,667 번째 하나님 말씀

2002년 10월 14일 07시 49분

1 사랑하는 나의 아들아!
2 "네, 아버님! 말씀하옵소서."
3 너희들 인간사에 살아가면서 선하고
착하게 살아가는 자식에게 매질하는
부모가 없으며 그를 사랑하지 아니하
는 부모가 없을 것이니라.
4 또한, 그가 성장하면서 부모의 뜻에
따라 너희가 말하는 사회에 필요한 사
람으로 성장하기 위하여 노력하는 자
식에게 매를 가하며 그를 탓하는 부모
가 없을 것이니라.
5 지금 수천 년 동안에 믿음 속에서 하
늘에 오르는 길을 인도하며 가르치는

백성, 그곳에서 저희들이 보혈로써 구
원을 받았다 하는 그 백성, 그 모든 살
아왔던 너희들의 지금의 믿음이 잘못
가는 길이요, 그를 바로잡기 위한 그
역사를 지금 내가 이루고 있음이니,
6 구약 시대에는 모세라는 나의 백성을
통하여 모든 역사를 이루려 했으며,
7 신약 시대에는 그보다도 더 나에게 소
중한, 또한 내가 더 모두를 다 잘 다스
려 놓은 나의 아들 예수로 하여금 너
희를 구원하고자 하는 그 역사를 이루
었으나,
8 너희가 어찌 그와 같은 잔악한 행위로
써 그 모두를 다 단절시켰는가?
9 그리하여 지금 제3의 시대에 내가 직
접 세상에 내려와 너희를 구하고자 하
는 나의 법전을 세상에 내려보내고 있
음이니,
10 이제 마지막 시대에 내가 너희에게 내
릴 수 있는 은혜요, 너희에게 마지막
베푸는 사랑의 역사라 내가 말하였음
이니라.
11 그리하여 그곳에 선택된 나의 백성,
너희가 얼마나 나로부터 소중한 자들
인가?
12 너희가 나로부터 소중한 자인만큼 너
희가 바로 서지 아니하면 내가 너희를
쓸 수가 없음이니, 너희는 이와 같은
이치를 깨우쳐야 할 것이니라.
13 너희는 내가 너희에게 육의 행복을 위
하여 은혜요, 영광이요, 금화와 은화
요, 명예를 내려보내지 아니한다 하여
나의 존재함을 의심하며 나의 법전을
의혹하며 나의 아들이 너희에게 강론
하는 것을 의혹하는 마음을 가지고 있
을 것이니,
14 너희가 이는 그와 같은 마음을 갖기
전에 너희 스스로 자신이 서 있는 자
리를 한번 바라다봐야 하는 그 뜻을
알아야 할 것이니라.
15 내가 인간 세상에도 선한 자, 아름답
게 살아가고자 하는 자, 부모의 뜻에
순종하며 사회에 필요한 인간으로서
성장하기 위해 노력하는 자, 그와 같
은 자식을 매질하며 탓하는 부모가 없
다 말하였음이니라.
16 너희가 바로 서고 바로 가는 그와 같
은 백성으로서, 인간의 세속에 사는
너희가 나의 뜻에 따라 너희들 인간의
육의 욕심이요, 부귀영화에 대한 그
집착을 버리며, 나의 법전이요, 나의
성령을 먼저 생각하는 나의 선택된 백
성으로서 살아간다면,
17 내가 너희에게 어찌하여 매질을 가하
며 너희에게 고통을 주며 너희에게 시
련의 그 훈련을 시키겠는가?
18 너희가 내가 원하는 방향으로 다스려
지지 아니하였으며 바로 서지 못하였
으며 바로 깨우치지 못하였기에 너희
를 바로잡고자 하는 것이 지금의 훈련
의 그 과정인 것이니,
19 이것은 너희들 스스로 지금 선택한 것
이며 너희가 스스로 훈련에 돌입한 것
임을 알아야 할 것이니라.
20 정녕 너희가 바보스러운 자요, 천사와
같은 마음을 가진 자, 그리고 그와 같
은 변화의 역사를 이룬 백성이 있는가?
21 그와 같이 이루지 못한 백성이 어찌하
여 천사만 사는 하늘나라에 감히 올라
올 수 있다 생각하는가?

22 나의 심성을 닮지 아니하고 너희가 나
의 나라의 천국의 문턱을 넘으려 하는
것과 같음이니라.
23 이제 너희에게 더 이상 시간이 없음이
니라.
24 내가 너희에게 더 이상 하나가 되라,
마음을 비우라 할 수 없으며,
25 그리고 그 많은 세월 동안 나의 법전
을 읽었으며 나의 아들로부터 강론을
들은 자, 너희가 하나가 되는 그 대변
화의 역사를 이루지 못한다면,
26 너희들 앞에 내가 내리는 상이요, 영
광이요, 은혜가 없을 것이며,
27 내가 너희가 우등생이 되었을 때 내리
고자 하는 그 모두를 다 거두는 역사
밖에 없을 것이니라.
28 이제는 내가 너희를 더 이상 볼 수 없
다 하며 내가 버릴 자와 버리지 아니
할 자를 구분할 것이라 하였음이니,
29 이제 너희가 마음이 하나가 되어 손을
잡고 오로지 나의 법전의 역사를 이루
는 데 모두 다 마음을 하나로 통일하
지 아니한다면 아무것도 이룰 수 없음
을 알 것이며, 너희가 갈구하고 원하
는 그 상을 받을 수 없음이니,
30 너희가 둘 중의 하나의 길을 선택하는
시점이 왔음을 알아야 할 것이니라.
31 나의 성령이 무엇이며 나의 법전이 무
엇이며 나의 아들이 너희를 통하여 이
루고자 하는 그 역사가 무엇인가를 알
고 있는 너희들이니,
32 알면서 그리 행하지 아니하는 자, 내
가 거둘 것이며 버릴 것이니라.
33 거두어 너희를 다 내가 물속에 집어넣
을 것이니라.
34 그와 같은 지금의 내 마음을 너희가
알아 하나가 되는 역사를 이루지 아니
한다면 너희는 아무것도 이룰 수가 없
으니,
35 내가 거두어 버리는, 선택된 백성에서
너희가 버려지는 백성으로 전락하지
말라.
36 이제 시간이 없으며 너희를 위하여 더
이상 기다릴 시간이 없음을 알라.

3,668 번째 하나님 말씀

2002년 10월 14일 07시 56분

1 사랑하는 나의 아들아!
2 "네, 아버님! 말씀하옵소서."
3 내가 너희가 배우고 깨우치는 그 성서
에 기록하여 전하기를 뭐라 말하였느
냐?
4 나 여호와가 너희 몸에 있는 그 머리
털의 수까지도 다 알고 있으며 내가
모르는 것이 없다 하였음이니,
5 너희는 이 한 구절을 읽으면서 그냥
넘어감이니라.
6 그러나 너희는 이것이 얼마나 두려운
나의 뜻인지 알고 있는가?
7 너희들의 모두는 다 내가 창조하여 개
인 너희를 세상에 내보냈음이니 내가
만든 너희들의 그 모두를 다 알고 있
다는 뜻이며,
8 내가 너희들과 같이하고 있다는 그 두
려움과 무서움을 너희가 알아야 할 것
이니라.
9 내가 너희와 같이 존재하며 내가 너희
와 같이하고 있다 함은 너희가 곧 무
엇이더냐?

10 한 점의 부끄러움이 있는 그와 같은
삶을 살아서는 아니 된다는 것을 내가
너희에게 강조함이니라.
11 나 여호와가 너희와 같이하며 너희와
더불어 다 행하고 있거늘,
12 어찌하여 너희가 감히 한 점의 부끄러
운 행위를 하면서 나에게 오를 수 있
으며 구원받을 수 있으며 나에게 선택
된 백성이라 말할 수 있는가?
13 너희는 내가 내려 너희를 가르치고자
했던 그 성서에 어렵고 힘든 것은 그
저 읽어 넘어가며, 그를 지키고 행하
려 하지 아니하며,
14 그 숨어 있는 뜻을 연구하여 알고 깨
우치고자 하는 것이 없음이니,
15 그리하여 살아서 움직이며 살아서 변
화되는 나의 성서를 너희가 죽어 있
는, 그저 종이에 쓰여 있는 글의 내용
으로써만 알고 넘어감이니,
16 그와 같이 너희가 그냥 읽어 넘어가는
것은 너희가 행함을 모르며 깨달음이
없음을 알아야 할 것이니라.
17 이제 나의 법전을 접한 나의 아들의
제자들이요, 만백성 너희는 알아야 할
것이니라.
18 너희가 한 점의 마음 자세로 정립하여
너희 마음에 정독하는 마음을 갖고 나
의 법전을 접하여 한 줄 한 줄 진땀을
흘리는, 피보다 더 진한 마음으로 정
독할 때,
19 너희가 나의 법전에 기록되어 있는 그
행함을 알며 내가 너희에게 깨우치고
자 함을 알게 됨이니라.
20 너희가 지금의 종교 지도자들처럼, 기
록되어 있는 성서의 그 내용이 너희에
게 불리하며 어렵고 힘들고 지킬 수
없는 내용은 그저 읽는 둥 마는 둥, 가
르치는 둥 마는 둥 그와 같이 넘어가
는 수법으로써 너의 제자들이 나의 법
전을 접하며 나의 법전을 그러한 방법
으로써 깨닫고자 한다면, 너희는 정녕
나의 법전의 내용을 알 수 없으니,
21 내가 너희에게 원하는 법전의 내용을
모르며 내가 너희에게 깨우치고자 하
는 것을 모른다면, 너희는 정녕 하나
가 될 수 없음을 알라.
22 나의 법전에서 내가 너희에게 바라는
것이 무엇이며, 너희가 행하여야 할
것이 무엇이며, 내가 너희에게 깨우침
이 무엇인가를 깨달았을 때 너희는 그
두려움을 알 것이니, 그리하여 너희는
하나가 될 수 있다 함을 알라.
23 너희가 정녕 너희들의 머리카락 수까
지도 내가 다 알고 있다 하였음이니,
24 이는 창조주이기에 내가 알고 있는 것
이며 내가 너희와 같이한다는 그 뜻이
거늘,
25 너희가 지금 하나가 될 수 없는 그와
같은 마음 자세에서 살아간다 하면 너
희는 나 여호와의 두려움을 모르는 것
이니라.
26 너희들의 머리카락 수까지 알고 있는
나 여호와라 하였으니, 너희가 나 여
호와의 두려움을 알며,
27 나 여호와의 뜻을 거역했을 때 어떠한
대가를 치르며 살아가야 하는 것인가
를 생각한다 하면, 너희가 마음이 하
나가 되는 것은 아무것도 아님을 알라.
28 너희가 마음 한자리를 비우며 사랑의
마음으로써 웃음을 한 번 던지면 될

것을,
29 그 사랑하는 마음속에 웃음 하나를 보
여 줄 수 없는 너희들의 그 굳어진 마
음이요, 저 자신만을 위하여, 저만 위
대하며,
30 저만 깨끗하며 저만 나로부터 선택된
자이며 저와 같이 아름답게 사는 자
없다 하여 남을 핍박하고 구박하는 그
와 같은 마음을 가지고 있는 한 너희
는 영원히 하나가 될 수 없음이니라.
31 오로지 그 모두를 다 웃음으로써 선사
할 수 있는 그와 같은 마음의 훈련을
먼저 쌓아야만 하나가 될 수 있음을
알라.

3,669 번째 하나님 말씀

2002년 10월 14일 08시 11분

1 사랑하는 나의 아들아!
2 "네, 아버님! 말씀하옵소서."
3 내가 일찍이 나의 아들 예수를 통하여
너희에게 깨우쳐 주기를 창공에 나는
새보다도 더 귀한 것이 너희들이라 하
였음이니, 이는 무슨 뜻으로 너희에게
내가 그리 깨우쳐 주었던가?
4 그 모두는 다 너희를 위하여 존재한다
는 그 뜻을 너희에게 깨우쳐 주고자
함이니라.
5 이 세상의 모든 것은 다 너희가 지배
하며, 너희가 살아가며 존재하는 그를
위하여 그들이 다 그 자리를 지키고
있다는 뜻임을 너희는 알아야 할 것이
니라.
6 그리하여 이 세상의 모든 동식물이요,
생명을 가지고 있는 그 모두는 다 너
희를 위하여 존재함이라는 것을 너희
에게 깨우쳐 주고자 함이니라.
7 이 세상의 모든 동식물은 저희들이 취
하고 행하는 것이 한계가 있으며 그들
이 살아가는 수법 또한 정해져 있느니
라.
8 그리고 그들이 취할 수 있는 것이 정
해져 있음을 너희는 알아야 할 것이니
라.
9 동물로서 동물을 취하여 살아가는 것,
식물을 취하며 살아가는 것, 그들의
살아가는 그 한계는 다 정해져 있으며
구분되어 있음이니라.
10 그러나 나의 피조물 만백성 너희는 생
명체를 가지고 있는 그 모두를 다 취
할 수 있으며 그를 다룰 수 있으며 그
를 지배할 수 있으며 그것으로 하여금
너희 생명을 보존하는 양식으로 삼을
수 있는 그와 같은 모든 은혜와 영광
을 나로부터 받았으며,
11 내가 너희를 그리 다 존재하도록 모든
것을 세상에 존재하게 만들어 주었음
이니라.
12 그와 같은 뜻을 너희는 깊이 깨달아야
할 것이니라.
13 작은 부분적인 것을 가지고 살아갈 수
있도록 나로부터 선택받아 나온 모든
동식물과 세상의 그 모두를 다 갖고
지배하며 살아갈 수 있는 인간 너희들
중에 그 누가 더 위대하며 그 누가 더
만용이요, 욕심을 부리지 아니하여야
하겠는가?
14 열 가지를 먹고 살라 하여 정한 것은
그 열 가지를 구하기에 혈안이 될 것
이며,

15 한 가지를 먹고 살라 한 것은 그 한 가
지를 위하여 혈안이 될 것이며, 그는
그 한 가지를 먹고 살아야 되기 때문
에 때로 저장을 하며 보관하는 그와
같은 역사의 삶을 영위한다 하여도 부
끄러운 것이 없을 것이니라.
16 그러나 세상의 모든 것을 다 지배하고
너희 것으로 만들어 너희가 존재하도
록 그들이 세상에 지금 존재하고 있다
하니,
17 너희는 손을 벌려 구하지 못할 것이
없으며 너희가 그때그때 필요한 것을
찾아 구하면 구하지 못할 것이 없거늘,
18 과연 누가 더 욕심을 부리며 누가 더
쌓아 놓고자 하는 그와 같은 삶을 살
아야 할 것인가?
19 모두를 다 구할 수 있으며 모두를 지
배하여 살아갈 수 있는 너희는 그 모
두를 다 쌓아 놓고자, 더 얻고자 하는
그와 같은 마음을 버리고 사는 것이
너희들의 가야 할 길이며 너희가 살아
가야 하는 형태가 과연 아니던가?
20 천 가지, 만 가지를 다 취하여 살아갈
수 있도록 모든 영광과 은혜를 받은
너희들이 그것도 부족하여 더 많이 갖
고자, 더 많이 쌓아 놓고자, 그리고 더
편안한 육의 삶을 위하여 그쪽으로 개
발하며 그를 위하여 살아감이니,
21 너희가 무엇을 만들고 이루고 쌓아 놓
고자 하는 그와 같은 욕심으로 과연
너희는 천년만년 살아갈 수 있다 생각
하는가?
22 너희가 이 지상에서 과학의 변화요,
인간의 삶의 풍요로움을 위하여 변화
하고 역사를 이루나,
23 과연 그와 같이 변화되고 만든 과학의
문명이라는 것이 너희가 영원히 사는
하늘나라에 오르는 그 깨달음에 어떠
한 일익을 담당했으며, 어떠한 것을
너희에게 도움을 주었으며, 어떠한 것
을 너희에게 깨우침을 주어 너희가 선
하고 아름답게 삶을 살아갈 수 있도록
과학이라는 것을 만들어 변화를 시켰
는가?
24 현대 문명이요, 현대의 과학이라 하는
그 모두는, 너희가 정녕 천년만년 사
는 것도 아니요, 백 년을 살지도 못하
는 그 육신을 위하여 너희 모두를 다
바쳤으며 그것이 이리하여 지금의 세
상에 이루어졌음이니라.
25 그와 같이 변화된 것이 영원히 사는
너희들의 영혼을 구하는 그것에는 아
무런 투자된 것이 없으며 거기에 도움
이 되는 것이 없으며 거기에 깨달아지
는 것이 없음이니라.
26 너희는 그와 같이 지금 너희 영혼의
구원의 길을 위하여 사는 것이 아니
요, 너희 육의 삶을 위하여 현대의 문
명은 편안하게 변해 가며 역사가 이루
어졌음이니,
27 그 속에서 너희가 천국에 오를 수 있
도록 인도하는 것이며 그 가르침이요,
그 빛을 볼 수 있는 것이 과연 있던가?
28 너희는 영원히 사는 그 생명을 구할
수도 없으며, 영원히 사는 천국의 문
에 들어오는 그와 같은 것을 위하여
너희가 개발하고 변화된 것이 아니라,
29 그와는 전혀 관계도 없는 그와 같은
세상의 지금의 과학 문명으로 변해졌
음이니,

30 그를 놓고 너희가 돌아다볼 때 거기에
하늘에 오르는 길에 도움이 무엇이 있
으며, 너희에게 깨우침을 주는 것이
무엇이 있는가?
31 그와 같이 너희가 하늘에 오르는 길을
깨우쳐 줌도 없으며 그 빛을 볼 수 있
는 것도 아닌 그쪽에 너희는 모든 욕
심을 다 부렸으며, 그곳에 너희 모두
를 다 바쳤으며,
32 그 욕심 속에서 너희가 구원의 빛과
하늘에 오르는 길을 망각하며 살아가
는 지금의 형국이 이루어졌음이니라.
33 과연 너희가 천년만년의 편안한 너희
들의 육의 삶을 위해서 노력하였는가?
34 백 년도 안 되는 그 삶을 위해서 너희
는 지금 모두를 다 바쳤으니,
35 영원히 사는 나의 나라에 와 너희가
구원의 길 속에 사는 그것을 위해서
너희는 얼마나 노력하였으며 얼마나
바쳐 왔는가?
36 이제 나의 법전을 읽는 백성 너희는
깨우쳐야 할 것이니라.
37 너희가 육을 위하여 변하는 과학의 문
명도 좋으나,
38 나를 위하여 기도하고 경배하며 하늘
에 오르는 길을 너희가 과학의 문명이
변하는 것처럼 세세히 변화시키며 검
증하며 계산해 보며 따져 보며 분석해
보며,
39 그리하여 너희가 문명의 변화를 이루
었듯이 하늘에 오르는 길을 위하여 나
의 백성들이 변하는 그 역사에 이제는
투자할 때가 되었음을 알라.

3,670 번째 하나님 말씀

2002년 10월 14일 08시 19분

1 사랑하는 나의 아들아!
2 "네, 아버님! 말씀하옵소서."
3 창조주인 나 여호와가 하늘에서 너의
제자들을 내려다보기가 이리도 마음
이 안타까우며,
4 너희들의 그 우매함에 나 여호와가 어
찌 너희를 다스려야 할 것인가를 나는
너희를 보면서 마음 아픔을 달랠 수가
없음이니라.
5 너희가 살아가면서 나의 법전을 읽지
아니하며 수천 년 동안 흘러온 그 전
통에 의하여 믿음의 길을 간다 하며
구원을 받았다 부르짖는 그 백성들은
또한 그렇다 하자.
6 그러나 나의 법전을 읽고 깨우쳤으며
나의 아들을 통하여 내가 내리는 나의
성령의 가르침을 직접 듣고 변화의 단
계에 들어선 너희가 얼마나 우매하고
어리석은 삶을 살고 있는 것인가?
7 그를 바라다보는 나 여호와의 아픈 마
음을 너희는 어찌 생각하는가?
8 내가 제3의 시대에 나의 성령을 태워
마지막으로 너희를 깨우치고자 그리
고 구원하고자 세상에 내려보내는 나
의 성령을 듣고 나의 법전을 읽은 너
희가 얼마나 어리석고 우매한 삶을 살
아가고 있는가?
9 그를 바라다보는 나 여호와의 아픈 마
음을 너희가 생각해 본다 하면 너희들
의 마음 자세를 다스리고 바로잡아야
할 것을 너희는 알아야 할 것이니라.
10 너희는 성서에 기록되어 있기를 뭐라

말하였느냐?
11 나의 아들 예수가 만백성을 구하려 세
상에 내려갔으니, 너희가 경시하는
자, 너희가 만나서는 안 된다는 자, 너
희가 소위 이방인이라 말하는 자, 그
리고 죄지은 자, 그와 같은 자들과 더
불어 나의 아들 예수가 먹고 대화하며
즐기는 그 모두를 보고 너희는 뭐라
말하였느냐?
12 나의 아들 예수를 핍박하며 나의 아들
예수를 탓하였음이니,
13 그는 정녕 나의 아들이 아니요, 나 여
호와 창조주의 아들이 아니라 그리 핍
박하여 그를 고통 속에 몰고 간 것이
아니던가?
14 그러나 너희는 거기서 그리 행하는 예
수의 뜻과 그의 속을 모르며 그의 가
르침을 몰랐음이니,
15 모르고 무식하기에 나의 아들 예수를
탓하였으며,
16 그 뜻의 깊이를 모르며 그가 나의 뜻
에 의하여 움직이는 그 역사를 감히
믿지 아니하였음이니,
17 그들의 마음에 나의 아들을 따르고 믿
는 것이 형식이요, 허례허식이요, 저
희 육의 삶을 위하여 저희가 명예를
얻고 무엇인가를 얻고 구원받고자 하
는 그와 같은 마음에서 따랐음이니,
18 진정 나의 아들 예수를 따른 제자가
없었기 때문이니라.
19 정녕 나의 아들 예수를 믿었으며 진정
으로 따랐다면 그가 죄인과 더불어 살
든, 죄인과 더불어 어울리든, 그리고
이방인과 더불어 식사를 하며 즐기든,
그들과 대화를 하든, 그들의 어려움을
치료해 주든,
20 그저 믿고 따르는 것이 그를 따르는
제자의 할 도리이니라.
21 그러나 스승을 모르는 자, 스승을 따
라올 수 없는 자가 스승을 평하는 그
와 같은 어리석은 자가 되었음이니라.
22 명하는 자보다 명을 받는 자가 더 알
지 못한다는 것이 너희 성서에 기록되
어 있지 않은가?
23 제자가 스승을 넘을 수는 없으며, 스
승이 제자보다 더 많이 알고 있어 그
가 가르치는 것이라는 그 진리 하나도
모르며 나의 아들 예수가 행하는 것을
핍박하고 어리석다 저주하고 손가락
질하며 갑론을박하여 그를 그와 같이
고통 속으로 몰고 간 것이 그때 백성
들의 자세가 아니던가?
24 지금 마지막 시대에 나의 160권의 법
전을 기록하여 세상에 내리는 대장정
의 역사를 이루는 나의 아들은 무엇이
더냐?
25 그는 제 뜻대로 살아감이 아니라 하였
음이니라.
26 그의 생명 또한 내가 거둘 것을 거두
지 아니하고 연장하여 육의 삶을 더
연장했기에 그는 제 것이 아니라 나의
것이라 하였음이니라.
27 그리하여 그가 나에게 묵상과 기도를
하여 나의 뜻에 따라 행하고 역사하고
있거늘,
28 너희가 그를 놓고 갑론을박하며, 감히
너희가 스승인 그를 다스리며 가르친
다 하며 그의 행하는 것이 잘못되었다
잘되었다 평가하고 시시비비하니,
29 이는 너희가 내가 되고자 하며 나보다

더 높고자 하는 너희들의 오만한 마음
속이요, 너희들의 깨달음이 부족한 것
에서 이루어지는 너희들의 오만임을
알아야 할 것이니라.
30 정녕 너희가 나의 법전을 믿으며 나의
아들을 나의 아들이라 믿으며 나 여호
와가 존재함을 믿는다면,
31 그가 가고 행하는 것은 뜻이 있으며
길이 있는 것이라 생각할 것이니라.
32 그것을 놓고 시시비비를 하며 그를 핍
박하는 자는 바로 무엇이더냐?
33 그를 따르는 제자로서 순종함을 모르
며 다스림을 모르며 배움을 모르는 것
이며,
34 저보다 더 높은 자가 없으며 저보다
더 깨우친 자가 없다는 그와 같은 착
각 속에서 사는 자들이니, 그들에게
이를 보고 깨우치도록 그리하여야 할
것이니라.
35 너희가 지금 나의 아들이 하는 것, 가
는 것을 시시비비하며 갑론을박한다
면,
36 나의 예수를 핍박하여 죽게 한 자들과
무엇이 다르며, 그에게 고통으로써 일
관했던 그 당시의 백성들과 무엇이 다
르던가?
37 나의 아들은 나로부터 묵상을 받으며
기도하여 행하고 있거늘,
38 너희는 감히 어찌하여 그를 핍박하며
그를 시시비비하며 그와 더불어 너희
가 갑론을박하며 그를 점수 매기며 평
하는 그와 같은 행위를 하는가?
39 그것이 얼마나 너희가 사악한 생각에
서, 너희들의 오만에서, 너희가 깨달
음이 없기에 그와 같은 행위를 하는
것인가를 알아야 할 것이니라.
40 나의 아들 예수를 핍박했던 그와 같은
백성이 오늘 나의 아들의 제자로서 나
의 성전에 나와 있는 것에 내 가슴이
얼마나 아픈지 너희는 알아야 할 것이
니, 이를 깨달아야 할 것이니라.
41 나의 아들을 핍박하며 그를 죽게 했던
그 싹이 아직도 시들지 아니하며 뿌리
를 뽑지 못하며 서서히 고개를 드는
그와 같은 너희들의 형국이라 한다면
너희는 과연 어찌하여야 하겠는가?
42 너희 마음을 거둬들이며 너희가 변화
하는 역사 속에서 그와 같은 죄짓는
자가 되지 말라.

3,671 번째 하나님 말씀

2002년 10월 14일 08시 32분

1 사랑하는 나의 아들아!
2 "네, 아버님! 말씀하옵소서."
3 나의 법전을 접하고 읽는 백성, 너희
가 선한 마음이요, 착한 마음이요, 천
사와 같은 마음으로써 소중한 마음을
가지고 나의 법전을 읽지 아니하면,
나의 법전에 숨어 있는 그 뜻을 알 수
없으며 깨달음을 얻을 수 없음이니라.
4 너희는 말하지 아니하였더냐?
5 나의 법전을 읽고 돌아서면 그 내용이
지워짐이며 그다음 장이 생각나지 아
니한다 그리 말하였음이니, 그것은 바
로 무엇인지 알겠는가?
6 너희 마음이 비워지지 아니하였다는
증거임을 알라.
7 마음이 비워지며 마음속에 선하고 아
름다운 마음으로 그득히 채워진 자는

나의 법전을 읽고 깨우칠 때 그를 잊
어버림이 없으며 그를 머릿속에서 내
가 지우지 아니함이니라.
8 너희가 그를 기억하지 못하며 생각지
못하는 것은 너희 마음이 그만큼 비워
지지 아니하였음이며,
9 그리하여 너희 자신의 마음이 다스려
지지 못하였기 때문에 너희가 읽고 또
읽는 그 훈련에 의하여 깨우칠 수 있
음이니,
10 너희가 읽어도 그를 생각하지 못하며
기억하지 못하는 것이 나의 법전임을
너희는 알아야 할 것이니라.
11 선한 천사와 같은 마음으로 변하지 않
은 백성이 나의 법전을 아무리 읽고
또 읽는다 하여도 그 속에 있는 뜻을
알 수 없는 것이 나의 법전임을 너희
는 알아야 할 것이니라.
12 그리하여 나의 법전은 아무나 읽고 깨
우친다 하여 깨달음을 얻는 것이 아님
을 너희는 여기서 알아야 할 것이니라.
13 너희가 정녕 천사와 같은 마음이요,
나의 법전을 믿고 따르는 마음의 깊이
요, 생각에 따라 너희가 법전을 읽은
만큼 기억에 남으며 그와 같은 것을
생각할 수 있음을 알아야 할 것이니라.
14 너희 마음이 천사와 같이 변하지 아니
하였을 때는 아무리 너희가 나의 법전
을 읽는다 하여도 그 머릿속에 남음이
없으며, 기억할 수 없으며,
15 또한 그보다 더 무서운 것은 너희가
내 법전에서 전하고자 하는 그 내용과
그 뜻의 가르침을 알 수 없다는 것이
니라.
16 그리하여 마음을 비우지 아니하고 백
번 천 번을 읽어도 그를 알 수 없음이
니,
17 너희가 읽고 또 읽어 너희 마음을 다
스리도록 하고자 너희 마음이 비워진
것만큼 나의 법전을 읽었을 때 알게
하는 것이 나의 법전이요, 나의 뜻임
을 너희는 알아야 할 것이니라.
18 그리하여 너희가 나의 법전을 아무리
읽고 읽어도, 그리고 나의 아들이 너
희에게 강론하여 가르치는 것을 아무
리 듣고 들어도 너희 마음이 비워진
만큼 나의 성령이 너희 마음속에 들어
감이니,
19 너희가 그리하여 들어도 잊어버리는
것이며 나의 법전을 읽어도 또 잊어버
리는 것이 바로 너희 마음이 비워진
척도임을 알라.
20 너희 마음이 변한 정도에 의하여 나의
법전을 읽은 대목을 기억할 수 있으며
그 내용을 알 수 있음이니,
21 마음을 비우지 아니한 자, 읽고 또 읽
어야만 그 뜻을 하나 둘 마음을 비운
것처럼 나의 성령이 너희 가슴에 심어
짐이니라.
22 그러니 나의 법전을 읽고 너희가 그
뜻을 아는 것만큼 너희 마음이 비워져
나의 성령이 너희 가슴에 들어 있음을
알라.
23 너희가 한두 번 읽어서 그 모두를 이
해하고 그 모두를 기억할 수 있는 것
은 바로 마음이 비워진 자이니라.
24 그리하면 그는 나의 법전에 내가 원하
는 뜻을 알게 되며 그 속에 숨어 있는
비유의 뜻도 알게 될 것이니,
25 그리하여 너희는 그와 같은 마음 자세

로 변하여야 할 것이니라.
26 마음이 천사와 같이 변하지 아니하는
자, 마음이 비워지지 아니한 자, 나의
성령이 들어갈 틈이 없음이니,
27 그 그릇이 비워지지 아니하였을 때 너
희는 아무리 읽고 정독을 한다 해도
나의 성령의 뜻을, 나의 법전의 뜻을
알 수 없는 것이 여기에 있음이니라.
28 그리하여 너희가 얼마나 천사와 같이
변했느냐에 따라서 나의 법전을 읽을
때 너희 가슴속에 남음이니,
29 그는 곧 너희 마음이 비워져 있어 나
의 성령이 채워짐이니라.
30 나의 아들이 너희에게 전하는 그 강론
을 듣고 그를 가슴에 남기는 자, 마음
이 비어 있는 만큼 나의 성령이 너희
가슴에 들어감이니, 이를 너희가 이제
는 알아야 할 것이니라.

3,672 번째 하나님 말씀

2002년 10월 14일 08시 42분

1 사랑하는 나의 아들아!
2 "네, 아버님! 말씀하옵소서."
3 인간사 너희가 살아가는 그 세속에서
도 너희가 목적을 이루고자 하면 많은
노력의 대가에 의하여 모든 것이 이루
어지며 거두어지는 것은 너희가 알아
깨우치고 사는 방법이 아니더냐?
4 너희가 구원을 받는 길이요, 하늘에
오르는 그 모두도 노력하지 아니하면
얻을 수 없음을 너희는 알아야 할 것
이니라.
5 너희는 변하지 않고 꾸준히 노력하는
속에서,
6 항상 너희 마음에 파장이 일지 않고
오로지 한 길로 꾸준히 노력하여 믿음
을 행하고 갈 때, 구원을 받을 수 있으
며 천국의 문에 들어설 수 있음을 알
아야 할 것이니라.
7 너희 스스로 노력하고 변하고자 할 때
너희 스스로 변하는 시점이 오게 되어
있으며,
8 또한 너희가 자연이요, 세상의 아름다
움 속에서 깨달음을 얻게 됨이니,
9 스스로 너희가 노력하는 속에서 스스
로 너희가 변화되는 그와 같은 역사의
은혜를 입게 됨이니라.
10 그와 같이 스스로 변화되어 자연의 모
든 형태 속에서 깨달음을 얻고 그를
너희 것으로 만들어 갈 때,
11 나 여호와가 정녕 너희 가슴에 성령이
임하도록 하여 너희가 깨우친 그 진리
를 알게 가르쳐 주며, 너희가 깨달은
뜻이 무엇이며 너희가 깨달은 그 이유
를 내가 너희에게 그때 가르쳐 줌이니,
12 너희 것으로 만드는 것이 너희들의 노
력 여하에 달렸음을 알라.
13 변하지 않는 마음에서 꾸준한 노력의
믿음으로 가는 자, 그와 같은 자만이
구원을 받을 수 있음을 알아야 할 것
이니라.
14 내가 오늘 나의 아들을 통하여 나의
아들의 제자요, 만백성 너희에게 전함
이니,
15 지금 너희와 같은 마음의 형태요, 너
희가 살아가는 모습이요, 너희가 행하
는 형국이요, 너희의 그와 같은 형태
는 천국 어느 곳에도 찾아볼 수 없으
며 너희와 같은 마음 자세를 찾아볼

수 없다는 것을 너희는 알아야 할 것
이니라.
16 지금 수십억 인구, 너희가 나름대로
성전이라 지은 곳에 가 기도하고 울고
불고하며 광란의 짓으로써 찬송 부르
며 회개하여 구원을 받았다 말하나,
17 그와 같이 광란의 짓을 하는 백성, 너
희가 가지고 있는 속마음과 같은 자는
천국에 하나도 없으며,
18 보이지 않는 곳과 보이는 곳에서 하는
행동이 다른 그와 같은 마음 자세로
살아가는 너희들 같은 자, 천국에는
어디를 찾아봐도 한 사람도 없음을 알
아야 할 것이니라.
19 지금 나의 아들의 제자라 하여 나의
법전을 읽고 깨우쳐 경지에 올랐다 하
며, 하늘의 뜻이 무엇인가 알았다 하
며, 깨달아 나의 성령을 듣고 눈물을
짓는 자, 너희들의 그 심성과 같은 자,
천국에는 아무리 찾고 뒤져 보려 해도
없음을 알라.
20 이와 같은 너희들의 부끄러움을 알아
야 할 것이니라.
21 너희들과 같은 마음을 가지고 있는 백
성은 한 사람도 하늘의 천국의 문에
들어온 자가 없으며 내 주변에 있는
자가 하나도 없음을 너희는 알라.
22 그러니 너희가 얼마나 변해야 하며 얼
마나 노력해야 하는가를 너희는 알아
야 할 것이니라.
23 지금의 너희들의 변하는 모습이요, 노
력하는 것으로써는 너희가 나의 천국
의 문에 들어설 수 없다 함이니 이를
너희가 깊이 깨우쳐야 할 것이니라.
24 흔들리지 않는 마음이요, 변하지 않는
마음으로 꾸준히 노력하며 변하고자
노력할 때, 그때 너희가 자연에서 깨
달음을 스스로 얻으며,
25 그 자연의 위대함 속에서 나의 은혜와
은총을 알며, 내가 이룬 오묘함을 아
는 그 깨달음을 느낄 때, 그때 내가 너
희에게 성령으로써 임하는 축복을 내
리게 되어 있음이니,
26 그때 가야 너희가 천국에 오를 수 있
으며 천국의 문을 볼 수 있음을 너희
는 알라.
27 지금의 이 모든 수십억 인구, 지상에
있는 모든 백성, 너희들의 마음과 너
희들의 형태요, 너희가 살아가는 모습
이요, 너희가 생각하는 그와 같은 마
음을 가진 자, 천국에는 아무리 뒤지
고 뒤져 봐도 한 사람도 없음을 알라.
28 그러니 하나도 천국에 올 자격이 없다
는 것을 너희는 알라.
29 지금의 삶에서 너희가 정녕 반대로 가
는 그와 같은 삶으로, 자신을 다 버리
고 자기가 정녕 죽은 자라 생각하는
그와 같은 변하는 마음 자세로 섰을
때, 그 피나는 노력이 있을 때 너희가
천국에 올 수 있음을 알라.
30 지금의 너희들의 형태로, 그와 같은
마음 자세로, 그와 같은 행동으로, 그
모습으로는 한 사람도 천국에는 어느
구석에도, 오물 속에도 없음을 알라.

3,673 번째 하나님 말씀

2002년 10월 14일 09시 39분

1 사랑하는 나의 아들아!
2 "네, 아버님! 말씀하옵소서."

3 내가 너희에게 완벽한 나의 자식이요,
나의 아들딸이 되라 함이니,
4 너희에게 그와 같이 변하라 말하는 나
여호와의 마음 또한 아픔을 너희는 알
아야 할 것이니라.
5 그러나 너희는 깨달아야 할 것이 있느
니라.
6 너희 마음속에 선과 악의 두 마음이
있음이니,
7 너희가 선으로써 모두를 다스리고자
많은 날을 노력과 고생으로써 그리고
깨달음으로써 너희 마음속에 악이라
는 것이 거의 다 뽑아지며 선이 충만
되어 있다 하여도,
8 너희가 유사시에 불쑥 튀어나오는 그
악의 힘은 튕겨 나오는 용수철보다도
더 무서운 괴력으로 나옴이니,
9 너희가 몇 년 동안 쌓아 온 그 노력이
하루아침에 무너지는 것은 아무것도
아님이니라.
10 그리하여 너희가 완벽하게 그 악의 잔
재를 뽑아야 한다는 것이 내가 너희에
게 깨우쳐 줌이니라.
11 몇 년 동안, 많은 세월 동안에 너희가
깨닫고 깨우쳐 선한 마음이 99퍼센트
그 이상을 차지했다 하여도,
12 너희가 인간사 세상에 살아가면서 유
사시에 튀어나오는 그 악의 마음의 근
본의 뿌리는 너희가 감당키 어려운 그
와 같은 일이 벌어짐이니,
13 수년, 수십 년 동안 너희가 갈고 닦아
노력한 그 깨우침이요, 변함이 하루아
침에 뒤집힘이니라.
14 그리하여 그 잔재가 없어야 한다는 것
이 내가 너희에게 가르침이니라.
15 그리하여 완전히 그 사악한 뿌리가 없
었을 때 그와 같은 너희들의 마음속에
변함이 없음이니,
16 그것이 정녕 너희가 변한 모습이요,
깨달음이요, 그 깨달음을 향하는 삶을
살아가는 것이기 때문이니,
17 그리하여 너희가 나에게 욕심이 있는
하나님이요, 욕심이 그득한 하나님이
라 그리 말하는 것이 아니던가?
18 완벽히 가라 함이지, 내가 너희에게
욕심이 있는 창조주요, 너희 어버이가
아님을 너희는 알아야 할 것이니라.
19 너희가 나에게 오를 수 있는 천국의
문 앞에 왔을 때, 그 방해하는 사악한
마음의 잔재가 너희를 무너트려 천 길
낭떠러지로 떨어지는 그 모습을 볼
때, 나 여호와가 너희를 손을 뻗쳐 구
원해 줄 수 없으며 잡아 줄 수 없다면,
20 추락하는 자기 자식의 모습을 보는 그
부모의 마음이 얼마나 아프겠는가?
21 그러하니 내가 너희에게 욕심을 부림
이요, 너희에게 질투함이요, 그와 같
이 너희에게 비치는 나 여호와의 마음
이 당연한 것이 아니더냐?
22 너희는 그리하여 완벽한 깨달음이 있
어야만 하기에 너희들의 흔들려지는
그 마음을 잡고자 내가 너희에게 160
권의 대장서의 법전을 내려보냄이니
라.
23 한 권을 읽고 너희가 마음을 비웠을
때 그를 다 깨우칠 수 있으나, 너희 마
음이 비워지지 아니하여 다스려지지
아니하였음이니,
24 너희가 한 권, 두 권, 160권을 읽어 가
는 그 속에서 변해 가는 그 역사를 이

루게 하고자 하는 것이 나의 애절한
뜻임을 너희는 알아야 할 것이니라.
25 사랑하는 나의 아들아!
26 "네, 아버님! 말씀하옵소서."
27 안식일을 취할 수 있는 나의 백성이
요, 너희들의 안식의 세상을 만들어
주고자 하는 것이 나 여호와의 뜻이니
라.
28 너희 육의 부모도 자식이 편안하고 안
락하게 살아가는 것을 원하지 아니하
는 부모가 어디 있으며, 그와 같이 남
들에게 뒤지지 않는 자식의 삶을 만들
어 주고 싶지 않은 부모의 마음이 어
디 있겠는가?
29 나 여호와의 마음이 그보다 백배 천배
더 함이니라.
30 너희 육의 인간관계는 백 년도 못 되
어 모두가 다 사그라지고 끝나는 인연
이나,
31 나와 너희들의 영혼의 그 인연은 영원
히 변하지 아니하며, 불변이며, 변할
수 없는 그 부자지간의 관계가 아니더
냐?
32 그렇다면 내 마음이 너희를 사랑하는
육의 부모보다도 몇십 배 몇백 배 더
너희를 아낌이니,
33 너희가 영원히 사는 안식의 나라에서
살 수 있으며, 안식을 취하면서 너희
가 영원히 사는 것을 바라는 것이 나
여호와의 뜻이 아니겠는가?
34 부모 된 마음이 그러함을 알라.
35 내가 그리하여 너희 성서에 일찍 기록
하여 가르쳤음이니라.
36 성서에 기록되어 너희에게 깨우쳐 이
르기를, 안식일의 주인은 바로 나의
백성, 나의 아들딸, 너희들이라 말하
였음이니, 그것은 무엇을 의미하는 것
이더냐?
37 안식일을 지키며 안식일 속에서 사는
것, 가장 편안하며 휴식 속에서 살아
갈 수 있는 것,
38 바로 나의 안식일의 세상에서 살 수
있는 것은 하늘에 오르는 길이라 함이
니,
39 그리하여 천사와 같은 마음으로 변한
백성만이 살아가는 것이며,
40 그 안식일을 취할 수 있으며 안식일
속에서 너희가 느낄 수 있음을 알아야
할 것이니라.
41 내가 천 년 후 천사와 같은 너희 백성
이요, 내가 사랑하는 나의 아들딸이
요, 너희가 사랑하는 그 후손들이 그
안식일 속에서 살아갈 수 있도록 하고
자 함이니,
42 천 년의 역사에 걸쳐 사악한 뿌리들을
다 뽑아내어, 선하고 천사와 같은 백
성이 지상에 살 수 있는 그날을 위하
여 내가 만들어 너희에게 내린 모든
자연의 아름다움과 그들에게 너희가
사랑하는 마음을 느끼며, 나 여호와의
위대함을 느끼며,
43 그와 같이 너희가 천사와 같은 마음으
로 살다 그대로 하늘에 오르는 그 나
라를 만드는 것이 곧 지상에서 이루어
지는 역사며 그것이 안식일이니라.
44 편안한 삶을 사는 것이 안식일이요,
그 안식일의 주인은 너희들이니,
45 너희가 지상에 낙원을 만들어 주인으
로서 살다 하늘나라 나에게 올라올 수
있는 그와 같은 역사를 이루고자 하는

것이 내가 법전을 내려보내는 것이며
너희를 깨우치고자 하는 나의 뜻이니
라.
46 영원히 천사들과 같은 자만 사는 안식
일 속에서, 안식일의 생활 속에서 너
희를 살게 하고자 함이 나 여호와의
뜻임이니, 안식일의 의미가 또한 여기
에 있음이니라.
47 안식일을 누리는 것은 천사와 같은 자
들만이 누릴 수 있으니, 곧 안식일의
주인이 너희들이라 말함은 무엇이더
냐?
48 너희가 천사와 같이 변해야 하며, 천
사와 같이 변하여 안식일의 주인이 되
라 하는 그와 같은 성서의 가르침이
요, 깨달음을 내가 일찍 기록하였으나,
49 그 뜻도 이해를 못 하며 그 원하는 것
이 무엇인지 모르며 안식일의 의미조
차도 모르는 종교 지도자들이 지금 세
상의 모두를 다 무너트리고 가는 그와
같은 형국임을 너희는 깨달아 그들을
바로잡아야 할 것이니,
50 지금 나의 법전을 읽고 깨우친 백성,
나의 아들로부터 제자라 선택된 너희
가 그와 같은 역사를 이루니,
51 너희가 그들과 차별화되지 아니하며
그들과 똑같이 진흙탕에서 뒹구는 지
금의 그와 같은 모습으로써는 그들을
구원하기는커녕 너희 스스로 악으로
무너지는 그와 같은 역행의 악순환이
이루어진다는 것을 알아야 할 것이니
라.
52 너희가 나의 법전을 들고 흔들며, 나
의 아들을 보고 오판하며, 나의 법전
을 읽는 속에서 진정한 깨달음을 얻지
못한다면, 너희가 많은 잘못 가는 그
백성들을 구함이 아니요,
53 악에 먹혀 사탄으로부터 지옥으로 가
며 사탄의 종이 됨이니, 너의 제자들
이 그와 같이 변하는 자가 있어서는
아니 될 것이니, 이를 명심하여 행하
도록 깨우쳐 주라.

3,674 번째 하나님 말씀

2002년 10월 14일 09시 48분

1 사랑하는 나의 아들아!
2 "네, 아버님! 말씀하옵소서."
3 나의 법전을 읽고 깨우쳐 공부했으며
내가 너를 통하여 내리는 강론의 그
뜻을 듣고 깨달은 백성, 나의 법전을
여러 번 읽었다 하여 그 뜻을 안다 하
는 자들, 그리고 너의 강론을 수없이
들은 너의 제자들, 그들에게 너는 정
녕 물어보라.
4 그들이 정녕 얼마나 변화되었으며 저
희가 지금 얼마나 깨달음이 높이 와
있는가?
5 너의 밑에 와 너의 제자라 하여 공부
하고 깨달은 자, 강론을 들은 자, 그리
고 너에게 와 제자라 명하기 전에 저
희 종파에서 무엇인가 얻고자 공부했
으며 깨닫고 연구한 자들,
6 그들이 과연 인간 본연의 자세에서 남
들과 얼마나 차별화되게 변화되었으
며 얼마나 깨달은 자의 위치에 와 있
는가 그들에게 스스로 질문하여 저희
스스로 대답을 한번 들어 보라 그리하
라.
7 과연 그들은 얼마나 변화되었는가?

8 너의 제자들, 나의 법전을 읽고 깨우쳤다는 백성, 나로부터 선택된 자들이요, 내가 신부라 명하는 자들, 그리고 너희 이름을 구원하였다 하는 자들, 너희는 과연 얼마나 변화되었는가?

9 나 여호와가 바라보는 너희는 아직도 무엇인가를 깨닫지 못하였으며 무엇인가를 불안해하고 믿지 못하며, 믿지 못하는 속에 깨달음이 없으며,

10 깨달음이 없기에 너희가 무엇인가 새로운 길에 새로운 깨달음이 있지 아니한가, 그리고 새로운 어떤 역사는 있지 아니한가 하여 그 변화를 얻고자 헤매는 것이 진정한 너희 자신들의 모습이라 내 눈에 비친다면 너희는 과연 무어라 말하겠는가?

11 진정한 나의 법전이요, 나의 아들의 가르침을 들으며 나의 성령이요, 나의 법전을 읽는 너희까지도 아직도 그 깨달음을 제대로 얻지 못하여 무엇인가 얻고자, 무엇인가 찾고자 그리 헤매는 마음이 너희 마음속에 있다 하면 너희는 과연 어찌 되겠는가?

12 그리하여 지금까지 살아왔던 너희들의 믿음의 세상에서 얻고자 했으며 구원하고자 했으며 지금 나의 법전을 읽고 무엇을 깨달았다, 얻었다, 그리고 하늘의 빛을 봤다 말하는 자, 너희는 과연 무엇을 얼마나 얻었으며 얼마나 알고 있는가?

13 내가 내려다보는 너의 제자들과 믿음속에서 헤매는 나의 수많은 백성들은 그저 저희들이 정녕 무엇인가 진정한 진리를 찾겠다 하여 지금도 헤매는 그 수준의 마음과 그 행위를 벗어나지 못하는 자들이라 내 눈에 그리 비치고 있음이니, 이를 과연 너희는 어찌하여야 하겠는가?

14 나의 법전을 읽고 깨우치며 나의 아들로부터 강론을 듣는 너희가 그 소중한 것을 깨닫지 못하며, 너희 삶에서 그 무엇보다 소중한 것이 나의 법전을 접한 것이거늘,

15 너희 자신들까지도 그리 깨우치지 못하고 무엇인가를 찾고자, 무엇인가를 얻고자, 무엇인가 빛을 보고자 헤매는 그와 같은 마음이 너희들 속에 있다 함을 정녕 너희는 모르겠는가?

16 그와 같은 자들이 어찌하여 깨달음을 얻을 수 있으며 만백성을 구할 수 있다 하는가?

17 오로지 너희가 나의 법전을 정독하며 깨우치는 그 속에 살고 죽고 너희가 병들어 죽어 가는 그 모든 이치와 하늘에 오르는 길과 지옥으로 가는 그 모두가 다 거기에 있다 하였거늘,

18 법전을 정독하는 데 모두를 다 바치지 아니하고 너희가 아직도 무엇인가 얻고자 깨닫고자 헤매는 마음이 너희들 가슴속에 지금 남아 있는 것으로 내 마음이요, 내 눈에 비침이니,

19 과연 그러고도 너희가 나로부터 선택된 백성이며 나의 아들의 제자며 만백성을 구할 자라 말하는가?

20 너희는 오늘 이후부터 마음 자세를 바로잡아야 할 것이며,

21 너희 자신을 스스로 다스려 너희가 무엇인가를 얻고자 헤매는 그와 같은 허황된 마음을 버리며,

22 나의 법전을 정독하고 또 정독해 그

속에서 모두를 얻는 그와 같은 현명한
삶을 살지 아니하면 너희는 정녕 얻고
자 하는 것을 얻지 못하며,
23 그리 헤매다가 너희가 죽어 나에게 와
심판을 받는 그와 같은 형국으로 감을
알아야 할 것이니라.
24 평생 진정한 나의 진리를 앞에 놓고도
그를 보지 못하는 자, 너희는 무엇을
얻고자 구원받고자 스스로 여행자처
럼 방랑하다 죽어 내 앞에 왔을 때 그
후회막급함은 이루 말할 수 없을 것이
니,
25 이제 너희가 삶에 마음을 잡아 나의
법전을 정독하는 데 최선을 다하라 너
의 제자들에게 그리 가르치라.
26 그것만이 너희가 진정 얻을 수 있는
길이며 찾을 수 있는 것이니,
27 너희 손에 쥐어져 있는 그 보석을 놓
고 다른 데 가서 보석을 찾으려 하지
말라.
28 그 보석은 딱 네 손에 있는 한 가지뿐
이니, 나머지는 다 너희가 구할 수 없
는 것이며 보석이 아님을 알라.

3,675 번째 하나님 말씀

2002년 10월 14일 10시 37분

1 사랑하는 나의 아들아!
2 "네, 아버님! 말씀하옵소서."
3 그 길고도 긴 수천 년 동안 나의 피조
물 만백성이 원하고 소망했던 것이 무
엇이던가?
4 너희가 육의 삶을 마치고 하늘에 올라
와 천 년의 왕국의 그와 같은 것이 아
니라, 영원히 내 옆에 와 존재해 사는
그와 같은 세상에 오고자 함이 너희가
나에게 소망하며 기도하며 경배했던
그 뜻이 아니던가?
5 그리고 얼마나 많은 나의 피조물 만백
성이 그를 위하여 모두를 다 바치며
살아왔더냐?
6 그러나 그들이 깨우치며 믿음의 그 자
체요, 그들이 행했던 것이 잘못되었다
하였으며,
7 잘못 가르쳤으니 나와는 관계도 없는
그 뜻을 살아가며 그들이 그리도 갈망
했던 것이 허사가 되었다는 그와 같은
이치의 깨달음을 다 내가 너희에게 알
려 주었음이니라.
8 오로지 너희가 구원을 받으며 그 길을
선택하며 하늘에 오를 수 있는 것은
계명을 지키고 사는 것이 근본이라 말
하였으며,
9 이제는 제3의 시대에 나의 법전을 읽
고 느끼고 깨우치는 자, 그대로 깨우
치고 느끼는 대로 행하는 것이 너희가
구원을 받는 길이라 내가 말하였음이
니라.
10 그러나 너희는 지금 어찌 살아가고 있
는가?
11 너희는 나의 법전을 읽고 느끼고 깨달
은 대로 생각하고 행하면 그것이 구원
의 길을 가는 것이요, 너희가 행하는
대로 구원을 얻게 되어 있다 하였거늘,
12 너희는 어찌하여 내가 행하라 함을 그
리 행하지 아니하고 주저하며 망설이
는가?
13 너희가 나의 법전을 읽고 그대로 행하
며 그대로 실천하면 구원의 길을 얻는
것이거늘,

14 수천 년 동안 구원의 길이 무엇이며
하늘에 오르는 길이 무엇인지 몰라 망
설이고 망설였던 너희에게 하늘에 오
르는 법도요, 그 길을 가르쳐 주었거
늘, 너희는 어이하여 망설이고 그 길
을 선택하지 아니하는 것인가?
15 그리고 이를 이단이요, 사탄이라 배척
하고 저버리는 그와 같은 행위를 하고
있음이니, 이를 너희가 과연 어찌하여
깨달을 수 있다 생각하는가?
16 너희는 스스로 너희 머리로써 복잡한
생각을 하고 있으며 수천수만 가지 생
각을 하며 너희 머릿속에 기본의 그
틀을 버리지 못하며 너희들의 얕은꾀
로써 생각하는 것이 너무나도 복잡하
니,
17 너희가 나에게 오르는 길을 오지 못하
고 행하지 못하며 그저 망설이다 죽음
의 길로 가는 것이 너희들임을 알아야
할 것이니라.
18 이제는 너희가 그 복잡했던 생각들을
다 지워야 할 때며,
19 너희 머릿속 복잡다단한 그와 같은 생
각으로써 너희가 행하지 못하여 하늘
에 오르는 길을 못 보며 죽음의 길로
가는, 지옥으로 가는 것이 너희들이니,
20 이제는 너희 생각에 빠져 계산하는 그
와 같은 너희를 너희 스스로 추스르고
구하는 데 오로지 모두를 다 바쳐야만
할 것이니라.
21 너희 자신이 허우적거리는 그와 같은
삶의 믿음에서 지금도 허덕이고 있음
이니,
22 그 속에서 벗어나지 못하는 자, 너희
는 영원히 구원을 받을 수 없는 낙오
자가 되어 감을 알아야 할 것이니라.
23 머릿속에 복잡하게 계산하는 자, 복잡
하게 생각하는 자, 복잡하게 생각하기
때문에 너희가 망설임을 알아야 할 것
이니라.
24 너희가 복잡하게 생각하며 너희 머릿
속으로 수천수만 가지를 생각할 때,
너희는 스스로 진정한 진리의 길을 보
지 못하며 그 많은 잘못된 생각 속에
너희 스스로 환상이요, 망상에 빠져
버리는 그와 같은 형국이 되게 되어
있음이니,
25 너희 스스로 복잡하게 생각하지 말라.
26 내가 너희에게 십계명을 지키고 살라
하였으면 그 계명대로 지키면 구원을
받을 것이요,
27 너희가 구원을 받는 길이 나의 법전을
읽고 깨우치는 그것밖에 없다 하며 그
리 행하는 것이 하늘에 오르는 길이라
하였으면,
28 너희가 나의 법전을 읽고 스스로 평가
하고 스스로 생각해 보면 그 속에 진
정한 답이요, 진정한 진리가 있나 없
나 하는 것을 너희는 알 수 있으나,
29 너희들의 머리로써 너희가 똑똑하며
세상에 너희보다 위대한 자가 없는 것
처럼 착각 속에 너희가 세상만사에 모
든 복잡한 생각을 머릿속에 다 안고
있으니,
30 그 속에서 너희가 환상을 보게 되며,
진정한 진리의 길을 찾지 못하며 참진
리의 길을 찾지 못하기 때문에 너희가
구원받지 못함을 알라.
31 이제 너희는 느낀 대로 그리고 깨달은
대로 행할 때가 되었음이니라.

32 십계명대로 사는 것이 구원의 길이라
생각하며 너희에게 그리 가르쳤으면,
너희는 그를 놓고 생각을 해 보라.
33 과연 십계명대로 하라는 것이 잘못된
부분이 있는가?
34 그렇지 않다면 너희가 행할 것이며 나
의 법전 또한 그러한 것이니,
35 나의 법전을 읽고 행하라는 대로 행하
는 자만이 구원을 받는다는 것을 너희
가 잊어서는 아니 될 것이니라.
36 너희가 그리도 갈망하고 소원했던 하
늘에 오르는 그 답을 손에 쥐여 주었
음이니, 너희가 그리 의심나거든 너희
가 먼저 읽고 깨우쳐 보라.
37 세상에 나가는 나의 160권의 법전을
너희가 읽고도 그때 가서 깨우침이 없
으며 이것이 사탄이요, 이단이요, 그
리고 이는 행할 수 없는 길이라 생각
할 때 버려도 늦지 아니할 것이니,
38 너희가 한 번 정도는 나의 법전의 뚜
껑을 열어 읽어 보는 그와 같은 축복
과 영광의 기회를 놓치지 말라.

3,676 번째 하나님 말씀

2002년 10월 14일 10시 42분

1 사랑하는 나의 아들아!
2 내가 너희에게 시간이 없다 말하였음
이니라.
3 그리고 언제까지 너희가 깨우치기만
을 기다릴 수 없다 하였음이니라.
4 너희는 이제 나의 법전을 읽었으며 나
의 성령을 직접 들어 강론을 들었으며
내가 천 년에 걸친 그 역사의 뜻도 너
희가 알았으며 모두를 다 알았음이니
라.
5 그러니 너희는 지금 여기서 너희가 가
야 할 길을 바로잡아야 할 것이며,
6 너희들의 마음자리를 잡지 못하면 너
희는 정녕 구원의 길을 볼 수 없다 하
였음이니라.
7 너희는 예수의 시대, 나의 아들이 역
사했던 그 시대의 상황과 지금의 나의
아들을 통하여 이루고자 하는 이 시대
의 역사의 상황을 잘 평가하고 분석하
여 너희 것으로 만들어야 할 것이니라.
8 그 시대의 정황과 지금의 정황을 비교
하여 과연 너희가 어떠한 위치에 서
있는가를 알아봐야 할 것이니라.
9 나의 아들 예수가 말로써 전하던 그
시대의 백성들의 마음이 어떠하였으
며 지금의 너희들의 마음이 어떠하며,
10 그 당시에 예수를 따르던 그들의 고통
이 어떠한 것이었으며 지금의 나의 아
들을 따라 제3의 시대에 나의 법전을
만들어 만백성에게 전하는 너희들의
정황이 과연 누가 더 고달프며 누가
더 어려웠으며,
11 어떠한 제자들의 마음이 더 천사에 가
까이 아름다웠으며 행함이 아름다웠
는가 그를 생각하고 그 시대의 정황이
요, 흐름을 봐야 할 것이니라.
12 그들은 그 시대에 어렵고 힘든 길을
갔음이니라.
13 그리하여 지금의 너희보다도 열배 백
배 더 어려운 상황이요, 환경에서 그
를 딛고 이루고자 그리하였음이니라.
14 그러나 지금의 너희는 그들보다 열배
백배 더 나은 여건이요, 환경 속에서
지금 제3의 시대, 내가 이루고자 하는

그 역사의 시대를 따르는 것이니라.
15 그때 그 백성들의 마음자리와 지금의 백성 너희들의 마음자리는 과연 어떠하던가?
16 그 당시에는 그들이 사랑이 있고 나눔이 있었으며 서로 보살피고 이웃의 슬픔을 같이 나눌 수 있는 그와 같은 마음의 형태였으나, 지금 너희들의 정황은 무엇이더냐?
17 '나'만을 알며 '남'을 인식하지 아니하며 오로지 '나'만이 존재하면 되는 것이 너희들의 그와 같은 삶의 형국이니, 그것이 바로 그때와 지금과의 차별화임을 너희는 알아야 할 것이니라.
18 그와 같은 인성의 차이는 수없이 틀어져 있으며, 또한 너희들의 생활의 변화는 너희가 수없이 유리하고 편리한 쪽으로 가고 있으나,
19 너희들의 마음 자세는 지금보다 그때의 그 마음이 백배 천배 더 유하고 부드러웠음을 알아야 할 것이니라.
20 그 속에서 너희가 지금 살아가고 있음이니, 오늘의 너희들의 고통과 괴로움을 너희 스스로 번뇌하며 고통스럽다 생각해서는 아니 될 것이니라.
21 너희보다도 더 어려운 정황이요, 상황에서 그들은 그 역사를 이루고자 했다는 것을 너희는 알아야 할 것이니라.
22 지금의 너희는 그들보다 열배 백배 더 나은 환경에서 나의 법전을 전하며 만백성을 구하는 시대에 존재해 있음을 알라.
23 그리하여 너희들의 마음은 그때의 마음보다 거칠고 사악하니, 내가 너희에게 재물이요, 금화와 은화요, 명예를 지금 내리지 아니하고 있음이니라.
24 완전히 너희가 그 당시의 백성들보다 더 마음이 아름답고 고운 형상으로 변했을 때, 천사와 같은 마음이요, 나 여호와의 심성과 같은 마음으로 변했을 때, 너희에게 역사가 이루어질 것이니라.
25 그와 같이 변화되지 않은 상태에서 너희에게 역사를 이루었을 때, 지금의 너희들의 시대에 살아가는 그 사악한 마음의 자리는 항상 선함을 잠식할 수 있으며 너희를 무너트릴 수 있기에 내가 너희에게 내리지 못하는 나의 아픈 마음을 알아야 할 것이며,
26 너희 스스로 변하여 내가 내리는 모든 영광의 은혜와 상을 받도록 그리하라.

3,677 번째 하나님 말씀

2002년 10월 15일 06시 50분

1 사랑하는 나의 아들아!
2 "네, 아버님! 말씀하옵소서."
3 너희가 보이지 않는 사이에 아이들은 성장을 하게 되는 것이며, 모든 동식물이요, 생명을 가지고 있는 것이 자라는 것은 보이지 아니하나 서서히 자라 가게 되어 있음이니라.
4 만백성을 구하는 나의 목자요, 나의 아들로서 세상에 나가 나의 성령을 받아 법전을 만들어 만백성을 구하는 그 대업을 수행하는 너는 너 스스로 감히 그 누구도 넘을 수 없는 깨달음의 경지에 오르며 너의 행함이 만인의 근본이 되어야 함이니,
5 네가 그와 같이 변하는 것 또한 너희

가 하루아침에 보이는 것으로 변하는
것이 아니요,
6 서서히 아이들이 자라는 것처럼 그리
성장해 가고 있음이니, 지금 네가 바
로 성장하고 있으며 바로 잘 가고 있
음이니라.
7 너는 거기에 대하여 너 스스로 괴로워
하며 자책하지 말라.
8 너에게 무엇인가 하루아침에 완벽하
기를 바라는 그들은 저 자신부터 먼저
알고 변화되어야 한다 하였음이니라.
9 내가 너의 제자들에게 나의 아들 너를
다스리며 매질을 하여 너를 바로 가르
치라 하였으나,
10 그들이 과연 매를 들 자격이 있으며
너에게 매를 내릴 자격이 있는가?
11 먼저 스스로 자격이 갖춰지지 않는 자
는 그 매를 들 수 없으며 그 매를 내릴
수 없다 내가 말하였음이니라.
12 지금 모든 나의 피조물 만백성이 뭐라
갑론을박하나, 나의 아들이 서서히 변
해 가는 것, 서서히 보이지 않게 성장
하는 그 변화는 그들이 보지 못하고
있음이니라.
13 하나의 건축물을 짓기 위하여 차곡차
곡 쌓아 올려 가듯이 단단하고 굳건하
게 쌓아져 가는 너의 변하는 모습을
그들이 알 수 없음이니,
14 그리하여 그들이 너에게 갑론을박하
는 것은 저희 스스로 깨우치지 못한
위치에 있으며 네가 변해 있는 것을
모르기 때문이니라.
15 그를 아는 자, 자연히 너에게 고개를
숙이며 네가 변하는 것을 따라가고자
할 수 있으나, 정녕 그 모습을 보지 못
하기 때문이니라.
16 보지 못하는 것은 무엇이더냐?
17 눈이 있어도 볼 수 없으며 귀가 있어
도 들을 수 없는 그와 같은 자들이기
때문이니라.
18 사랑하는 나의 아들아!
19 "네, 아버님! 말씀하옵소서."
20 네가 변하는 그 모습에 모두가 다 놀
라고 있음이니라.
21 네가 그와 같이 변하여 갔을 때 네가
만백성에게 본보기가 될 수 있으며,
만백성이 너를 보기를 영광으로 생각
할 날이 머지않았음을 알아야 할 것이
니라.
22 너희가 지금 모두가 힘들고 어려워 고
통 속에 가는 것 때문에 나 여호와의
존재함을 의심하며 나의 아들을 의심
하며 나의 성령인 나의 법전을 의혹하
는 마음을 가지고 있음이니,
23 그 마음부터 버리는 것이 바로 너희가
그 모든 영광과 축복을 받는 것이라
내가 수없이 너희에게 깨우쳤으나,
24 너희 자신은 변하지 못하며 너희 자신
은 편안한 그 역사의 소용돌이 속에서
너희 스스로 다스려 나가지 못하면서,
남의 허물은 너희 눈으로 보며 남의
허물만 귀로 들어 탓함이니,
25 그와 같은 너희들의 마음의 뿌리를 먼
저 버려야 함을 알아야 할 것이니라.

3,678 번째 하나님 말씀

2002년 10월 15일 12시 25분

(강론을 마치며)

1 사랑하는 나의 아들아!

2 "네, 아버님! 말씀하옵소서."
3 내가 너의 제자들에게 이르기를, 하나
가 되라 하였으며 너희는 서로 사랑
하며, 비평하지 말며 평하지 말라, 그
리고 형제지간에 험담하지 말라 그리
가르쳤음이니라.
4 너희가 이 세상에 살아가면서 남편과
아내 사이요, 부모와 자식 사이요, 형
제와 형제 사이는 너희가 같이 행하며
같이 살아가기에 소중한 것이 아니더
냐?
5 너희는 이 세상, 내가 만든 지구상에
사는 백성들이 수십억 인구라 말하며
그 수십억의 인구가 각자 살아가고 있
음이니라.
6 너희는 여기서 과연 그 수십억 인구
중에서 알고 지내는 자, 만나는 자가
얼마나 된다 생각하느냐?
7 그 수십억 인구 중에 나의 성전에 와
너희 형제요, 나로부터 선택된 자식이
라 하여 같이 공부하며 나의 법전을
연구하며 창조주 내가 나의 아들에게
내리는 나의 음성을 직접 듣는 너희가
몇십억 인구 중에 선택되어 한자리에
앉았음이니,
8 어찌하여 너희가 그 소중하고 귀한 것
을 모르는가?
9 너희들과 같이 앉아 있는 자를 형제라
내가 말하였음이니, 그는 너희가 쳐다
보기도 아까운 사람이며 또한 만지기
도 아까운 사람이니,
10 그가 하는 말 한 마디 한 마디가 얼마
나 소중하고 너희에게 귀한 것인가를
어찌 생각하지 못하느냐?
11 너희가 산다면 몇백 년을 사는 것인가?
12 너희가 나로부터 생명을 받아 세상에
나가 나에게 불려 올 때까지 백 년의
세월도 못 살며,
13 그 백 년도 못 사는 세월 속에 이 지상
에 사는 내가 만든 모든 백성 수십억
인구 중에 너희가 과연 얼마나 만나고
얼마나 가까이 지내고 살다 오는가?
14 너희는 어찌하여 그리 소중히 생각하
여야 하며 너희보다 더 아끼고 사랑해
야 하는 그 만남의 형제들에 대해 허
물을 나무라며 그를 욕하는가?
15 백 명이요, 천 명이요, 만 명이요, 일
억도 되지 않는 만나는 그 숫자 중에
너희가 손꼽아 몇 사람도 되지 않는
너희 형제의 허물을 말할 수 있음이니,
16 너희가 얼마나 허망한 인생을 살며 얼
마나 인간의 삶을 잘못 사는가 한번
생각해 보라.
17 너희가 살아가면서 일억이라는 그 숫
자의 인간을 만나며 그 속에서 얽히고
설키는 것도 아니니라.
18 그 수십억 인구 중에 나로부터 나의
아들이요, 나의 아들의 제자라 선택된
너희들이니,
19 얼마나 소중하고 귀한 너희들인데, 감
히 너희끼리 갑론을박하며 그의 약점
이요, 단점이라 하여 그를 나무랄 수
있는 것이 있느냐?
20 너희 살보다 더 소중히 아껴야 할 것
이며, 너희 생명보다 더 소중한 것이
나의 아들의 제자들이며, 너희가 한자
리에 앉아 나의 성령을 듣는 것이니라.
21 이 세상 창조주 나 여호와로부터 너희
가 듣느니라.
22 수천 년 동안 수십억의 인구가 나의

음성을 듣고자, 나의 뜻을 받고자, 나
의 낙원에 오르고자 기도하며 경배하
다 죽어 간 백성이 얼마나 많이 있는
가?
23 너희가 내 형체를 보지 못하며 나의
음성을 듣지 못한다 하나, 내가 나의
아들을 통하여 너희에게 전하는 이 성
령의 음성을, 정녕 이 뜻을 너희가 믿
지 못하겠는가?
24 글로 써 내리는 이것이 나의 뜻이라는
이것 하나만 너희가 믿는다 하여도 그
뜻을 같이 받고 같이 공부하는 나로부
터 선택된 나의 딸과 아들이 너희가
아니던가?
25 그렇다면 너희가 보기도 아까우며 만
져 보기도 아까운 너희 형제이거늘,
26 그 수십억 인구 중에서 만나지는 몇
사람 되지 아니하는 자며,
27 같이 창조주의 뜻을 배우고 창조주가
원하는 것을 배우며 같이 하늘에 올라
와 영원히 살아야 할 몇 명 안 되는 너
희 형제를 어찌하여 핍박하며 그를 시
기하며 그를 욕하며 너희가 감히 그
이름을 거론할 수 있는가?
28 너희는 이와 같은 이치를 하나 깨우쳐
보도록 그리하라.
29 너희는 누구든 한 형제이니라.
30 그리고 하늘나라 나의 에덴동산에 와
영원히 같이 존재할 자들이거늘,
31 열 손가락의 숫자도 안 되는 너희가
만나며 그 소중한 사람을 핍박하고 원
망하는 그와 같은 삶을 살아가니,
32 이 수십억 인구를 너희가 과연 그리
상대해서 살아가고자 하는 마음이란
말이던가?
33 나의 이 뜻을 깊이 새겨, 너희가 오늘
서부터 웃음으로써 너희 형제끼리 살
아가야 할 것이며,
34 너희가 손 하나를 잡되 거기에 사랑이
요, 뜨거운 정으로써 바라보는 그와
같은 마음으로 잡아야 할 것이며,
35 그의 단점과 허물을 보지 말며 그의
장점과 아름다움을 볼 수 있는 그와
같은 마음을 가지라.
36 수천 년 동안 수십억 인구 중에 백 년
도 못 사는 너희가 그 삶 속에서 창조
주 나의 뜻을 같이 배우며 같이 공부
하며 너희와 한 시대를 살아가는 자가
얼마나 소중하던가?
37 인간의 한 선생 밑에서 배운 제자들도
그 동문이요, 그 얽히고설킨 사연을
아름답게 엮어 가며 소중히 여기며 사
는 것이 너희 인간사의 살아감이거늘,
38 창조주인 나 여호와가 나의 아들과 딸
이라 하여 너희를 같이 놓고 내가 깨
우치고 가르쳐 쓰고자 함이니,
39 너희가 같이 앉아 쳐다보는 것도 세상
에 보석보다 더 귀하고 소중히 봐야
할 것이 앞에 앉아 있는 너희 형제이
거늘,
40 어찌하여 그 이치 하나도 깨우치지 못
하여 어리석은 우를 범하는가?
41 입이 열 개라도 말하지 말며, 속이 뒤
틀린다 해도 말하지 말라.
42 너희가 앞에 있는 자 미워하고 싶은
마음이 있거든, 하늘을 향하여 '하나
님! 저의 마음을 다스려 주옵소서.' 하
며 눈물로 기도를 드리라.
43 이것을 내가 너희에게 가르쳐 줌이니,
이를 명심하여 행하도록 그리하라.

44 서로 사랑하라.
45 그리고 서로 아끼라.
46 그리고 네 몸보다 그를 더 사랑하는
마음을 가지라.
47 너희는 나의 성령을 같이 배우며 깨우
쳐 영원히 하늘나라에 와 같이 존재해
야 할 자들이니,
48 남을 시기하고 욕하며 미워하는 자,
마음이 하나가 되는 것을 방해하는
자, 하늘에 오를 때 그 명단에 없음을
너희는 알게 될 것이니라.

3,679 번째 하나님 말씀

2002년 10월 15일 17시 56분

1 사랑하는 나의 아들아!
2 "네, 아버님! 말씀하옵소서."
3 너의 제자가 너에게 말하여 전하지 아
니하더냐?
4 이 법전을 그가 세 번을 읽고 네 번째
읽어 내려감이니 세상사의 이치를 알
며 하늘의 뜻을 알 것 같다 그리 말하
지 아니하던가?
5 그가 세 번의 법전을 읽고 네 번의 법
전을 읽어 가면서 정독하고 정독하였
기에 하나 깨닫고 얻은 것이 무엇이더
냐?
6 불 위에 냄비를 끓여 그 냄비에서 끓
은 물이 바로 수증기가 되어 하늘에
올라감이니,
7 저희들이 하늘에 오르는 것은 그와 같
이 죄를 짓지 아니하며 가벼운 것으로
써 되어야 하늘에 올라갈 수 있다 그
가 깨달았다 하였음이니라.
8 그리고 물이 수증기가 되어 가볍게 하
늘에 날 수 있는 것은 얼마나 뜨거운
불 위에서 그릇이 달궈졌으며 그 물이
거기서 끓었는가, 그들의 고통을 생각
할 때 너희들이 깨달아 하늘에 오르는
것은 너무나도 지금 편안한 길이며,
9 하늘에 오르는 길은 정녕 그와 같이
너희들이 생각하는 편안하고 안일한
길이 아니라는 것을 깨달아 너희에게
전해 주었음이니,
10 뜨거운 불 위에서 끓는 그 냄비요, 그
주전자 속에 있는 물이 끓어 또 그가
수증기가 되어 가벼워져 하늘에 날아
올라감이니,
11 바로 그와 같이 너희들이 죄를 덜어
버리며 죄를 짓지 아니하며 가벼운 형
국이 되어야만 수증기처럼 하늘에 오
른다는 그와 같은 이치를 그가 깨달았
음이니라.
12 그리하여 그는 말하였느니라.
13 뜨거운 불 위에서 끓는 냄비요, 그 주
전자의 고통이 있는가 하면, 그 끓는
물은 끓는 물대로의 고통이 있음이니,
그와 같이 어렵고 힘든 역경을 견디고
이겨 하늘에 오르는 길이 정녕 너희가
깨우치는 길이며,
14 그 고통과 시련보다 더한 것을 견디고
인내해서 오르고 구원할 것이 하늘에
오르는 길이며, 천국의 문에 들어올
수 있는 그 영광이 그 고통과 비교할
수 없다 그리 깨달았으니, 그가 뭐라
말하더냐?
15 그는 많은 너희들이 배우는 성전이요,
너희 손으로 지은 그 성전이라는 곳에
수없이 오랫동안 구원을 받고자 목메
어 부르짖었으며 기도하였으며 남들

보다 더 모범적인 그와 같은 믿음이라
는 길을 갔느니라.
16 그러한 자가 나의 법전을 첫 번째 읽
고 두 번째 읽으며 그는 그를 의심하
며 깨닫기를 불안해하였음이니라.
17 그리고 과연 나의 법전이 나 여호와의
뜻이요, 만백성을 구하는 가르침인가
그가 불안한 속에서 너희를 따라왔으
며 너희와 더불어 같이 공부하였으며
나의 아들을 따랐음이니라.
18 그러나 그는 나의 법전을 정독하고 또
정독하여 손에서 그 법전을 놓지 아니
하고 세 번을 정독하고 네 번째 정독
하니, 그가 깨달음이 무엇이던가?
19 이는 정녕 나 여호와 하나님의 말씀이
요, 창조주의 말씀이며, 그 속에 들어
있는 가르침은 인간으로서는 헤아릴
수 없는 그 깊이가 있음이니, 99퍼센
트가 나 여호와의 뜻이라 믿는다 말하
였느니라.
20 그리하여 그가 네 번째 법전을 정독한
것이 바로 그 깨달음이니, 그 깨달음
하나를 얻기 위하여 세 번의 법전을
정독하였으며,
21 열여섯 권의 그 법전을 세 번씩이나
정독하고 네 번째 정독할 때 그 깨달
음을 그가 하나 얻었으니 그가 세상의
이치를 알았음이니라.
22 그는 뭐라 말하였더냐?
23 나의 법전에 기록되어 있는 것이 나의
아들이요, 나의 선지자요, 나의 목자
라, 너희를 구원하는 내가 명한 목자
이기에 내가 그에게 채찍질하며 나의
아들만이 그리 사는 것이 너희들이 구
원을 받는 길이며 만백성의 구원의 길
이라,
24 그리고 그리 사는 것은 선지자가 그리
가는 길이며 너희는 그저 살아가면서
변화되고 살아가면서 서서히 깨우쳐
도 된다고 그는 깨닫고 왔음이나, 그
가 네 번째 나의 법전을 읽으면서 깨
우친 것이 뭐라 말하더냐?
25 그 법전의 모두는 스스로 너희에게 명
하는 것이요, 나의 아들이요, 나의 선
지자요, 내가 선택한 목자인 그를 가
르치고 깨우치는 것이 아님을 그가 눈
을 떴다 하였음이니, 그와 같이 깨달
음이 바로 무엇이더냐?
26 눈이 있어서 보는 것이며 귀가 있어
듣는 그 열림이 있는 것이니라.
27 그가 법전을 네 번을 정독할 때 그 깨
달음을 얻었음이니, 그가 바로 마음이
비워진 상태에서 법전을 읽었기에 그
를 깨우친 것이니라.
28 너희가 나의 성전에 와서 나의 아들의
강론을 들으며 깨우치고 변화되었다
하나, 수억 가지 중에서 한두 가지의
변화가 있다 하여 너희가 깨달은 자
요, 깨우친 자라는 그와 같은 자부심
을 갖지 말라.
29 그 모두는 오만함이니라.
30 너희는 수천 수억 가지를 다 깨달아야
할 것이며,
31 내가 원하고 내가 이루고자 하는 그
뜻을 헤아려 노력해야 함을 잊어서는
안 될 것이니라.
32 이제 너희가 나의 법전을 읽고 정독할
때, 그 속에서 너희는 모두를 다 얻게
됨이니,
33 오늘 너의 제자 중에서 법전을 네 번

째 읽으면서 세상의 이치를 깨달았으
며 눈을 뜬 자가 있음이니,
34 너의 제자들에게 법전을 정독하라 그
리 가르치라.

부 록

【하나님께서 가르쳐 주신 운동】

천재지변이 일어날 때, 동물이나 미물들은 미리 알고 대피하지만, 인간은 알지 못하고 큰 화를 당합니다. 하나님께서 인간에게 가장 높은 지혜를 주시고 완벽하게 창조해 주셨기에 동물들보다 더 잘 알 수 있지만, 욕심으로 마음이 혼탁해져서 한 치 앞을 보지 못하는 것입니다.

마찬가지로, 인간은 누구나 스스로 필요한 운동을 해서 건강을 지킬 수 있도록 하나님께서 만들어 주셨습니다. 우리의 머리에서 우리 몸에 필요한 동작을 해 달라고 끊임없이 신호를 보내지만, 인간이 혼탁하게 살아서 그 신호를 알아채지 못합니다. 그러니 자연스럽게 자기 몸이 원하는 그 신호를 따라서 운동하는 것이 하나님께서 가르쳐 주신 운동 방법입니다. 바로, 우리의 영이 육을 이끄는 운동입니다.

▶ 하나님 운동법

1. 눈을 감고, 발을 어깨너비로 벌리고 바르게 선다.
2. 몸에 힘을 풀고, 허리를 숙이면서 손과 머리를 아래로 내린다.
3. 허리를 펴고 싶을 때, 천천히 펴면서 하고 싶은 동작을 하면 운동이 시작된다. (사람마다 다르다.)
4. 멈추지 말고, 어떤 동작이든지 자기 몸의 느낌대로 계속 이어서 한다.

▶ 참고 사항

① 눈을 감은 상태로 아무 생각 하지 않고, 자기 몸의 느낌대로 움직입니다.

② 마음을 비우고, 욕심을 버리고, 지난날의 잘못을 반성하면서 몇 차례 시도하다 보면, 자기도 모르게 하고 싶은 동작이 끊임없이 생깁니다.

③ 운동 장소는 방 안이든 운동장이든 관계없으며, 걷거나 달리고 싶을 때는 눈을 떠도 됩니다.

④ 매일 40분 이상, 주 4회 이상, 3개월 이상 하면 음식 조절에 들어갑니다.
- 음식으로 생긴 병은 음식으로 치료하게 되며, 어떤 음식을 먹어야 하는지 스스로 알게 됩니다.
(자기 몸에 필요한 음식만 먹고 싶어집니다.)

⑤ 사랑하는 사람과 함께 운동하면 서로 치료해 주기도 합니다.

⑥ 운동을 하다가 몸의 어느 한 부분을 계속 손으로 자극한다면 그쪽에 이상이 있는 것이니, 의사에게 상담을 받고 적절한 치료를 받으면 됩니다.

⑦ 다이어트 및 기타 건강관리에 효과적입니다.

⑧ 꾸준히 운동하여 영이 맑아지면, 자신의 과거와 미래를 스스로 보게 됩니다.

누구나 스스로 하실 수 있습니다.

간 행 사

《새로운 성경》은:

· 새로운 성경은, 하나님께서 선량하고 선한 자를 선택하여 십계명을 암송하도록 하시고, 십계명을 암송한 다음에 음성으로써 들려주시는 말씀을 듣고 그대로 카세트테이프에 녹음해서 받아쓴 책입니다.

· 90분짜리 녹음테이프 700여 개에 달하는 말씀으로, 1999년 8월부터 2004년 7월까지 총 160권(권당 288쪽)을 완성하였으며, 그 이후에도 현재까지 계속 말씀을 내려 주고 계십니다.

· 새로운 성경은 "하늘을 두루마리 삼고 바닷물을 먹물 삼아 쓰고 써도 다 못 쓴다"는, 끝없이 방대한 하나님의 말씀이 두루마리로 직접 내려오는 것입니다. 이러한 새로운 성경은 구약과 신약을 폐하려는 것이 아니라 "인봉된 성서의 비유의 뜻"을 상세히 설명하여 완성하고자 하나님께서 직접 내려 주신 말씀입니다.

《새로운 성경》의 구성:

· 제 목: 2013년, 160권 모음집을 발간하면서, 본 도서의 제목을 "하나님! 말씀하옵소서"에서 《새로운 성경》으로 명해 주셨습니다.

· 단행본: 각 권당 288쪽(신국판) 책이 160권까지 시리즈로 출판됩니다.
(모음집은 단행본을 16권씩 묶어서, 총 10부로 구성됩니다.)

《새로운 성경》의 성경적 근거:

· 신약 성경 [요한복음] 16장 13절에 "진리의 성령이 오시면 그가 너희를 모든 진리 가운데로 인도하시리니 그가 자의로 말하지 않고, 오직 듣는 것만을 말하며" 하신 말씀처럼 하나님의 음성을 들은 것만 기록하였으며,

· "장래 일을 너희에게 알리시리라" 하신 말씀과 같이 개인, 나라, 인류의 "장래"일을 하나님께서 알려 주시는 것만 기록하여 책으로 만들었습니다.

《새로운 성경》의 기록 방법:

- 1999년 8월부터 하나님께서 저에게 들려주시는 음성을 기록하였습니다. 처음에는 제가 들은 말씀을 불러 주면 저의 아내가 기록하여, 2000년 1월 29일에 1권 초판이 세상에 나왔습니다. 2000년 4월부터는 주시는 말씀을 받아 녹음기에 기록하여 시리즈로 출간하기 시작하였습니다.

- 녹음을 시작하면서 하나님의 말씀을 받는 데 가속도가 붙었고, 2001년 5월 3일에 1부(1~16권까지)를 인쇄하여 출판하였으며, 2004년 7월까지 총160권 분량의 말씀을 받아 기록하였습니다.

하나님께서 저에게 주신 것은:

- 첫째, 만백성을 상대로 내려 주시는 "기도", 둘째, 수시로 내려 주시는 "묵상", 셋째, 개인의 과거, 현재, 미래를 알려 주시는 "개인 기도", 넷째, 개인의 건강을 위해서 내려 주시는 "음식 처방", 다섯째, 하나님께서 가르쳐 주신 "운동"등이 있습니다. 이 중에 첫 번째, "기도"를 책으로 편찬하였습니다. 사람의 생사, 개인의 미래에 관한 천기는 수록하지 말라 하셨습니다.

강론 안내:

- 하나님께서는 지금도 매일 저에게 새로운 하늘의 비밀의 말씀을 내려 주고 계십니다. 수시로 내려 주시는 말씀을 정리해서 제자를 육성하라는 말씀에 따라 매주 강론을 하고 있습니다. 누구나 무료로 들으실 수 있습니다. (book160.com)

《새로운 성경》을 읽는 분들에게 드리는 선물:

- 개인 기도: 개인의 과거, 현재, 미래에 관하여 말씀을 내려 주십니다.

- 음식 처방: 사람은 음식을 먹고 살다가 건강을 잃으니, 음식과 운동으로 건강을 되찾는 방법을 알려 드립니다. 단, 하나님이 계심을 믿고, 십계명을 지키겠다고 진실로 서약하는 분들께 알려드립니다.

《새로운 성경》의 은혜와 기적:

- 새로운 성경 전160권은 16권씩 묶어서 총 10부의 모음집으로 구성됩니다. 모음집 한 부를 읽고 깨우치는 자에게 하나님께서 다음과 같은 기적이 있다고 하셨습니다.

· "첫째, 그가 죽어 하늘에 갔을 때 그의 죄를 묻지 아니하며, 구원을 받는 위대한 은혜가 있으며, 둘째, 그의 소원과 소망이 이루어지고, 셋째, 죽은 자(부모, 형제, 자식, 사랑하고 은혜 입은 분)의 이름으로 구입한 책을 읽고 누군가 한 사람이 깨우칠 때, 그 죽은 자가 지옥에서 천국으로 구원을 받게 되며, 넷째, 유산, 중절 수술 등으로 태어나지 못한 아이를 위하여 구입한 책을 보고 한 명이 깨우쳤을 때, 그 아이가 사람으로 다시 한 번 태어나는 은혜를 받는다."

· "새로운 성경"을 3회 이상 정성을 다해 정독하는 자, 성서의 비밀을 알게 되고, 세상의 이치를 알게 되며, 세상을 지배하고 통제할 수 있는 지혜를 다 얻게 된다고 하셨습니다. 이 책은 만백성이 정독하고 이웃에게 전하여, 평생 가슴에 묻은 슬픔과 고통의 짐을 벗고 미래를 위한 힘찬 삶을 살아가도록 하는 책입니다.

끝으로

· 하나님께서는 흰 눈이 세상을 덮듯이 새로운 성경을 온 세상에 전하라고 하셨습니다. 《새로운 성경》을 각국어로 번역해서 온 인류에게 구원의 길을 깨우쳐 주고, 그 수익으로 가난하고 어려운 백성을 구제하여, 만백성의 영과 육을 함께 구원하는 선지자의 임무를 수행하라고 저에게 명하셨습니다.

· 하늘에서 내려 주신 말씀의 보화를 만백성에게 나누어 주는 것이 선지자의 임무라고 하셨습니다. 새로운 성경을 통해서 얻는 재물을 사용할 곳도 하나님께서 일일이 명해 주십니다. 모든 재물은 저의 자의로 쓸 수 없고, 하나님께서 명하시는 대로만 쓰여집니다.

· 어떤 명분으로든 십일조나 각종 헌금을 거두어들이지 말라 하셨으며, 국내뿐 아니라 각국에 성전과 단독 서점을 운영하며, 한국의 많은 젊은이들을 전 세계에 지도자로 내보내라고 하셨습니다.

· 우리는 세계적으로 새로운 성경을 보급하며 어려운 이들을 돕는 역사를 해 나갈 것입니다. 지금까지 비록 몇 명 안 되는 제자들과 함께 이러한 일을 역사했지만, 앞으로도 계속 하나님께서 기뻐하시는 일들을 해 나갈 것입니다. 부족한 저희에게 여러분들의 지혜와 성원을 보내 주시기를 바랍니다. 많은 분들의 참여와 도움을 간절히 기다립니다. 감사합니다.

한국어로 내려온 《새로운 성경》 단행본을 출간하며
2016년 4월 10일

발행인 **김 용 철**

한국어로 내려온

새로운 **성 경** · 4부 · 제50권

지은이 하나님 말씀
대역자 김용철

초판인쇄 1쇄 2012년 8월 22일
재판인쇄 1쇄 2017년 4월 3일

펴낸 곳 도서출판 하얀마음
등록번호 제 10-2107호 (2001년 2월 14일)
주소 서울시 노원구 덕릉로86길5, 2층
전화번호 02) 313-1114
팩스 02) 393-5554
전자우편 book160@hanmail.net
편집위원 조나영 김미향 이석교
제작지원 김서영 이상빈 김정기 이병우 이순남 서성자 이규숙

도서상담 1600-7527
ISBN 978-89-5875-150-2 (04230)
978-89-5875-100-7 (세 트)

값 10,000원
잘못된 책은 구입하신 곳에서 바꾸어 드립니다.

※이 책은 10부로 제작되며, 각 부 16권씩 총160권으로 구성됩니다.※

1부	2부	3부	**4부**	5부	6부	7부	8부	9부	10부
1권	17권	33권	49권	65권	81권	97권	113권	129권	145권
2권	18권	34권	**50권**	66권	82권	98권	114권	130권	146권
3권	19권	35권	51권	67권	83권	99권	115권	131권	147권
4권	20권	36권	52권	68권	84권	100권	116권	132권	148권
5권	21권	37권	53권	69권	85권	101권	117권	133권	149권
6권	22권	38권	54권	70권	86권	102권	118권	134권	150권
7권	23권	39권	55권	71권	87권	103권	119권	135권	151권
8권	24권	40권	56권	72권	88권	104권	120권	136권	152권
9권	25권	41권	57권	73권	89권	105권	121권	137권	153권
10권	26권	42권	58권	74권	90권	106권	122권	138권	154권
11권	27권	43권	59권	75권	91권	107권	123권	139권	155권
12권	28권	44권	60권	76권	92권	108권	124권	140권	156권
13권	29권	45권	61권	77권	93권	109권	125권	141권	157권
14권	30권	46권	62권	78권	94권	110권	126권	142권	158권
15권	31권	47권	63권	79권	95권	111권	127권	143권	159권
16권	32권	48권	64권	80권	96권	112권	128권	144권	160권